Francis Hallé ist Professor für Tropenbotanik an der Universität von Montpellier. Seit über 20 Jahren leitet er Expeditionen in die tropischen Wälder der Welt und hat zahlreiche Grundlagenwerke zur Erforschung des Regenwaldes veröffentlicht. In Zeitungen und Magazinen wurde weltweit über seine Arbeit berichtet, darunter auch 1990 in NATIONAL GEOGRAPHIC.

Dany Cleyet-Marrel ist Designer und der bekannteste französische Luftschiffpilot. Er navigiert nicht nur im Regenwald, sondern überquerte als Erster mit einem Luftschiff den Montblanc, organisierte eine Spitzbergen-Fahrt und eine Australien-Überquerung.

Gilles Ebersholt, ein Pariser Architekt und Designer, ist der Erfinder des Baumfloßes auf den Wipfeln des Regenwaldes.

Wir widmen dieses Buch Françoise, Odile und Régine, ferner André, Benjamin, Isabelle, Joëlle, Marceau, Manon, Maxime, Ronan, Sophie und Suzanne.

Die Deutsche Bibliothek – CIP-Einheitsaufnahme
Ein Titeldatensatz für die Publikation ist bei
Der Deutschen Bibliothek erhältlich.

NATIONAL GEOGRAPHIC ADVENTURE PRESS
Reisen · Menschen · Abenteuer
Die Taschenbuch-Reihe von
National Geographic und Frederking & Thaler

1. Auflage August 2004, erstmals im Taschenbuch

Titel der Originalausgabe: Le radeau des cimes

Aus dem Französischen von Hans-Joachim Maass
Text: Francis Hallé mit Dany Cleyet-Marrel und Gilles Ebersolt
Umschlagfotos: L. Pyot, S. Cunningham
Fotos: siehe Bildnachweis S. 256
Lektorat: Gisela Fichtl, München
Umschlaggestaltung: Dorkenwald Grafik-Design, München
Herstellung: Caroline Sieveking, München
Druck und Bindung: Clausen & Bosse, Leck
Printed in Germany

ISBN 3-89405-230-9
www.frederking-thaler.de

Das Papier wurde aus chlorfrei gebleichtem Zellstoff hergestellt.

FRANCIS HALLÉ

DANY CLEYET-MARREL · GILLES EBERSOLT

ÜBER DEN WIPFELN DES REGENWALDES

Ein Expeditionsbericht

Aus dem Französischen von
Hans-Joachim Maass

NATIONAL GEOGRAPHIC
FREDERKING & THALER

Inhalt

Prolog

»Jetzt befinden wir uns noch in der ersten Morgendämmerung, in der er auf dem Wipfel einer Steineiche erwachte, inmitten pfeifender und schwatzender Stare, feucht vom kalten Tau, erstarrt, mit zerschlagenen Knochen, mit kribbelnden Armen und Beinen; und so machte er sich glücklich auf, um die neue Welt zu erforschen.«

Italo Calvino, Der Baron auf den Bäumen

Ein weiter blauer Himmel. Nicht das Blau des Mistrals von Marseille, vielmehr das Blau eines schönen Sommertages auf den Glénan-Inseln. Ein Himmel von einem zarten Blau, der nach Meer riecht.

Es fehlt nur das Geschrei der Möwen, das Geschrei, das manchen missfällt, in anderen aber die Lust weckt, sofort den Anker zu lichten und loszusegeln. Also keine Möwen, aber viele andere Vögel und fremd klingendes Gezwitscher.

Eine angenehme Nordostbrise schiebt Wolken zu freundlichen Formen zusammen, gerade genug, um ein wenig Schatten zu spenden; die Sonne steht im Zenit und verbrennt die Haut.

Doch nicht alle Wolken sind so beruhigend; auf der Steuerbordseite achtern entwickelt sich mit hoher Geschwindigkeit eine Haufenwolke, die es im Auge zu behalten gilt. Für den Augenblick ist alles gut. Der Nachmittag schreitet fort, die Beobachtungen laufen unter zufrieden stellenden Bedingungen ab; mein Bleistift ist nicht über Bord gefallen, und das lässt sich nicht von jedem Tag sagen.

Dunkle große Vögel, deren Namen ich nicht kenne, schweben gegen den Wind; inzwischen herrscht keine Brise mehr, sondern ein starker Ostwind. Die Kumuluswolken nehmen den halben Himmel ein. In ihrem Gefolge nähert sich ein Schauer, von dem sich leicht vorhersehen lässt, dass er sehr bald bei uns sein wird. Er bietet jedoch keinen Grund zur Beunruhigung, sondern erfordert nur einige Vorsichtsmaßnahmen: Wir müssen uns vergewissern, dass unser Material geschützt ist, dass das Funkgerät in seinem wasserdichten Beutel liegt, dass die Gurte gut festgezurrt sind. Trotz der Hitze müssen wir auch Ölzeug überziehen: Die Hitze wird nicht mehr lange anhalten.

Die Windstöße werden ziemlich heftig; zum Glück sind wir nicht so leicht aus der Fassung zu bringen. Am lästigsten ist der Regen, der uns zwingt, unsere Beobachtungen zu unterbrechen; mehr als eine Stunde lang sitzen wir unter einer Zeltplane zusammengepfercht. Eine Thermoskanne voller Tee mit Rum, die wir uns teilen, lässt uns das Schlingern ertragen. Überall knackt es, die vorderen Stricke bereiten uns ein wenig Kummer, aber im Großen und Ganzen geht es.

Als nach dem Regen die freundliche Sonne wieder da ist, sind wir plötzlich in einer Wolke von Schmetterlingen und Libellen verschwunden; an einen Vergleich mit dem Meer ist jetzt nicht mehr zu denken. Von unten steigt ein starker Humusduft zu uns hoch; es duftet nach Gemüsegarten kurz nach einem Regen, ein Geruch, der sich mit dem Duft von Blumen mischt.

Trotzdem: Was für ein seltsames Boot wir da oben haben!

Ohne Träume geht es nicht

Nach einer Ballonfahrt:
»Unter diesen Umständen ist eine Reise in der Luft nicht das Gleiche wie eine Reise, sondern vielmehr wie ein Traum, aber ein Traum, der immer zu kurz ist.«
Jules Verne

Wir alle brauchen Träume. Träume! Zweifellos können sie die verschiedensten Formen annehmen, zweifellos haben wir die Qual der Wahl zwischen dem magischen Alkohol der Poesie und dem prosaischeren Rausch der Weinfässer, die Wahl zwischen den bunten Visionen, die von Drogen ausgelöst werden, und den Tröstungen, welche die Religionen spenden, zwischen den virtuellen Bildern der Informatiker und den Gipfeln der Ekstase, zu denen uns Malerei oder Musik hinführen, aber in dieser oder jener Form brauchen wir alle Träume, um uns gegen die harmlosen oder dramatischen Wechselfälle des täglichen Lebens zu wappnen; die Notwendigkeit von Träumen ist übrigens umso größer, je trauriger das Leben ist. Und der Anblick dieser Welt am Ende dieses Jahrhunderts ist wirklich traurig, in der Stunde von Aids, Tschernobyl, Erdbeben und ethnischen Säuberungen.

Was bleibt uns noch zu entdecken?

Die abscheulichen Aspekte unserer Zeit sind zu zahlreich, um sie hier aufzuführen; aber eine dieser düsteren Facetten, die unser tägliches Leben verdunkeln, verdient es, beim Namen genannt zu werden, denn das Buch, das Sie gerade in den Händen halten, findet dort seine Rechtfertigung. Es handelt sich um ein eigenartiges Gefühl von Endgültigkeit, von Atemnot, fast Klaustrophobie. Wir haben uns den Gedanken aufzwingen lassen, dass die Erde zu klein und zu bekannt sei und nichts Neues mehr zu bieten habe. Es ist schon lange her, dass Humboldt und Bonpland die Anden entdeckt haben; Cook hat die Osterinsel erforscht, und unzerstörbar sind die Spuren der Fahrt Dumont d'Urvilles zum antarktischen Adélieland; Tahiti gebärdet sich nach dem Besuch Bougainvilles wie ein Supermarkt, und selbst der unendlich große Nicolas Hulot – der per Hubschrauber und vor laufenden Kameras ankommt, wo seine Vorgänger zu Fuß angesichts realer Gefahren erschienen – bemüht sich, uns glauben zu machen, dass er noch immer unentdeckte Orte findet. Wovon können wir da noch träumen? Vom Weltraum? Den Tiefen der Weltmeere? Dort ist es kalt, dort ist es schwarz, und außerdem geht es dort nicht wahrhaft demokratisch zu, im Gegenteil, denn die Erforschung der Tiefsee ist äußerst kostspielig.

Für diejenigen, die ihre Fähigkeiten dem Abenteuer des Baumfloßes zur Verfügung gestellt haben, für diejenigen, die dafür Mitverantwortung übernommen haben, ist es ein Anlass zum Stolz, sich dieser wissenschaftlichen Forschungsarbeit angeschlossen zu haben, denn damit haben sie auch die Poesie des menschlichen Abenteuers miterlebt, die sportliche Seite der Technik und die Erneuerung eines Traums, und all das angesichts einer intakten Natur; unsere Epoche braucht das, um der Idee neue Glaubwürdigkeit zu verleihen, dass Forschung und Entdeckung noch eine große Zukunft vor sich haben.

Menschliches Abenteuer? Seinen ursprünglichen Schwung verdankt es der Tatsache, dass die drei Protagonisten Gilles, Dany und Francis so verschieden sind, sich andererseits aber auch so gut ergänzen. Um ihre Porträts zu skizzieren, habe ich mich um einen Blick von außen bemüht, den von Kenneth Brower, einem Schriftsteller aus Kalifornien, dessen Interesse an unserer Arbeit in den Baumkronen niemals nachgelassen hat. Im Jahre 1986 war Ken von seiner Zeitschrift *Omni* nach Französisch-Guayana geschickt worden, um festzustellen, ob unser Projekt in der Crique Couleuvre (Natternbucht) ernst zu nehmen oder aber eine Schnapsidee war. Am Abend seiner Ankunft in Cayenne war er von einem Mann mit grünen Haaren und langen, bemalten Fingernägeln begrüßt worden; am nächsten Morgen sah er in dem Bach, der unser Lager durchfloss, einen nackten Mann, der gerade dabei war, in eine Trompete zu blasen, die ins Wasser getaucht war.

»What are you doing?«

»Ich versuche herauszufinden, ob es möglich ist, gleichzeitig Lärm und Luftblasen zu machen.«

An diesem Tag, so hatte uns Ken später erzählt, dachte er, dass das Vorhaben nicht seriös sei. Inzwischen hat er seine Ansicht geändert, wie er selbst erklärt.[1]

Die folgenden Porträts verdanken Ken Brower viel. Vor allem verdanken sie ihm den amüsanten Gedanken, »dass unter den Mitgliedern dieser Gruppe jeder so aussah, wie es seiner Rolle entsprach«.

Zunächst verfolgte jeder seine eigenen Ziele, so dass es nicht an Zusammenstößen mangelte; später, als es darum ging, gemeinsam Prüfungen zu bestehen und gemeinsame Siege zu genießen, erblickte eine verschworene Gemeinschaft das Licht der Welt, und die seitdem gemeinsam verbrachten Jahre steigern noch das wechselseitige Vertrauen und lassen eine Freundschaft wachsen, die ich persönlich für unersetzlich halte – mag sie sich auch auf zurückhaltende Weise äußern.

Der Architekt entwirft und erschafft aufblasbare Gebilde, die Tetraflot-Boje, den Weichen Berg, die Kugel – eine unglaubliche Kugel aus durchsichtigem Kunststoff, in der sich ein Mensch an gebirgigen Steilhängen hinablassen kann. Über seine Arbeit in den Baumkronen sagt er selbst, dass es sich dabei »um eine poetische Suche handelt. Ich liebe Bootsfahrten. Warum soll die christliche Seefahrt das Privileg von Seeleuten sein? Ich wollte ein neues Trägermedium entdecken; Wasser ist eins, Erde und Luft sind es auch. Und die Bäume müssen zu Trägern der Schifffahrt werden.« Seit fünfundzwanzig Jahren geht ihm diese Idee im Kopf herum, auf den Bäumen zu navigieren; er stellt sich einen riesigen luftgefüllten Schlitten vor, mit dem man bewaldete Hänge hinuntergleiten kann.

Der hoch gewachsene und blonde Mann mit der üppigen Haarpracht ist der Jüngste der Gruppe. Ken notiert – ist aber nicht der Einzige, der es tut –, dass seine Art, sich im tropischen Regenwald zu kleiden, etwas Eigenartiges an sich hat: »The shirt, in considerable need of ironing, was tucked into the same baggy and muddy shorts he had been wearing all week; and he wore the same jungle boots and the same once-white, crushable hat.«[2] In seiner Art, sich zu kleiden, wie in allem, was er tut, findet man eine komische und experimentelle Seite. Liegt es an der Begegnung einer »altfranzösischen« Erziehung mit den Gewohnheiten eines Außenseiters, der er seinen Anflug von Genialität zu verdanken hat?

Wie alle Erfinder ist er ein wenig Kind geblieben. Der nackte Mann in der Bucht war er, Gilles Ebersolt, geboren am 23. Mai 1957 in Nantes und verheiratet mit Régine Mattera. Ihre Kinder interessieren sich aktiv für das, was ihr Vater da oben in den Bäumen macht; Marceau ist noch klein, aber Maxime und Manon haben ihren Vater im Regenwald von Französisch-Guayana und Gabun schon mehrmals besucht, und Maxime, der im Alter von sieben Jahren oben auf dem Floß festgeschnallt war, ist unser jüngster Kletterer.

Gilles wohnt in Paris im Stadtviertel Batignolles; er hat einen bevorzugten Mitarbeiter, François Collignon, Segler und Kopilot des Zeppelins, dessen vielfältige Talente für den erfolgreichen Fortgang unserer Operationen im Gelände sehr vorteilhaft sind. Gelegentliche Mitarbeiter sind Dimitri de Gunzbourg und Roland Fourcaud.

... Der Pilot ...

Der leidenschaftliche Reisende und Luftschiffbauer vereint die beiden Vorlieben, indem er zahlreiche Expeditionen mit Ballons unternimmt. Nachdem es ihm gelungen war, erstmals den Montblanc zu überqueren, organisiert er eine Sahara-Überquerung, eine Spitzbergen-Fahrt und eine Australien-Überquerung. Ihm wird sehr schnell klar, dass der Heißluftballon ein fabelhaftes Gefährt für Entdeckungen und ein fantastisches kinematografisches Gerät ist.

1986 erkennt Ken Brower, der gerade im Lager der Crique Couleuvre angekommen ist, in ihm den Piloten des Unternehmens, bevor er ihn überhaupt kennen gelernt hat: Er sieht einen mittelgroßen Mann mit dunkelbraunem Haar, der stets sorgfältig gekleidet ist; seine »gallische Heldennase« und sein eleganter Schnurrbart, seine beherrschte Haltung und seine ruhige Präsenz machen aus ihm geradezu den Inbegriff des Piloten, dessen Befehle man nicht in Zweifel zieht und dem die Passagiere, ohne zu zögern, ihr Schicksal anvertrauen.

Er ist ein großer Reisender und zugleich bodenständiger Mann, der für Umweltprobleme ein feines Gespür hat. Auch zögert er nicht, seinen eigenen Heißluftballon für das Unternehmen von 1986 zur Verfügung zu stellen, und er ist auch der Erbauer des Floßes, das wir in diesem Jahr benutzt haben.

Er hat eine auffällige Vorliebe für Dreharbeiten und zahlreiche Freunde aus dem Milieu des Films; er ist der Erfinder der »Cinébulle«, eines motorisierten und lenkbaren Heißluftballons, der es ihm ermöglicht, Kameraleute zu schwierigen Standorten zu begleiten, damit sie dort akrobatische Aufnahmen machen können.

Unter zahlreichen anderen Formen des Humors zeichnet ihn eine vielleicht zweifelhafte Spezialität aus, die wir aber zu schätzen wissen: Wortspiele. Denn in der Hitze des Gefechts, wenn unser Luftschiff bei Gewitter gegen Hagelschauer kämpft, wenn brechende Äste unser Baumfloß abstürzen lassen, sind es solche Späße, die der ganzen Gruppe gut tun. Als einst ein Dreimaster, der fast alle Segel gerefft hatte, bei einem Südweststurm auf die Felsen der Spitze der Bretagne abgetrieben wurde, hatte der Spaßvogel, der die ganze Crew zum Lachen brachte, sich das Recht auf die Dankbarkeit aller verdient. In den tropischen Baumwipfeln ist das neben dem Luftschifffahren die Rolle von Dany Cleyet-Marrel, geboren am 11. August 1948 in Lyon, verheiratet mit Françoise Chaize, Vater von zwei Kindern, Sophie und Benjamin, ein Lyoner aus dem Stadtviertel Croix-Rousse und stolz darauf, es zu sein.

Auf dem Boden assistiert Dany Jean Drouault, ein Mann mit unwiderstehlichem Humor, ein Robotertechniker bei Framatome, Kopilot und Techniker unseres Luftschiffs – gelegentlich auch der Fotograf Laurent Pyot, verantwortlich für das Startgelände und die Gasvorräte, Anglist und, was nicht schaden kann, ein lustiger Kumpel mit dem Körperbau eines Rockers. Männer wie diese beiden findet man heute nicht mehr allzu oft.

… und der Biologe

Er war Segellehrer gewesen, lange bevor er Biologe mit Examina der Sorbonne und der Universität von Abidjan wurde. Seine wissenschaftlichen Spezialitäten – die tropische Botanik und architektonische Analyse von Bäumen – haben ihn dazu gebracht, sämtliche Wälder am Äquator aufzusuchen, um sie zu studieren und daraus die notwendige Schlussfolgerung zu ziehen, dass sie infolge übermäßiger Abholzung und unkontrollierter Rodungen für die Landwirtschaft im Schwinden begriffen sind. Der Umweltkatastrophe zuvorzukommen, welche die Abholzung darstellt, die sich schon in vielen tropischen Ländern bemerkbar macht – Haiti, Nigeria, Madagaskar, Malaysia, North Queensland –, ist eine der wichtigsten Antriebskräfte seines Daseins. Er vertritt die anfechtbare Ansicht, dass die Aktualität, wie sehr sie uns auch auf den Nägeln brennen mag und unser Interesse verdient, dafür den Nachteil hat, die Aufmerksamkeit von den zugrunde liegenden Problemen abzulenken, die zwar weniger augenfällig sind, auf lange Sicht aber bedeutsamer. Er ist wie ein Arzt, der am Bett eines Sterbenden sitzt und sich um dessen Wohlergehen sorgt. Seine Eingriffsmöglichkeiten sind gering; er muss sich damit zufrieden geben, zu warnen, zu beraten und seine Überzeugungskraft einzusetzen. Mehr für die tropischen Regenwälder zu tun, das ist für ihn die einzigartige Gelegenheit, die ihm das Abenteuer des Baumfloßes geboten hat. Mit diesem Floß geht auch ein alter Traum in Erfüllung, nämlich Zugang zu den Baumkronen des tropischen Regenwalds zu gewinnen, um dort zu forschen; und für ihn, den Ältesten der Gruppe, erfolgte das Auftauchen neuer und verbesserter Ausrüstungsgegenstände zur rechten Zeit.

Er ist sehr kurzsichtig, kahlköpfig und schüchtern; »there is something owlish about the professor, and something aquiline, too[...]. (He) has more than a little of Indiana Jones in him.«[3] Die Leishmaniose, die er sich vor mehr als zwanzig Jahren in Amazonien zugezogen hat, hat auf der Stirn eine Narbe in der Größe eines Zehn-Francs-Stücks hinterlassen.

Bestimmte Bereiche sind ihm fremd: Geselligkeit, Finanzen, Verwaltung und Handel; wie man es bei einem Intellektuellen erwarten kann, kosten ihn einfache Aufgaben viel Zeit: wenn er etwa das Stromerzeugungsaggregat in Gang setzen, einen Gurt anlegen, einen Ballon mit Helium füllen oder einen Computer bedienen soll. Bei der Feldarbeit gibt es keine Kompromisse: Die Mission hat vor allem anderen Vorrang. Wenn zur Aperitifstunde einige durchreisende VIPs da sind, hält er es für angemessen, ein paar liebenswürdige Bemerkungen über das Licht, die Qualität des Standorts und diesen außergewöhnlichen Augenblick zu machen, den wir gerade erleben, fegt gleichzeitig aber die Persenning oder hockt noch auf dem Waldboden, um seine Proben zu sortieren. Er lebt jedoch auf, wenn es darum geht, einen Sponsor für seine Pläne zu erwärmen; in der Welt der Herren der Großindustrie erinnern sich mehrere an den am 15. April 1938 in Seine-Port geborenen Francis Hallé, der mit Odile Guépin verheiratet und Vater von vier Kindern ist, André, Isabelle, Ronan und Joëlle. Seit fast dreißig Jahren lebt er in Montpellier, einer Stadt, in der er zwar nicht geboren ist, die er aber als seine Heimat empfindet.

Seine wissenschaftlichen Mitarbeiter sind Patrick Blanc und Olivier Pascal, beide Tropenbotaniker.

Patrick? Das ist der Mann mit den grünen Haaren und den langen, schwarz lackierten und mit Gold übersäten Fingernägeln, der Ken Brower in Französisch-Guayana begrüßt hat. Er ist Forscher beim CNRS, dem Centre National de la Recherche Scientifique, einer Organisation, die der deutschen Max-Planck-Gesellschaft entspricht. Er hat sich auf Pflanzen spezialisiert, die sich an das Leben im dunkelsten tropischen Unterholz angepasst haben. Er ist der Erfinder beispielloser »vertikaler Gärten«, die auch »Pflanzenmauern« genannt werden. Auch sein Haus ist ein Muss für Journalisten und Filmemacher mit einer Schwäche für Umweltfragen. Er ist inzwischen ein Star der Medienbotanik geworden und reist in dieser Eigenschaft kreuz und quer durch die Welt. Seine Talente als Sänger, die er auch mitten im tropischen Regenwald entfaltet, machen ihn draußen im Feld zu einem sehr angenehmen Gefährten; tatsächlich reißt man sich um ihn.

Wer noch nie gesehen hat, wie Patrick Blanc in einer heißen Nacht in dem runden Lichtschein der Petroleumlampe, umgeben von einer Wolke geflügelter Termiten, ein Solokonzert gibt, wer nie gehört hat, wie er Lieder von Edith Piaf, Jacques Brel oder Zarah Leander singt, wie er die Stimme anschwellen lässt, um das Konzert der Frösche zu übertönen oder das rollende Gewitter und das Trommeln des Regens auf das Blätterdach der Palmen, der hat von den Tropen nur einen unvollständigen Eindruck.

Olivier? Er ist ein Vertreter des »Nachwuchses«. Wir brauchen Olivier, weil wir uns um die Zukunft sorgen. Es ist schwierig, seine Rolle in der Mannschaft zu beschreiben. Sie ist einerseits grundlegend, andererseits aber, wie er selbst sagt, »undefinierbar«. Olivier tut nichts Bestimmtes, aber ohne ihn würde nichts gehen; im Übrigen habe ich es ihm überlassen, sein Selbstbildnis zu zeichnen.

Er kommt von der Pronatura International, einer so genannten NGO, Non-Governmental Organization, die seit 1993 die notwendigen Finanzmittel zusammenfasst und verwaltet, die wir bei unserer Arbeit in den Baumkronen brauchen. Pronatura International hat sich auf die kommerzielle Nutzung der tropischen Regenwälder spezialisiert, vor allem auf die darin enthaltenen Heilpflanzen.

Olivier Pascal, ein Selbstporträt

Ich lenke kein Luftschiff, ich bin kein genialer Bastler und erscheine nicht in den Medien; meine Rolle spielt sich in einem Bereich ab, der sich für Heldentaten schlecht eignet und keine Geschichten hergibt, die erzählt zu werden verdienen. Wenn mir überhaupt ein Platz in diesem Buch zusteht, dann nur, damit meine Tochter Suzanne, wenn sie erst einmal lesen kann, die häufige Abwesenheit ihres Papa verstehen kann.

Auf dem Startplatz des Zeppelins, einer riesigen Plane, bin ich am wenigsten zu gebrauchen; ich murre, wenn ich mitten in der Nacht aufstehen oder mich an den Seilen festbinden muss; dafür macht es mir großen Spaß, bei diesem Unternehmen die Fäden zu ziehen, besonders die, die von den Rockschößen der drei Musketiere herabhängen. In den Erkundungsphasen und bei den Kontakten im Ausland kommt es uns zugute, dass ich es liebe, die Missionen zu definieren und für ihre allgemeine Organisation tätig zu sein; ich fühle mich ein wenig wie ein Diplomat, denn der Ausgleich von Gegensätzen ist die einzige Technik, die ich beherrsche. Ich verstehe mich aber auch darauf, das Ego der drei Hauptdarsteller zu handhaben – was nicht immer einfach ist, das können Sie mir glauben – oder dieses Unternehmen nach außen hin zu vertreten, selbst in seinen weniger vertretbaren Aspekten.

Vor allem zwischen den Missionen mache ich mich nützlich; aber wie der Regenwald besteht auch die Geschichte des Baumfloßes zu 80 Prozent aus freiem Raum, und die Missionen sind wie die Bäume Randerscheinungen mit wenigen Fürsprechern.

Ich bewundere sehr, ohne es wirklich erklären zu können, dass bisher noch keiner der fröhlichen Mitstreiter, die sich seit fünfzehn Jahren auf dieses Abenteuer einlassen, das Floß aus Anlass einer seiner zahlreichen Notlandungen verlassen hat.

Da ich schließlich der Meinung bin, dass einer der Reize des Abenteuers in dem nicht Gesagten besteht, spiele ich mit dem Gedanken, mich für die Enthüllung pikanter Details, die in dem vorliegenden Buch nicht enthalten sind, teuer bezahlen zu lassen. Ich werde sie für den zukünftigen Verleger aufschreiben.

O. Pascal

Gilles, François, Dany, Jean, Laurent, Francis, Patrick und Olivier, denen bei der Logistik Roland Fourcaud zur Seite stand, ferner ein Arzt: Das ist der harte Kern der Gruppe, die der internationalen Wissenschaftsgemeinschaft – die übrigens mit Begeisterung reagiert – Zugang zu den Baumkronen der tropischen Regenwälder verschafft, etwa so, wie man Wissenschaftlern, die auf das offene Meer hinauswollen, einen Ozeandampfer zur Verfügung stellt.

Hier nun der chronologische Ablauf unserer Vorhaben – sowohl der erfolgreichen wie der Projekte, die mit einem Misserfolg endeten. Das vorliegende Buch berichtet über die wichtigsten Tatsachen, ohne Anspruch auf Vollständigkeit zu erheben.

1986 *Guayana – Crique Couleuvre*
Eine im Wesentlichen technische Operation, welche die Möglichkeit zeigte, ein Floß auf den Baumkronen eines tropischen Regenwalds abzusetzen, vorausgesetzt, es handelt sich um einen Primärwald. Erstmaliges Sammeln von Pflanzen und Tieren.

1989 *Brasilianisches Amazonien – Rio Cuieiras*
Misserfolg bei den Behörden.

1989 *Französisch-Guayana – Petit-Saut*
Erstes wissenschaftliches Unternehmen. Internationaler Erfolg.

1991 *Kamerun – Akok-Lager*
Ein zweites wissenschaftliches Unternehmen, das dank der finanziellen Unterstützung der Elf-Stiftung unter angenehmen Bedingungen verwirklicht werden konnte.

1992 *Brunei*
Ergebnislose Erkundung: Die offiziellen Wissenschaftler

des Sultanats raten davon ab, uns Zugang zu den Primärwäldern im Süden des Landes zu gewähren.

1993 *Venezuela – La Esmeralda*
Trotz einer vorzüglichen Aufnahme durch verantwortliche Politiker und Wissenschaftler Venezuelas blieb auch diese Erkundung ergebnislos: Die Privatisierung von Elf zwingt dieses Unternehmen dazu, die finanzielle Unterstützung zu unterbrechen, die es uns seit 1991 gewährt hatte.

1996 *Französisch-Guayana – Paracou*
Drittes wissenschaftliches Unternehmen, verwirklicht mit logistischer Unterstützung durch Pronatura in Paris und Silvolab in Kourou. Die wissenschaftlichen Programme sind weniger verzettelt als in der Vergangenheit und erhalten allmählich eine Struktur.

1999 *Gabun – La Makandé*
Viertes wissenschaftliches Unternehmen. Ein internationaler Erfolg; große Aufmerksamkeit der internationalen Medien. Die Hilfe von Pronatura bleibt erhalten und weitet sich aus.

2000 *Madagaskar*
Gemeinschaftsprojekt mit Pronatura.

Ein sehr wichtiger Punkt, auf den ich gleich zu Anfang aufmerksam machen möchte, ist das fast völlige Fehlen einer Unterstützung mit öffentlichen Mitteln, besonders solcher, die normalerweise für wissenschaftliche Forschungsarbeiten zur Verfügung gestellt werden. Während jedes unserer Vorhaben zwischen zwei und fünf Millionen Francs gekostet hat, haben wir von der UNESCO, dem CNRS, von IRD (ORSTOM), von verschiedenen Departementvertretungen sowie einigen Städten und Universitäten jeweils einige tausend Franc erhalten. Unter den Universitäten findet sich auch die meine, was ich nicht ohne Stolz sagen kann. 1989 hat uns die Europäische Union in Brüssel 650000 Francs zur Verfügung gestellt. Im selben Jahr hat das französische Forschungs- und Technologieministerium uns in großzügiger Weise ihre Schirmherrschaft gewährt, aber da damit keine finanzielle Unterstützung verbunden war, kann man nicht sagen, dass wir davon sehr satt geworden sind! Es war übrigens eine verspätete Schirmherrschaft, von der wir erst erfahren haben, als wir schon im Urwald von Kamerun arbeiteten.

Das Floss und der Steuerzahler

Insgesamt haben wir für acht Operationen in vierzehn Jahren (von 1986–1999) rund eine Million Francs an öffentlichen Krediten sowie 20 Millionen aus privaten Fonds ausgegeben; diese Summen decken die Konstruktion der Geräte ab, Frachtkosten, Unterbringung und Lebenshaltungskosten vor Ort, Stromversorgung, Treibstoffe sowie Löhne und Gehälter der Mitarbeiter der Basis. Der Aufbau dieser gesamten Logistik mitten im Urwald erlaubt es Forschern aus der ganzen Welt, sich uns anzuschließen, mit uns zusammenzuarbeiten und eigene Forschungsprogramme voranzutreiben. Sie finden vor Ort am Boden ein kleines Labor vor, Mahlzeiten zu festen Zeiten, einen Arzt, und natürlich erhalten sie auch Zugang zu den Baumkronen. Diesen Forschern ist es zu verdanken, dass die Wissenschaft Fortschritte macht.

Die Finanzierung privater Forschungsarbeiten mit öffentlichen Geldern ist strafbar, das weiß ich sehr wohl. Aber für unser Baumfloß war es glücklicherweise umgekehrt: Seit fünfzehn Jahren nehmen wir private Gelder in Anspruch, um die Grundlagenforschung zu finanzieren – für die normalerweise der Staat verantwortlich ist –, und zwar auf einem Schlüsselgebiet der Erdökologie, nämlich der Ökologie der tropischen Regenwälder.

Warum so wenig staatliches Geld? Ich glaube, die Schuld daran kann man einem wirklichen Desinteresse an einer Zusammenarbeit mit den tropischen Ländern zuschreiben, ferner der Furcht der Berater wissenschaftlicher Forschungseinrichtungen, die darin ein Risiko sehen, schließlich einer Abneigung gegenüber den Medien, die für viele unserer öffentlichen Körperschaften in Frankreich typisch ist. Ich werde noch Gelegenheit haben, auf diese Finanzierungsfragen zurückzukommen; für den Moment möchte ich nur sagen, dass es ein höchst glücklicher Umstand gewesen ist, dass wir uns mit Hilfe privater Organisationen haben finanzieren können, denn mit der staatlichen Unterstützung allein wäre nichts möglich gewesen.

Wenn für Vorhaben der Art, wie wir sie verfolgen, Geld nötig ist, dann genügt es nicht, nur das sicherzustellen, was man vom Dasein mit Recht erwarten kann: Poesie, Fantasie, glückhafte Momente.

Es gehören auch viele unvergessliche Erlebnisse dazu, ob sie nun komisch oder ernst waren: in einem Langhaus auf Borneo im Kreis einer Dajak-Familie Reisschnaps zu trinken; im Wagen eines Generals der peruanischen Luftwaffe durch Paris zu fahren; einem marokkanischen Baumarbeiter im Regenwald von Französisch-Guayana mit Klebeband einen Kragen um den Hals zu legen, um ihn vor Wespen zu schützen; um in diesem selben Wald nachts einen jungen Deutschen zu finden, der sich verlaufen hat, keine Lampe bei sich hat und sich mit einem Glasbehälter voller Leuchtkäfer Licht macht; einer Polopartie des Sultans von Brunei beizuwohnen, die zwischen zwei Schlucken Mate von argentinischen Stallburschen kommentiert wird; von der Höhe eines Wolkenkratzers aus den Palast des japanischen Kaisers zu sehen; an Bord eines im Uferschlamm des Maroni-Flusses auf Grund gelaufenen Schoners zu dinieren; den Versuch zu machen, den feinen Duft einer Begonie zu riechen, obwohl eine Pressedame ein so starkes Parfüm aufgelegt hat, dass man nur sie riecht und sonst nichts; am Ufer des Orinoco mit dem Mountainbike zu der Stelle zu fahren, an der Alexander von Humboldt am 21. Mai 1800 sein Esmeralda-Lager aufschlug; einen Freund zu bewundern, der als Edith Piaf verkleidet vor einem hingerissenen Publikum »Mylord« singt – abgesehen von einem Bataillon von Fremdenlegionären, die angewidert das Gesicht verzogen. All das hat unser Leben in diesen Jahren gemeinsamer Anstrengungen bereichert. Und was mich betrifft – aber ich glaube, dass meine Gefährten mutatis mutandis das Gleiche sagen könnten –, ist das, was in meinem Leben als Tropenbiologe am interessantesten und amüsantesten ist, *das Abenteuer des Floßes in den Baumkronen.*

Bevor ich von diesem Abenteuer erzähle, muss ich erklären, was der tropische Regenwald ist und warum es so wichtig ist, dass wir uns über seine Zukunft Gedanken machen, bevor es zu spät ist.

Bedrohungen der tropischen Regenwälder

»Canopy farming.«
»Landwirtschaft in den Baumwipfeln: zahlreiche wissenschaftliche Erkenntnisse, Hochtechnologie, hohe finanzielle Investitionen, viel Ertrag, aber nur schwache ökologische Risiken.«
Roelof A.A. Oldeman

»Die Geschichte, welche die Wissenschaft erzählt, ist zwar eine wahre Geschichte, aber nicht immer die wahre Geschichte, dafür aber immer eine Geschichte.«
David Locke

Um zu verstehen, wozu das Baumfloß dient, ist jetzt der richtige Moment gekommen, um eine möglichst objektive Beschreibung dessen zu liefern, was tropische Regenwälder sind. Objektivität? Es mag überraschen, aber der Tatsache zum Trotz, dass ich alle meine Forschungsarbeiten seit vierzig Jahren in diesen Wäldern vorgenommen habe, ist es nicht leicht, eine solche Beschreibung zu liefern. Man muss dabei Begriffe wie »grüne Hölle« oder »verfluchter Dschungel« vermeiden, wie sie in der Epoche Kiplings üblich waren und noch immer in Literatur und Film bei bestimmten zeitgenössischen Künstlern üblich sind; Tiger und Malaria, Fleisch fressende Pflanzen und Kopfjäger, Vogelspinnen und Anakondas sind dabei wesentliche Zutaten. Ich lehne diese Denkweise ab, die etwa besagt: »Ich habe überlebt, rate Ihnen aber dringend davon ab, es zu versuchen, es ist viel zu gefährlich«; im Gegenteil, ich habe mir immer gewünscht, dass meine Studenten und Mitarbeiter sich in den tropischen Wäldern wohl fühlen, die wir gemeinsam besucht haben.

Der Ansatz des »verblüfften Naturforschers« ist jüngeren Datums, aber kaum besser. Dies ist der Ansatz schöner Bücher, die heute über die tropischen Regenwälder veröffentlicht werden; darin erscheinen sie als eine Art Garten Eden, in dem einem bei jedem Schritt Insekten begegnen, die wie Juwelen aussehen, ferner vielfarbige Vögel, die es an Pracht mit Orchideen aufnehmen können, die auf Bäumen wachsen und einen betäubenden Duft verströmen, sowie schließlich Eingeborene in Prunkgewändern. Wir werden sehen, dass die Wahrheit weit schmuckloser ist und dass man sie verraten würde, wenn man nur ihren Zauber zeigt.

Auf der Suche nach Objektivität

Die »wissenschaftliche« Darstellungsweise stellt für mich die gefährlichste Klippe dar, weil sie mir vertraut ist. Dieser Ansatz zielt genau auf Objektivität ab und müsste demzufolge derjenige sein, der mir recht ist; und dennoch – man beachte das Paradoxon – ist er ebenso trügerisch wie objektiv, ebenso zutiefst täuschend wie unangreifbar.

Diese Werke, die Wissenschaftler den tropischen Regenwäldern widmen, haben nur den Anschein von Objektivität; sie begnügen sich mit Zahlen und Kurven, mit Diagrammen und Analysen, aber ihnen fehlt alles, was die so besondere Atmosphäre der Wälder am Äquator beschwören könnte. Der wissenschaftliche Diskurs und die Eindrücke des einfachen Spaziergängers stehen in flagrantem Gegensatz zueinander: Rationalität steht hier dem sinnlichen Erleben gegenüber. Doch die Wissenschaftler sollten sich daran gewöhnen, dass die Wirklichkeit eine Mischung aus beidem ist. Man würde sie verraten, wenn man versucht, sie auf das zu reduzieren, was allein der analytischen Intelligenz zugänglich ist – indem man ablehnt, was man unsere Sinne nennt. David Locke, den ich mit einem Motto zitiere, drückt das viel besser aus als ich.

Um den Versuch zu machen, hier Klarheit zu gewinnen, schlage ich einen schönen Marsch im Regenwald von Sumatra für mindestens zwei Tage vor. Man sollte sich dabei von einem Führer begleiten lassen, genügend Lebensmittel mitnehmen und Ausrüstung zum Biwakieren. Es kommt im Übrigen kaum darauf an, ob wir uns auf Sumatra befinden, im Kongo oder im peruanischen Amazonien, und ebenso unwichtig ist es, ob unser Führer nun Idriss, Jean-Théophile oder Eusebio heißt. Diese großen äquatorialen Regenwälder sind einander zum Verwechseln ähnlich, selbst wenn Flora und Fauna von einem Kontinent zum nächsten verschieden sind. Ich stelle klar, dass es sich hier um Primärwälder handelt. Das bedeutet, dass sie weder durch menschliche Eingriffe, etwa durch Sammler, noch durch Landwirtschaft verändert worden sind; sollte dies doch der Fall gewesen sein, ist dies zu einer Zeit geschehen, die so lange zurückliegt, dass die primäre Struktur inzwischen Zeit gehabt hat, sich wiederherzustellen. Der Begriff Primärwald hat jedoch nichts mit der Zeit der Lepidodendrons zu tun, der Trilobiten oder der ersten großen Reptilien; so wie wir sie heute kennen, sind diese Wälder Zeitgenossen des Menschen.

Im französischen Mutterland haben wir keine Primärwälder mehr, mit Ausnahme vielleicht eines bescheidenen Rests in der Südbretagne bei Clohars-Carnoët. In Osteuropa finden wir noch einige in Polen, auf dem Balkan und in den Karpaten. Die letzten bedeutenden zusammenhängenden Primärwälder befinden sich in Amazonien, im Kongobecken und auf einigen indonesischen Inseln. Wenn ein tropischer Regenwald kein Primärwald mehr ist, wenn er beschädigt, in unzusammenhängende Teile aufgelöst oder zerstört wird, verwandelt er sich in einen Sekundärwald. Und was ist ein Sekundärwald? Es ist noch zu früh, um die ärgerlichen Themen anzusprechen. Beginnen wir lieber mit unserem schönen Fußmarsch.

Während des gesamten Wegs finden wir ein für die ganze arme Tropenregion typisches Haus: Wände aus unbearbeiteten Mauersteinen und ein Blechdach; eine Matratze auf einer Matte, eine Öllampe, einen ringförmigen Mückenschutz, einen Geruch nach Rauch, festgestampfter Erde und Feuerstelle. Wir brechen vor Tagesanbruch auf, um uns noch die Kühle der Nacht zunutze zu machen; im Nebenzimmer weint ein Kind, das wir mit unseren Vorbereitungen geweckt haben.

Der Weg führt zunächst durch Gärten und schlängelt sich zwischen Ingwerhecken und Hainen mit großen Bananenstauden hindurch, die wir im Lichtschein der Stirnlampen erkennen: Deren Licht bringt die Baumfrösche zum Schweigen. Die Mais- und Maniokfelder lösen einander ab, dazwischen Bambusbüschel, umgestürzte Baumstämme und Unterholz, das mit Tau bedeckt ist, der im Lichtschein der Lampen glänzt. Wir treten auf überreife Früchte, die einen Duft nach Alkohol verbreiten. Der erste Bach; wir haben schon nasse Füße, bevor der Tag überhaupt angebrochen ist, aber was macht das schon: Der Pfad ist gut, unser Führer singt, und der Tag lässt sich gut an.

Die grosse Stunde des Waldes

Wir hören die Schreie der ersten Hähne, als sich die Umgebung recht unvermittelt ändert: Die Blätter sind weniger mit Tau bedeckt, die Laute werden dumpfer, und in der vollkommen reglosen Luft steigen Düfte von Humus, Pilzen, von Erdkellern auf, die der Zufall des Weges gelegentlich mit dem frischen Duft von Harzen oder Balsam mischt. Ausgedehnte Luftwurzeln legen sich wie ein Plattenbelag auf den Pfad und verbinden die mit Moosen bedeckten Baumstämme miteinander. Wir befinden uns im Unterholz.

Der Morgen graut; aber während die Baumwipfel schon das Sonnenlicht auf sich ziehen, zögern wir unten auf dem Boden, unsere Taschenlampen auszumachen.

Der frühe Morgen ist dunstig, feucht, ungewöhnlich ruhig und wird nur gelegentlich durch das Aufprallen einiger Wassertropfen gestört, die aus den Baumwipfeln herunterfallen und in den verschiedenen Stockwerken des Blätterdachs aufprallen. Die ersten Sonnenstrahlen dringen durch eine saubere, wie frisch gewaschene Luft, die von großer Klarheit ist, nachdem sich der Nebel gelichtet hat. Der frühe Morgen ist die große Stunde des göttlichen Lichts und des Vogelgesangs; unsere Wanderung wird leichter, und das Unterholz öffnet sich wie auf Wunsch, um die Entdeckungsreise zu erleichtern. Wir sehen unsere ersten schwarzen Pflanzen, die ersten Begonien mit blauen Reflexen und unsere ersten Blutegel.

Wer den Regenwald am Äquator nicht kennt – das heißt den Wald, der sich in einer Zone befindet, die sowohl nördlich als auch südlich des Äquators durch den zehnten Breitengrad begrenzt wird–, sollte wissen, dass er ganz und gar nicht so ist, wie man ihn sich vorstellt. Zunächst ist es dort nicht sehr warm, denn man befindet sich in dem dichten Schatten der Bäume. Dennoch, da die Luft feucht ist, kann unser Schweiß nicht verdunsten. Und so kommt es, dass man schon nach einem ein- oder zweistündigen Marsch selbst bei schönem Wetter schweißnass ist.

Eine weitere Überraschung: Man sieht kein einziges gefährliches Tier. Die wenigen Tiere übrigens, denen wir begegnen, fürchten sich vor uns und flüchten mit einem kurzen Rascheln toten Laubs; hier kommen in regelmäßigen Abständen Jäger vorbei, und die Tiere hüten sich, ihnen zu begegnen. Die einzigen Gefahren bestehen darin, dass man sich verläuft – aber wir haben einen Führer und einen Kompass – oder von einem umstürzenden Baumstamm erschlagen wird; das ist eine ernst zu nehmende Gefahr, umso mehr, als man ein solches Ereignis kaum vorhersehen kann: Ein Baum kann auch bei Windstille unter der Last der Lianen und Epiphyten, die er trägt, jederzeit und ohne Vorwarnung zusammenbrechen. Um die Wahrheit zu sagen, kann von jedem beliebigen Gegenstand, der aus der Baumkrone herunterfällt, eine Gefahr ausgehen, ob es sich dabei um einen abgebrochenen Ast, eine große Frucht, die hart ist wie Holz, oder um ein Bündel von Farnen oder Orchideen handelt. Den meisten Menschen ist gar nicht klar, welch einem intensiven Bombardement von herabfallenden Ästen das Unterholz ständig ausgesetzt ist. Selbst auf die Gefahr hin, Abenteurern zu widersprechen, würde ich im Großen und Ganzen sagen, dass ein Marsch in einem tropischen Regenwald besser für die Gesundheit ist als ein Aufenthalt im Krankenhaus und unendlich weniger gefährlich als eine Autofahrt auf der Nationalstraße 20 oder ein nächtlicher Besuch in einem tristen Vorort, wo die überbelegten Wohntürme der Sozialwohnungsblocks es an Hässlichkeit mit den Parkplätzen der Supermärkte aufnehmen können.

Noch eine Überraschung: Man kommt leicht voran. Wir befinden uns auf einem wenig begangenen Pfad, der aber gut zu erkennen ist. Es passiert nur selten, dass der Führer uns mit seiner Machete Platz schaffen muss. Dieses Werkzeug nennt man hier »Golok«. Es widerfährt uns oft, dass wir von diesem Pfad abkommen und uns dann in einem intakten Unterholz wiederfinden, aber es ist trotzdem leicht, den Weg fortzusetzen: Der Führer begnügt sich damit, von Zeit zu Zeit mit einem kurzen und präzisen Schnitt einen Ast abzuhauen, der uns im Weg ist, oder eine Liane, die den Weitermarsch zu verlangsamen droht.

Das Unterholz, ein Ort des Werdens und Vergehens

Ab und zu wird der Wald, den wir durchqueren, besonders schön: Unter den riesigen Dipterocarpaceen ist das sehr dunkle Unterholz fast völlig frei. Auf einem Teppich aus totem Laub könnte man einen Waldlauf machen oder Mountainbike fahren, wären da nicht die Müdigkeit und der Rucksack. Man glaubt, sich in einer gotischen Kathedrale zu befinden, in der die Baumstämme wie ein Säulengang wirken. Diese herrlichen Orte sind Überreste des großartigen ursprünglichen Primärwalds; an anderen Stellen, wo der Mensch seine Spuren hinterlassen hat, sind die Bäume gefällt worden. Immerhin, wenn wir schon hier sind, haben gestern auch andere hierherfinden können; und überdies ist der Fluss nicht weit, was den Abtransport der gefällten Baumstämme erleichtert, entweder in Form von Einbäumen oder Flößen aus Rundholz, die in Richtung Meer treiben.

Das Unterholz hat eine doppelte Funktion. Es sorgt dafür, dass tote Pflanzen verfaulen, lässt aber auch neues Leben keimen. Umgestürzte Baumstämme, verfaulte Baumstümpfe, in die die Wurzeln benachbarter Bäume eingedrungen sind, bringen Keime und Jungpflanzen miteinander in Verbindung, denn das Unterholz gruppiert die Pflanzen um, einerseits diejenigen, deren Leben beendet ist, andererseits die, deren Leben erst anfängt; diese jungen Pflanzen befinden sich übrigens in der ständigen Gefahr, durch herabfallende Äste zerquetscht zu werden.

Kein Windhauch regt sich; dennoch bewegt sich ein Palmwedel rhythmisch und sanft mit einer Bewegung, die an die eines Ruders oder eines Wriggriemens hinter einer bretonischen Schaluppe erinnert; es kommt auch vor, dass zwei benachbarte Palmwedel sich abwechselnd trennen und wieder zusammentreffen wie zwei Hände, die Beifall klatschen. Und all das dank eines Lufthauchs, den wir nicht wahrnehmen. Schade!

Sehr hoch über unseren Köpfen bildet die Baumkrone ein ungeheures Blätterdach, das grüne Lichtstrahlen zwischen den schüchternen Baumkronen hindurchsickern lässt.[4] Der Passatwind kommt auf und lässt Wolken mit Sonnenschein abwechseln, bevor er den Wald um die Mittagszeit unter einem weiten blauen Himmel daliegen lässt, der an das Meer erinnert; dies ist die Stunde der Gibbonaffen in den Baumkronen; im Unterholz hingegen ist dafür leider immer die Stunde der Blutegel. Die Wanderung wird monoton: In dem grünen Aquariumslicht folgen bemooste Baumstämme, Lianen, Schlamm und Morast ohne Unterlass aufeinander. Vielleicht macht sich jetzt schon der Hunger bemerkbar, der unsere Fähigkeit zum Staunen abstumpft.

Die Mittagspause glänzt zwar nicht durch Gaumenfreuden, aber wir nutzen dafür die Gelegenheit, den fremdartigen Stimmen des Regenwalds zu lauschen: Zwei Bäume knarren, als der Passatwind sie aneinander reibt, Kröten quaken in den überschwemmten Niederungen, Zikaden zirpen in den hohen Ästen und hören sich wie das Knistern von Lichtbogen an. Selbst wenn man kaum etwas sieht, haben die Tiere einen wichtigen Anteil an der fast magischen Atmosphäre: Ein seltsamer Vogel fliegt vorüber, wir sehen eine Gruppe mehrstöckiger Termitenhügel, lauschen dem erhabenen Singsang des Gibbonaffen, den unser Führer *siamang* nennt – ganz zu schweigen von den Blutegeln, die uns stets ihre liebevolle Aufmerksamkeit schenken, da sie große Entfernungen auf sich nehmen, um uns zu begegnen: Ihre Aktivität scheint einer besseren Sache würdig zu sein.

Dann setzen wir die Wanderung fort; wir gehen bergauf, bergab, in den Gerüchen von Humus, totem Laub, verfaulendem Holz. Von Zeit zu Zeit umfängt uns ein unglaublicher Blumenduft, der an Glyzinen, böhmische Olivenbäume oder Junirosen denken lässt: Er senkt sich aus den Baumkronen herab, getragen von irgendeinem Djinn aus der Hölle, und verwirrt die Sinne in dieser kargen Umgebung.

Das Unterholz lässt sich nicht mehr so leicht durchwandern wie am Morgen. Damit wir die Windbrüche im Wald überqueren können– Lichtungen, die umstürzende Bäume haben entstehen lassen –, muss unser Führer uns den Weg mit kräftigen Golokschlägen frei machen: Wir fühlen uns in einen schlechten Film versetzt. Die Hitze ist da; die Trockenheit des Nachmittags lässt die Schoten in den Wipfeln der großen Bäume aufplatzen, und an den Rändern der Windbrüche verwelken große weiche Blätter von Pionierpflanzen wie etwa *Anthocephalus*.

Der Gewitterschauer

Am späten Nachmittag werden die Lichtflecken auf der Erde allmählich verschwommener. Der Himmel bezieht sich, der Wind wird stärker; von den schwankenden Baumkronen fällt totes Holz herunter, stürzen Orchideenbüschel und große geflügelte Meranti- oder Keruing-Früchte zur Erde; noch weiter weg, vom Horizont her, verkündet ein starkes Grollen das Näherrücken des Gewitters. Aus Vorsicht, um nicht Gefahr zu laufen, einen toten Ast auf den Kopf zu bekommen, legen wir auf einer Sandbank am Fluss einen Halt ein; hier wird das Ansteigen des Wassers kaum wahrnehmbar sein.

Unter der Regenwand wird eine Stunde lang alles trist und nass, bevor das Donnergrollen sich entfernt. Die Wassermassen haben die Luft abgekühlt, und das ist der Moment zum Aufbruch. Doch unsere Kretek – die indonesischen Zigaretten – sind aufgeweicht, und unter den Bäumen regnet es immer noch. Die Blutegel nehmen ihre Jagd wieder auf, und das Konzert der Amphibien wird ohrenbetäubend, und das alles in einem köstlichen Duft wie aus einem

Gemüsegarten, den man mit Wasser besprengt. Die Sonne ist wieder da und lässt die Blätter leuchten und den Wald dampfen.

Im Unterholz herrscht schon Halbschatten, aber die Baumkronen und ihr Gerüst aus hohen Ästen liegen noch in vollem Sonnenschein; und von nun an wird der Marsch hart, und beim Weitergehen halten wir nicht mehr den gleichen Rhythmus ein wie am Morgen; der Weg ist lang, das Ziel weit, und was wir tragen, ist schwer und unbequem. Den vielfältigen Anblicken, die der Wald uns bietet und die noch an diesem Morgen unsere ganze Aufmerksamkeit fesselten, schenken wir jetzt nur einen schnellen Blick, da uns eine süße Trägheit zwingt, so zu handeln. All die hübschen gelben Früchte auf dem Erdboden, ein paar blaue Vögel, verschlungene Lianen, ein mit rosafarbenen Blüten bedeckter Baumstamm, eine Schildkröte, die damit beschäftigt ist, Pilze zu fressen, die Fußspur eines Elefanten – all diese Dinge lassen uns jetzt kalt. Der Wald entgleitet uns; wenn wir so weitermachen, laufen wir Gefahr, ihn zu durchqueren, ohne ihn zu sehen: Das ist der richtige Moment, um unser Lager aufzuschlagen, doch es ist nicht so leicht, eine gute Stelle dafür zu finden.

Auf einer sanften Uferböschung, welche die letzten Sonnenstrahlen erreichen, macht unser Führer ein paar Quadratmeter frei und spannt zwischen den Baumstämmen Seile, an denen die Planen befestigt werden können: Unsere Rucksäcke und unser Bettzeug werden so vor dem Regen geschützt sein. Wir lassen unsere Wäsche auf den Steinen der Furt trocknen und kochen Wasser für den Tee: Das sind die angenehmen Seiten des Landlebens.

Das Baden verleiht unserem Biwak eine Atmosphäre von großen Ferien; am Abend, der sich allmählich herabsenkt, hallt das Gelächter an den Flussufern wider. Es ist die schöne Stunde, in der sich der Wald von seiner gastfreundlichen Seite zeigt; die Blumen duften jetzt besonders intensiv. An dem roten Himmel sehen wir große

Flughunde vorübersausen, die jetzt zu ihrer Suche nach den Früchten aufbrechen, von denen sie sich ernähren.

Die Nacht am Äquator

Die Nacht bricht schnell herein, wird aber von einem munter prasselnden und Funken sprühenden Feuer auf Abstand gehalten; unter den Planen glühen Lichtpunkte: Es ist die Stunde, in der der Duft der Kretek-Zigaretten sich mit dem unvergesslichen Geruch der Durianfrucht[5] mischt. Die Durianfrucht gilt als die Königin der Früchte, die wir uns schmecken lassen, während der Reis kocht. Die klangvolle Tierwelt erwacht, und das nächtliche Konzert beginnt, ohne dass wir unterscheiden könnten, ob es sich um Zikaden oder Vögel handelt, um Affen oder Baumfrösche.

Im Unterholz entdecken wir das malvenfarbene Fluoreszieren der Pilze, das geheimnisvoll aufleuchtet und wieder verschwindet wie das Blinken der ersten Leuchtkäfer.

Die Nacht ist ruhig und frisch, hallt von Lauten wider und wird von Zeit zu Zeit von einem fernen Gewitter unterbrochen, dem klagenden Gesang eines nächtlichen Raubvogels, dem Geräusch eines großen unbekannten Tiers, das sich ins Wasser stürzt, oder auf der anderen Seite des Flusses von dem Sturz eines sehr fernen Baums. Zwischen den beiden schwarzen Mauern des Uferwalds, unter der Milchstraße, die sich in dem schwarzen Wasser spiegelt, verrinnt die Nacht am Äquator friedlich, so friedlich ... Diejenigen, die den Regenwald zerstören, haben gewiss noch nie einen solchen Frieden gespürt, denn sonst würden sie sich schämen.

Das Morgengrauen gehört dem Konzert der Vögel, das wir im Halbschlaf wahrnehmen, und zwar in einem klangvollen, dreidimensionalen Universum, bevor der Himmel überhaupt sichtbar wird: das Echo von Rufen in den Baumwipfeln, die Zwiesprache großer Vögel, die in Schwärmen den Wald überfliegen, klagende Laute, die regelmäßig wiederholt werden; ein kleiner Spatz schreit sich direkt über unserem Lager heiser: Er ist es, der uns aufweckt.

Wir setzen den Marsch vor Sonnenaufgang fort; wir haben weniger als eine Stunde gebraucht, um eine Katzenwäsche zu machen, einen Kaffee zu trinken, eine Schale Reis zu essen und das Material in den Rucksäcken zu verstauen.

Wir gehen am Flussufer entlang; die Reflexe des Sonnenlichts auf dem stillen Wasser erleuchten die Unterseite von Blättern, die bei jeder Bewegung hübsch schimmern. Das laute Rauschen eines Wasserfalls lässt sich vernehmen, das bei jeder Biegung des Flusses immer klarer zu hören ist. Ein trauriger Gesang eines unbekannten und fernen Vogels erfüllt die Seele mit einem unerwarteten Ansturm poetischer Gefühle: Das ganze Leben, die ganze Entstehung des Lebens und seine ganze Dramatik sind in diesem Gesang, der keine Noten hat. Der Regenwald ist schön an diesem Morgen.

Der Regenwald ist schön, doch er ist dabei zu sterben.

Ein Lärm, der Übelkeit verursacht

Um die Mittagszeit, während wir einen bewaldeten Bergkamm überqueren, dreht sich der Führer um und bittet uns, stehen zu bleiben und still zu sein. Aus der Ebene dringt ein Geräusch zu uns herauf, ein schrilles und abartiges Kreischen, das dem eines Zahnarztbohrers oder dem Summen von Mücken in einer schlaflosen Nacht ähnelt.

Zwei Stunden später zeigt uns der Führer eine offene Straße quer durch das Unterholz; sie hat sich einen halben Meter tief in die Streu aus Ästen und Laub gegraben und wird durch eine ununterbrochene Reihe üppiger dunkelgrüner Büschel markiert: Diese schönen Pflanzen gehören zu den Gattungen *Maranta* und Ingwer.

An manchen Stellen hat die aufgewühlte Erde das Wachstum von Pionierpflanzen ermöglicht, etwa von *Macaranga*, *Trema* oder *Anthocephalus*. Es handelt sich hier um das, was die Holzfäller einen Transportweg nennen, der dazu dient, die gefällten Baumstämme wegzubringen.

Der Lärm der Kettensäge beginnt wieder, diesmal aus weit größerer Nähe. Es ist ein wechselndes, aufdringliches Geräusch, denn die Kette hat sich verklemmt, und kaum hat sie sich in einen Baumstamm hineingefressen, heult sie mit einer Art Wut auf, sobald sie wieder frei läuft.

Wir hören ihr durchdringendes Kreischen fast eine halbe Stunde lang. Die Holzfäller arbeiten eifrig und attackieren nach und nach die Ränder, bevor sie in der Mitte des Baumstamms zum entscheidenden Stoß ansetzen. Dann wird die Säge gestoppt, man hört Schreie, denen ein schreckliches Krachen folgt, das immer schneller wird; es drängt sich ein Vergleich mit einer Geschossgarbe aus einer Automatikwaffe auf. Glücklicherweise sehen wir den Baum nicht stürzen, wir sind zu weit entfernt; wir hören es jedoch und, was noch eindrucksvoller ist, wir spüren, wie die Erde unter dem Baumstamm des großen Dipterocarpaceenbaums, des Meranti oder Kapur, der mit einer solchen Wucht auf der Erde aufprallt, erzittert, spüren, dass er eine tiefe Rinne aufreißt – und im Fallen mehrere benachbarte Bäume mitreißt, an denen er sich in Lianen verfängt und Hunderte junger Pflanzen vernichtet. Vögel und Gibbonaffen protestieren lautstark und flüchten dann.

Wir erreichen den Ort des Geschehens, um die zweite Phase der Operation mitzuerleben, den »Abtransport«. Die Holzfäller machen sich über den Baum her und zersägen die Hauptäste, welche die Krone des Baums bilden; nun wird der Baumstamm hinter einer schweren Maschine festgekettet – einem Caterpillar oder Komatsu –, die den Boden fest zusammenpresst. Dann sehen wir den Baum in

Richtung der Hauptstraße dieser großflächigen Rodung verschwinden, begleitet von den spöttischen Bemerkungen der Holzfäller, einem ungeheuren Motorenlärm und einem starken Dieselgestank.

Machismo

In den fünfziger Jahren, als ich noch ein Junge war und in Paris lebte, nahm man mich ins Museum des Herzogs von Orléans mit. Ich sollte die ausgestopften Tiere bewundern, die dort aus der ganzen Welt zusammengetragen und zum Vergnügen eines Prinzen geopfert worden waren. Um diese Zeit – Fotos legen davon Zeugnis ab – liebten es Jäger, sich in einer vorteilhaften Pose neben ihrem Opfer zu zeigen, ob nun Büffel, Gorilla oder Elefant.

Solche Spektakel sind heute wohlgemerkt nicht mehr erlaubt, und es ist ein Glück, dass das Museum des Herzogs von Orléans seine Pforten hat schließen müssen – dennoch hat der großflächige Holzeinschlag in den Regenwäldern am Äquator niemals aufgehört; er steigert sich vielmehr noch mit der zunehmenden Modernisierung der Technik. Es liegt auf der Hand, dass wir das Leben von Pflanzen weniger hoch schätzen als das von Tieren!

Der Anblick der Zerstörung trübt das Ende unserer Wanderung spürbar, umso mehr, als wir uns jetzt dem Schauplatz der Ausbeutung nähern. Der Wald ist beschädigt, durchlöchert von riesigen »Langholzparks«, über denen die traurigen Gerüche der umgestürzten und entrindeten Baumstämme schweben. Es hat etwas von Machismo an sich, wie die Fahrer der Raupenfahrzeuge diese »Parks« und die dazugehörigen Zufahrtsstraßen errichten und dabei viel mehr Baumstämme fällen, als nötig ist. Sie schichten Erdhaufen von absurder Höhe auf. Man erkennt, dass diese Leute nicht oft Gelegenheit haben, das Machtgefühl zu genießen, das ihnen ihre Maschinen vermitteln, die ihnen auf Knopfdruck gehorchen. Nun nehmen sie die Gelegenheit wahr. Im Übrigen sind nicht sie die wirklich Verantwortlichen dieses Massakers. Das sind vielmehr die Chefs der multinationalen Konzerne, die seit der Industrialisierung ihrer Länder die Wälder der armen Regionen in den Tropen ausbeuten.

In diesen tropischen Staaten selbst haben die Politiker oft nur vage Vorstellungen vom Regenwald. So sieht man beispielsweise an dem Flugblatt »Das Auge des Volkes«, dass sich im Kongo weder die jeweilige Regierung noch die Opposition sonderlich für die Regenwälder interessieren, die gleichwohl einer der wirklichen Reichtümer des Landes sind. Stellen wir klar: Weder die Führungskräfte der multinationalen Konzerne noch die Politiker der armen Staaten kennen den Regenwald wirklich, und das aus einem einfachen Grund – sie begeben sich niemals dorthin.

In der Nähe des Dorfs betreten wir den Sekundärwald, und unser Weitermarsch wird sehr viel schwieriger; unser Führer öffnet uns eine Passage quer durch Populationen von Pionierbäumen, kleinen Bäumen aus weichem Holz. Ich liebe den Sekundärwald nicht: Im Vergleich mit dem Primärwald ist er das, was eine lauwarme Cola in einem Plastikbecher neben einem Champagner ist, der eisgekühlt in einem hohen Kristallglas serviert wird. Im Dorf laden schwere Maschinen, die an Militärtechnik denken lassen, das noch nicht entrindete Langholz auf Lastwagen, welche die Baumstämme zu einem Hafen am Meer bringen sollen. Wir schlafen an diesem Abend in einem klimatisierten Zimmer, aber der Wald ist verschwunden ...

Das Auge des Volkes

In Übereinstimmung mit der Elf-Stiftung haben wir uns entschlossen, unsere nächste Expedition im Kongo zu verwirklichen. Im Januar 1991 brechen Francis und ich zu einer Erkundung auf, ohne zu wissen, dass eine ganze Reihe surrealistisch anmutender Situationen unseren Aufenthalt prägen werden.

Kaum sind wir in Brazzaville angekommen, stellen wir überrascht fest, dass in der Stadt Flugblätter kursieren. Diese sind mit »Das Auge des Volkes« unterzeichnet und beschuldigen namentlich Francis Hallé, Gilles Ebersolt, Patrick Blanc und mich allerlei Schlechtigkeiten: »Dieses pseudowissenschaftliche Unternehmen mit der Bezeichnung ›Floß in den Baumkronen‹ wird es der Bande von Sassou erlauben, die Kleinigkeit von 500 Millionen Francs zu unterschlagen ... Dieses Unternehmen ist nichts als ein Tarnmanöver, um das Verschwinden großer Summen zu rechtfertigen, welche die Aasgeier der Bande von Sassou in die Tasche stecken werden ... Sie verfügen über alle logistischen Mittel, um einen geeigneten Standort für die Einlagerung radioaktiver Industrieabfälle zu finden ... Das kongolesische Volk soll betrogen werden ... mit dem Schwindel dieses ›Baumfloßes‹ ist jetzt eine unerträgliche Grenze erreicht. Professor Hallé und die Herren Blanc, Cleyet-Marrel und Ebersolt, vergrößern Sie nicht mit Ihren üppigen Ausgaben noch das Elend der Arbeiter ... Das Auge des Volkes ruht auf Ihnen, und wir werden wissen, was zu tun ist.«

Diese Flugblätter machen auf Monsieur Jean Guérin, Direktor von Elf Kongo, keinerlei Eindruck. Er stellt uns seine gewaltigen logistischen Mittel und seine vorzüglichen Kontakte auf höchster Regierungsebene zur Verfügung.

Jeden Tag werden in Brazzaville immer gehässigere Flugblätter über uns in Umlauf gebracht. Was die politische Lage des Landes betrifft, verschlimmert sie sich von Tag zu Tag.

Eines Abends sind Jean Guérin, Francis und ich zu einem Diner in der französischen Botschaft eingeladen, einem großartigen Herrenhaus aus der Kolonialzeit am Ufer des Kongo. An dem Essen sollen auch sechs Minister der Regierung teilnehmen.

Beim Aperitif präsentieren wir unser Vorhaben in einem vorteilhaften Licht, und alle scheinen interessiert zu sein, selbst als der Industrie- und Umweltminister ein wenig provokativ zu Francis sagt: »Der Regenwald ist ein Schwindel von Wilden, man muss ihn abholzen.« Während des mit großem Pomp begangenen Diners erfahren wir, dass sich die Situation im Land schon so zugespitzt hat, dass die Regierung zu stürzen droht. Wir sind also dabei, unser Vorhaben Ministern zu präsentieren, die das schon übermorgen nicht mehr sein werden. Aber zwischen Dessert und Käse beendet eine Neuigkeit unsere Diskussionen und wird zum einzigen Thema der Unterhaltung: Der Golfkrieg ist gerade ausgebrochen, und die Angst vor einer Ausweitung des Konflikts auf die ganze Welt beschäftigt alle Anwesenden.

Zwei Tage später stellt uns Elf eine Maschine des Typs Mystère 20 zur Verfügung, die uns nach Pointe-Noire bringen soll, damit wir dort den Mayombe erkunden können, einen Regenwald in der Nähe der Küste. Leider verschlimmert sich die Lage schnell, und gleich nach der Ankunft von Gilles und Patrick, die aus Frankreich zu uns gestoßen sind, werden auf dem Flughafen zwei Brände gelegt, um den gesamten Flugverkehr lahm zu legen. In einem überfüllten Nachtzug, der in jedem Dorf hält, kehren wir schließlich nach Brazzaville zurück.

Dort rät uns der Elf-Direktor, das Land zu verlassen, da er um unsere Sicherheit fürchtet; er organisiert unsere Abreise nach Art einer »Flucht«, denn für das »Auge des Volkes« sind wir zu »Banditen« geworden.

Am frühen Morgen und absolut illegal verlassen wir Brazzaville an Bord einer kleinen Cessna-Maschine. Nachdem wir den Kongo unmittelbar über der Wasseroberfläche bis nach Kinshasa überflogen haben, setzt uns der Pilot vor der 747 der Swissair ab, worauf wir sofort die Maschine besteigen, die uns nach einer strengen Durchsuchung – der Golfkrieg verpflichtet – nach Frankreich zurückbringen wird.

Wir empfinden alle so etwas wie Enttäuschung. Uns verbindet die Notwendigkeit, aus einem Land zu flüchten, in dem wir von einer Opposition gejagt werden, von der wir nicht das Geringste wissen, gejagt ausschließlich deshalb, weil unser obligatorischer Gesprächspartner die Regierung ist.

Da hätte die Geschichte ein Ende finden können, doch eineinhalb Jahre später hatte ich in Lyon eine unerwartete Begegnung.

Um für unserere nächste Expedition Unterlagen vorzubereiten, befand ich mich bei Lips, einem Lyoner Copyshop. Da gerade wenig Andrang herrschte, hatte ich mich auch auf den benachbarten Kopiergeräten ein wenig ausgebreitet. Als ich mich gerade mit der Einteilung der Seiten abmühte, sah ich einen Schwarzen eintreten, der sich in meiner Nähe ebenfalls daranmachte, Fotokopien anzufertigen, und sich ausbreitete, um seine Seiten zu ordnen. Ich blickte zerstreut hinüber. Plötzlich blieb mein Blick an der Überschrift der Blätter hängen, und ich glaubte zu träumen, als ich las: Das Auge des Volkes. Ich sprach den Mann sofort an, um mich vorzustellen und ihn zu fragen, welche Rolle er in dieser Organisation spiele. Kimbonzi-Moukoutou war ein Oppositionspolitiker und hatte aus seinem Land flüchten müssen, da sein Leben bedroht war. In Lyon hatte er als politischer Flüchtling um Asyl nachgesucht; dort druckte er alle Flugblätter, welche die Regierung destabilisieren sollten.

Er erinnerte sich sehr wohl an die Flugblätter, die uns betrafen; er hatte es im Übrigen nicht besonders auf uns abgesehen, denn er bat mich, wieder mit ihm Kontakt aufzunehmen, um eine Expedition des Baumfloßes organisieren zu können, sobald die Opposition die Macht übernommen hätte. Wir gingen sehr freundschaftlich auseinander. Leider überstürzten sich im Kongo die ernsten Ereignisse, und ich habe nie mehr von dem Mann gehört.

D. Cleyet-Marrel

Das Verschwinden des Primärwalds oder seine Umwandlung in Sekundärwald vollzieht sich der FAO, der Welternährungsorganisation der UNO zufolge, in einem durchschnittlichen Tempo von zwanzig Hektar pro Minute. Wir sind im Augenblick dabei, die letzten Jahre der Primärwälder in den Tropen mitzuerleben.

Die Ursachen dafür? Es gibt drei: die Suche nach Brennholz, der Holzeinschlag zu verschiedenen Zwecken, vor allem landwirtschaftlichen, sowie zur Gewinnung der Nutzhölzer des Südens, die auf der nördlichen Halbkugel verbraucht werden. Diese drei Ursachen sind etwa gleichrangig an dem Zerstörungswerk beteiligt.

Die Suche nach Brennholz ist das Werk der Menschen, die nicht über die Mittel verfügen, um Petroleum als täglichen Brennstoff zu kaufen. Die Jagd nach Brennholz hat etwas mit dem wirtschaftlichen Niedergang der Länder auf der südlichen Halbkugel zu tun, obwohl das Holz nur für den heimischen Markt bestimmt ist. Diese Suche nach Brennholz besitzt jedoch so etwas wie eine natürliche Berechtigung.

Die Urbarmachung neuen Ackerlandes nimmt vielfältige Formen an, angefangen bei behutsamen Rodungen traditioneller Art bis hin zu massiven Abholzungen mit dem Ziel der Anlage spekulativer neuer Kulturen, die ebenfalls für die Länder der nördlichen Halbkugel bestimmt sind. Hinzu kommt noch eine beträchtliche Zahl der verschiedensten Aktivitäten – Verstädterung, Straßen- oder Flughafenbau, Bergbau, Staudämme. Diese tragen alle dazu bei, die Entwaldung zu beschleunigen, auch wenn sie der wirtschaftlichen Entwicklung dienen und infolgedessen nützlich sind.

Eine besondere Stellung nimmt die Ausbeutung der Nutzhölzer ein: Ipé, Okume, Iroko, Sapelli, Sipo oder Meranti. Die Holzfäller beeilen sich, so zu tun, als würden sie pro Hektar nur wenige Kubikmeter schlagen und als läge die Hauptverantwortung für das Verschwinden des Waldes bei den Bauern der Region. Der Bauer in den Tropen, der sich nicht verteidigen kann, ist ein idealer Sündenbock, und so gehen die Abholzungen aufs Schönste weiter. Die kostbaren Hölzer verschwinden ins Ausland, und der aufgerissene Tropenwald zieht sich zurück und wird immer kleiner, bis er irgendwann ganz verschwindet.

Die Ausbeutung der tropischen Hölzer – in den englischsprachigen Ländern »logging« genannt – hält aus zwei Gründen an: einmal, weil sie höchst lukrativ ist, aber nicht für die waldreichen tropischen Länder, wo allein die Herrschenden aus den »Abgaben« der Holzkonzerne Gewinn ziehen, sondern für die dort operierenden multinationalen Konzerne; ferner, weil es sich um eine unauffällige Tätigkeit handelt, die sich im Stillen abspielt, vor den Blicken der industrialisierten Welt geschützt, fern von jeder demokratischen Kontrolle, tief in den Regenwäldern der armen Länder.

Der Mythos von der nachhaltigen Ausbeutung der Nutzhölzer

Die Ausbeutung der Nutzhölzer ist ebenfalls eine zutiefst zerstörerische Tätigkeit, die genau das vernichtet, was unser Planet an biologischer Vielfalt zu den größten Reichtümern zählt. Es gibt auf der ganzen Welt keinen einzigen Holzkonzern, auch keine einzige Forschungseinrichtung, die es verstanden hätte, eine nachhaltige Ausbeutung der Nutzhölzer vorzuschlagen; die langfristige Nutzung ist alles andere als gesichert. Der betroffene Wald wird in allen Fällen irgendwann zu Sekundärwald, um dann zu verschwinden. Seit mehr als einem halben Jahrhundert folgen die verschiedenen Versuche einer »Nutzung« aufeinander, so dass es jetzt an der Zeit ist zuzugeben, dass die nachhaltige Ausbeutung der Hölzer des tropi-

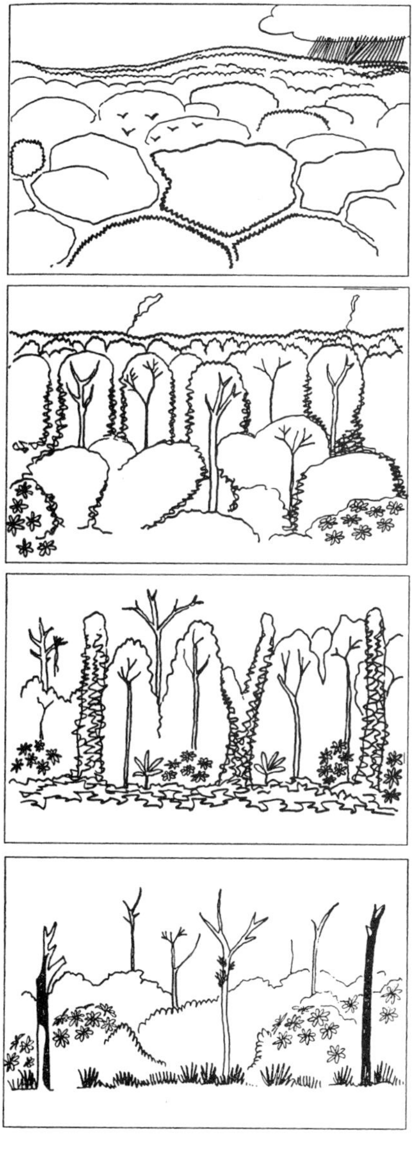

1 2 3 4

Vier Stufen des Verschwindens eines tropischen Regenwalds.
1 Das Kronendach eines Primärwalds.
2 Das Kronendach ist aufgelockert, Baumstämme und Äste sind vom Luftschiff aus sichtbar. Lianen und Pioniersträucher erscheinen.
3 Erstmals tauchen tote Bäume auf; Lianen und Pioniersträucher werden immer zahlreicher.
4 Der Sekundärwald, der aus Bäumen und Pioniersträuchern besteht, wird von toten Bäumen überragt; Waldbrände finden in den Gräsern Nahrung, die das Unterholz überwuchern, und hinterlassen deutlich sichtbare Spuren.

schen Regenwalds auf einem industriellen Niveau ganz einfach unmöglich ist. Die wirtschaftliche Rentabilität schließt unausweichlich die Zerstörung ein. Allein die Völker, die im Regenwald leben, verstehen es, den Wald nachhaltig zu nutzen – die Indianer Amazoniens, die Pygmäen von Zentralafrika, die Orang Asli von Malaysia oder die Kubu auf Sumatra –, aber dabei handelt es sich weder um eine industrielle noch eine kommerzielle Nutzung, sondern ausschließlich um traditionelle Formen der Verwertung. Aus Verblendung, Prinzipienlosigkeit, politischer Feigheit und übler Geschäftemacherei gefährden wir aufs Schwerste die natürlichen Ressourcen unseres Planeten, angefangen bei der Luft, die wir atmen, deren Sauerstoff zu einem großen Teil aus den tropischen Regenwäldern stammt.

Um nicht missverstanden zu werden: Wir brauchen diese Nutzhölzer, das bestreite ich nicht; aber die Lösung besteht darin, Bäume anzubauen, deren Holz wir nötig haben, und noch rechtzeitig mit jeder Ausbeutung der Primärwälder in den Tropen aufzuhören.

Und welche Rolle spielt das Baumfloß bei all dem? Haben wir uns etwa vom Thema entfernt? Ganz und gar nicht. Seine Funktion besteht darin, das Kronendach der Primärwälder studieren und bewerten zu können, diese zwar kaum bekannte, aber schon jetzt bedeutende Schnittstelle, die sich in vierzig Meter Höhe tagsüber der Glut der tropischen Sonne aussetzt, nachts aber von der Feuchtigkeit profitiert, die aus dem Unterholz aufsteigt; das Kronendach bringt Tierarten zusammen, die im Inneren des Regenwalds leben, Tiere, die sich an den Flug über den Bäumen angepasst haben, sowie Arten, die in der eigentlichen Schnittstelle Kronendach leben. Erwin hat schon 1982 geahnt, dass das Kronendach weltweit die größte biologische Vielfalt aufweist. Die gewaltigen potentiellen Reichtümer, die diese biologische Vielfalt in unseren Augen darstellt, sind durch die Holzfäller in ihrer Existenz bedroht, obwohl eine Bestandsaufnahme dessen, was diese Wälder enthalten, noch gar nicht abgeschlossen ist.

Wie soll man die Schönheit der Baumkronen dieser tropischen Regenwälder am Äquator beschreiben mit ihrem fernen Dunst, dem Flug der Vögel, ihren Affenrudeln, den Massen jungen Laubs, das in Rot oder Ocker schimmert, den rosa-weiß-gelben Blüten, den Schoten in einem zarten Grün, die an den Ästen baumeln, den violetten Bergen vor uns und dem blauen Meer hinter uns, mit den Humusdüften über den Windbrüchen, den Duftwolken, die zu uns aufsteigen, wenn wir eine riesige, mit Blüten übersäte Baumkrone überqueren, der Frische der Nebelbänke, den kunstvoll verschlungenen Lianen, welche die Bäume mit langen Geißeln umspannen, den hängenden Wiesen der Ingabäume, dem Blumenkohl der Gonfolos oder Merantis oder den plumpen Gerüsten der Muskatnussbäume?

Ich wünschte mir, die ganze Welt könnte sich das ansehen.

Das Blätterdach der Baumkronen? Stellen Sie sich einen Tisch vor, der für eine üppige Mahlzeit gedeckt ist, mit einem weißen Tischtuch, festlichem Geschirr, Kristallgläsern, vorzüglichen Weinen, Blumensträußen und köstlichen Speisen, die mit sicherem Geschmack zubereitet sind. Zu seinem Unglück hat dieser Tisch Holzbeine; jetzt erscheint ein armer Bauernrüpel mit Ideen im Kopf, die einem anderen Zeitalter angehören, und erklärt: »Ich brauche Holz.« Ohne auch nur einen Blick für das, was sich auf dem Tisch befindet, nimmt er seine Kettensäge, schneidet die vier Tischbeine ab, und alles stürzt ein ...

Beim Floß in den Baumkronen geht es darum, die Ressourcen der tropischen Baumkronen für die wissenschaftliche Forschung zu öffnen. So gesehen, ist es ein Ausrüstungsgegenstand unter anderen, und die heutige Zeit zeigt auf diesem Gebiet einen schönen Erfindungsreichtum.

Seit den fünfziger Jahren waren in mehreren tropischen Regenwäldern Metalltürme errichtet worden, die den Zugang zu den Baumkronen ermöglichten. Seit den achtziger Jahren wurden vielfältige Untersuchungstechniken entwickelt. Annette und Marcel Hladik vom Musée de Paris benutzten einen mit Helium gefüllten Fesselballon, um in Gabun die Baumkronen zu fotografieren; Terry Erwin von der Smithsonian Institution setzte Pyrethrum ein, ein natürliches Insektizid, das aus Chrysanthemenblüten gewonnen wird, mit dem er in den Baumkronen Mittelamerikas erstmals große Mengen von Insekten sammelte. Die so gewonnenen Ergebnisse multiplizierte er mit zehn, um so auf einen geschätzten Wert der weltweiten biologischen Vielfalt zu kommen; von nun an wird man nicht mehr von drei Millionen Tier- und Pflanzenarten sprechen, sondern von dreißig Millionen. Der Gebrauch von Bergsteiger- und Höhlenforscherausrüstung, die Errichtung hängender Fußgängerbrücken (walkways), dann der Aufbau von Kränen und sogar Kränen auf Schienen boten der Forschungsarbeit in den Baumkronen eine breite Palette neuer Möglichkeiten. Das Baumfloß, das 1985 erstmals eingesetzt wurde, ist seit 1999 um zusätzliche Ausrüstungsdetails erweitert worden. Von allen anderen Methoden, Zugang zu den Baumkronen zu finden, unterscheidet es sich in mehrfacher Hinsicht: Es senkt sich von oben auf die Baumkronen hinab, statt von unten, vom Erdboden, hinaufgebracht zu werden; seine Beweglichkeit, die es allein mit den Methoden der Giftgasbesprühung und des Bergsteigerseils teilt, erlaubt unerlässliche Vergleiche zwischen verschiedenen Standorten, Regenwäldern und Kontinenten;[6] schließlich ermöglicht das Baumfloß einer größeren Zahl wissenschaftlicher Disziplinen den Zugang zum Gelobten Land, wie ich es später noch darlegen werde.

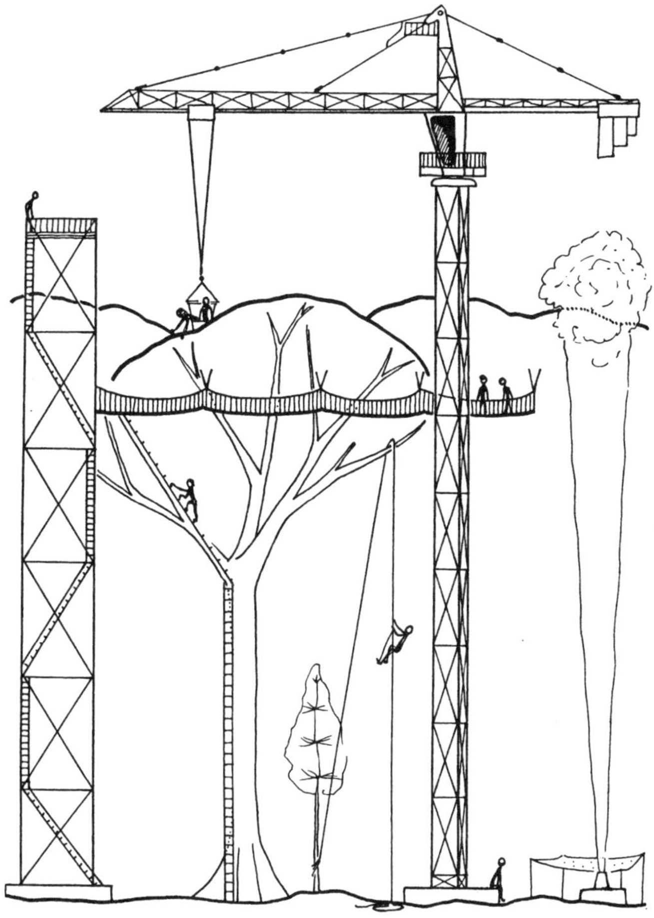

Zugangstechniken zu den Baumkronen des tropischen Regenwalds.
Von links nach rechts: Metallturm, Fußgängerbrücke, Bergsteigertechnik, Kran und schließlich Giftwolke. Ohne dass man bei dieser Giftgasbesprühung im eigentlichen Sinn von einer Zugangstechnik sprechen kann, erlaubt sie doch das Sammeln von Insekten in der Baumkrone. Mit Hilfe dieser Methode (*toxic fogging*) hat Terry Erwin 1982 die geschätzte weltweite Zahl biologischer Arten mit zehn multipliziert.

Wie dem auch sei: All diese Techniken und all diese Ausrüstungen haben ausschließlich das Studium und die Aufwertung der Baumkronen der tropischen Regenwälder zum Ziel, in der Hoffnung, dass diese zum Nutzen künftiger Generationen wirksam bewahrt werden. Auf diesem Gebiet ist es gewiss notwendig, Forschungen anzustellen, was jedoch nicht ausreicht. Wir müssen erreichen, dass der tropische Regenwald eine Ehrfurcht erweckt, die es als wünschenswerter erscheinen lässt, ihn zu bewahren, als ihn zu zerstören. Ist dieses Ziel aber wirklich realistisch?

Wie lässt sich Ehrfurcht vor dem Regenwald wecken?

An falschen Wegen und schlechten Lösungen mangelt es nicht. Man kann es mit der Sprache der Zivilisation versuchen: Wir müssen anerkennen, dass der tropische Regenwald schon vor uns da war, dass er einen lebenswichtigen Teil des Lebens auf der Erde darstellt, dass wir nicht das Recht haben, ihn zu zerstören, und dass er ein Erbe darstellt. Uns ist es aufgegeben, ihn unseren Nachkommen intakt zu hinterlassen. Aber wer unter den Entscheidungsträgern, in Regierung oder Industrie, ist für diese Sprache wirklich empfänglich? Wer lässt zu, dass sie in die praktische Arbeit Eingang findet?

Eine andere Strategie besteht darin, Nationalparks oder streng geschützte Naturreservate zu schaffen, wobei man sich der verschiedensten Methoden bedient, der Hoffnung auf einen sanften Tourismus, Erlass internationaler Schulden, einer Verbesserung des Images des fraglichen Landes etc. Doch dies sind Gründe, wie sie die politischen Entscheidungsträger bewegen, aber die in der Nähe der großen Urwälder lebenden Menschen haben keinen Anteil daran. Da man sie vorher nicht gefragt hat, reagieren sie ablehnend auf Entscheidungen, die in der fernen Hauptstadt getroffen werden.

Schließlich spüren sie, wie sehr die althergebrachte Nutzung der Wälder dadurch eingeschränkt wird. So kommt es also häufig vor, dass die Jagd und das Sammeln von Holz in dem geschützten Wald weitergehen, dass die Parkaufseher gewalttätigen Übergriffen zum Opfer fallen oder dass der Park selbst durch Feuer verwüstet und in weniger als zehn Jahren in eine Savanne verwandelt wird: Dieser Weg ist also zum Scheitern verurteilt.

Im Lauf der achtziger Jahre kam es in verschiedenen Industrieländern zu einem Boykott von Tropenhölzern, was eine neue Strategie des Kampfs gegen die Abholzung der Tropenwälder sein sollte. Es hatte den Anschein, als könnte man mit der Ablehnung jeder kommerziellen Nutzung exotischer Hölzer erreichen, dass der Holzeinschlag zum Stillstand kommt; der Bankrott mehrerer Unternehmen der Holzindustrie sollte der Abholzung der Tropenwälder ein Ende machen. Dieses Denken birgt eine gefährliche Illusion: Da die politischen Führer tropischer Länder keine Einnahmen mehr aus dem Holzexport haben, haben ihre Waldgebiete keinen kommerziellen Wert mehr. So bleibt ihnen nur eine Lösung: abzuholzen und alle Waldgebiete zu industriell angelegten Plantagen zu machen. Sie bepflanzen sie mit Kaffeesträuchern, Kautschukbäumen und Ölpalmen, deren Rentabilität gesichert ist. Eine traurige Feststellung: Während man erwartet, dass ein umfangreiches Programm zur Anpflanzung neuer Wälder in der Lage sein könnte, eine ausreichende Versorgung mit Nutzholz sicherzustellen, ist es in Wahrheit die Ausbeutung des Waldes, die seine Existenz sicherstellt.

Darin liegt die ganze Problematik des Schutzes der letzten tropischen Regenwälder, der von Grund auf überdacht werden muss; und in diesem schwierigen Umfeld spielt sich das Abenteuer des Baumfloßes ab. Wird es mithelfen können, die tropischen Regenwälder zu schützen? Jetzt ist der Augenblick gekommen, dieses außergewöhnliche Gerät vorzustellen.

Ein Tag auf dem Baumfloß

»Wie bei einem Wald von so atemberaubender Höhe nicht anders zu erwarten, ist das Fliegen das wirksamste Fortbewegungsmittel. Eine Vielzahl von Tierarten bewegt sich auf diese Weise, was bei Insekten, Vögeln und Fledermäusen nicht verwunderlich ist. Andere, etwa Flughörnchen, fliegende Lemuren, fliegende Schlangen, fliegende Frösche, fliegende Eidechsen und der fliegende Gecko, bekommt man seltener zu sehen.«

Elliott McClure, The secret life of a tree

Die Nacht geht zu Ende

Lager Akok, Naturschutzgebiet Campo, Südkamerun (2°39' nördlicher Breite), Dezember 1991

Über dem schlafenden Lager trennt der starke Lichtschein des im Zenit stehenden Mondes die dunklen Massen unserer Hütten und die hohe schwarze Mauer des uns umgebenden Walds von der weiten, weiß beschienenen Rasenfläche. Ein Leuchtkäfer fliegt vorbei, Frösche quaken in der kleinen Bucht unterhalb des Lagers.

Stille. Am Ende der Nacht, kurz vor dem Aufwachen der Vögel, herrscht Stille im Wald. Eine relative Stille; Tropfen fallen auf die Blätter, auf das Moos, auf die Wasseroberfläche der nahe gelegenen Bucht, und die süße, synkopierte Musik ihres Aufpralls wird gelegentlich durch das Zirpen einer winzigen Grille ergänzt, durch das Rascheln einer Eidechse im Gras oder den Ruf eines Nachtvogels.

Es ist Viertel vor fünf. Das schrille Läuten des Weckers empfinden wir als ein Zeichen von schlechtem Geschmack oder gar als beleidigend. In den folgenden Minuten läuten andere Wecker unter anderen Hängematten und in den Nachbarhütten; unter den Moskitonetzen gehen Lampen an. In weiter Ferne, auf der anderen Seite des Pfads, stößt ein auf Bäumen lebender Klippdachs seinen seltsamen krampfartigen Schrei aus.

Als wir unseren bequemen Kokon aus Hängematte und Moskitonetz verlassen, fällt uns – abgesehen von der feuchten Frische – als Erstes der Geruch des Unterholzes auf, ein Geruch nach toten Blättern und Pilzen, nach Erdkeller und Humus. Für mich ist das ein Geruch aus der frühen Kindheit, der Geruch der Luftschutzräume, in die wir uns bei der Befreiung von Paris zum Schutz vor den Bomben geflüchtet hatten. Wie jeder weiß, vergisst man die Gerüche der Vergangenheit nie.

Es ist immer noch dunkel, als das Lager leise aufwacht; aber jetzt haben die Vögel zu singen begonnen, und ihr wunderschöner »Morgenchor« hilft uns dabei, tastend in eine feuchte Hose zu schlüpfen und ein T-Shirt von verdächtigem Geruch überzustreifen, ohne zu vergessen, die benachbarte Hängematte zu schütteln, in der sich noch nichts bewegt. Entrüstetes Grunzen, Sportschuhe, Stirnlampe, erste Scherze; irgendjemand, wahrscheinlich Jean Drouault, hat den Mut gehabt, die Gruppe auf Trab zu bringen, und ein gelblicher Lichtschein verleiht der Küchenhütte das Aussehen eines großen Auges in der Tropennacht. Im Lichtstrahl der Stirnlampe die tausend sich bewegenden Tröpfchen des Morgennebels.

Wir sind nicht viele, höchstens fünf oder sechs, die vor den Kaffeebechern und den mit Streichkäse belegten Broten hocken; die Wissenschaftler schlafen noch und setzen sich später zu uns. Das Brot ist weich, und auf dem Tisch teilen sich die Ameisen jetzt schon die Krümel. Unter der Glühlampe kreisen Insekten und fallen in den Kaffee. »Wir wohnen nun mal nicht in einem kleinen Drei-Sterne-Hotel«, sagt Laurent Pyot. Da hat er Recht; es führt jedoch zu nichts, das Thema weiter auszuwalzen. Wir vergessen nicht das Radio, die Stirnlampen, die Handschuhe, das GPS, das Satelliten-Ortungsgerät, eine Ersatzbatterie, Fototaschen und die Werkzeugkästen.

Das Aufblasen des Zeppelins

Um sechs Uhr befinden wir uns auf der Startplane; seltsamerweise fühlt sie sich unter den Füßen lauwarm und fast trocken an, obwohl vom gestrigen Regen noch einige Wasserpfützen übrig geblieben sind. Während wir die ziegelrote Persenning zurückziehen, welche die Gondel und die Hülle des Luftschiffs schützen, macht jemand der Gruppe Beine und schaltet eine Reihe von Scheinwerfern ein. Der von unten angestrahlte Waldrand gibt den Blick auf ein komplexes Gebilde von Laubwerk frei, das von den weißen Baumstämmen der Parasolbäume gestützt wird.

Anschließend müssen wir die fünfzig Meter lange Hülle des Zeppelins auf der Startplane ausbreiten. Ihr leichtes und sehr trockenes Gewebe sieht aus wie eine lange Raupe, die wir mit sechs Mann tragen müssen. Dabei meiden wir sorgfältig alle Wasserpfützen. Anschließend besteht das Manöver darin, die Bändsel, die das Gewebe festhalten, zu lösen, die mit Klettverschlüssen versehenen Klappen zu schließen und mit Karabinerhaken zu sichern. Wir beginnen mit der großen Mittelöffnung, die sich gleich hinter der Gondel befindet. Die Klappe an der Rückseite ist schon verschlossen, aber die zwanzig Klappen des Leitwerks – zwei senkrechte und zwei waagerechte Leitwerke – halten uns eine gute halbe Stunde auf. Klettverschluss, Karabinerhaken, Klettverschluss, Karabinerhaken etc.; eine ermüdende, stumpfsinnige Arbeit, bei der Dany, unser Pilot, das Gebläse in Gang setzt, das gleich hinter der Gondel durch einen fünf Meter langen Schlauch mit der Hülle verbunden ist. Der Motor ist im ganzen Lager zu hören und weckt die letzten Schläfer. In diesen Augenblicken bricht der Tag an. Die Fledermäuse fliegen an einem rosafarbenen Himmel, und der Mond verschwindet hinter den Bäumen.

Das Aufblasen ist ein seltsames Phänomen. Die Luft strömt in die Hülle, erreicht ohne Schwierigkeit den Bug, aber am hinteren Ende fällt es ihr schwer, in den Falten des Gewebes und den Röhren des Leitwerks ihren Weg zu finden; es genügt, die Hülle ein wenig zu schütteln und dabei eine professionelle Miene aufzusetzen, da füllt sie sich erstaunlich schnell. In dem grauen Licht der Morgendämmerung nimmt dieses leicht monströse Ektoplasma in fünf Minuten die Gestalt eines langen Wals an, dessen weicher, weißer Bauch in die Luft ragt; immer noch dank des Gebläses gewinnt das Luftschiff schnell an Festigkeit und Körperfülle. Dabei müssen wir ihm helfen, es befreien, indem wir an den Stützriemen der Rückenteile der Hülle ziehen, die unter der Masse des Bauchgewebes eingequetscht sind, bis der Rücken erscheint. Als unser Wal auf der Seite liegt, ist der Moment gekommen, die Festigkeit der Rückenklappe zu prüfen, welche die Form eines Fallschirms hat. Jetzt ist aber auch die Gelegenheit gekommen, einen Blick in die hell erleuchtete durchsichtige Hülle zu werfen. Dany befindet sich im Inneren – wie ist er da nur hineingekommen? –, um die Kabel zu ordnen und an der Rückseite der bunten Heckfenster letzte Feineinstellungen vorzunehmen; das Ventilationsrohr zittert wie ein Darm. Schließen wir schnell die Klettverschlüsse des Fallschirms, dessen großer Stern nicht zögert, sich über unsere Köpfe zu erheben, als das Riesentier sich, auf der Flanke liegend, in Wartestellung begibt; es ist zwanzig Meter hoch und hat ein Volumen von 8500 Kubikmetern!

Im Heck ist die Verwandlung spektakulär; die Seitenflossen haben die Gestalt langer, blauweißer »Airbags« angenommen, die das hintere Ende des Motors von der Erde abheben lassen. Man könnte sich dort hinunterwagen; dort ist es frisch und feucht. Es haben sich weite, silbrig glänzende Flächen gebildet, die mich jeden Morgen an die leuchtenden Wasserflächen von Belle-Île bei Ebbe denken lassen.

Der Tag bricht an, aber der Nebel wird dichter, und der Ring von Bäumen, der uns umgibt, scheint sich zu entfernen. Das Vorderteil des Luftschiffs ist schon rund wie ein riesiges blaues Maul, das sich vor dem Wald abzeichnet; das Bodenpersonal der bizarren Maschine sieht sich schnell auf die Größe von Termiten reduziert, Termiten von der Kaste der Arbeiterinnen, die den Unterleib ihrer Königin umschwärmen. Dany – aber wie ist er bloß herausgekommen? – macht seine Inspektionsrunde, bevor er die Gondel betritt, in der sich wichtige Dinge ankündigen.

Das erste Brummen der Brenner ist immer eine bewegende Überraschung, weil der Lärm von einer gewaltigen Batterie von Flammenwerfern verursacht wird und weil das von innen erwärmte Luftschiff sich fast unmittelbar aufrichtet, lebendig wird und an seinen Halteleinen zu zerren beginnt. Um die Flammen zu sehen, muss man sich in die Gondel begeben. Dort kann man sie von unten durch die durchsichtige Klappe erkennen; von außen sind sie nicht sichtbar, wie sie es bei einem Heißluftballon wären, denn die drei Brenner sind in die Hülle des Zeppelins eingeschlossen. Das Licht der Flammen erleuchtet jedoch das Innere des vielfarbigen Ballons, und in dem noch bleichen Tageslicht reicht das Licht des riesigen Leuchtkörpers bis zum Waldrand; der Anblick hat etwas Magisches an sich. Ich glaube, dass wir alle dafür empfänglich sind und dass sich noch keiner von uns an diesen wunderbaren allmorgendlichen Anblick gewöhnt hat.

Während dieser Schlussphase des Aufblasens bereiten Gilles, der Architekt, und sein Assistent François das Floß vor, dessen länglicher Schatten den gesamten äußeren Rand der Startplane verschwinden lässt; sie blasen dessen Röhren mit Hilfe eines einfachen Gebläses auf und bereiten die Schlaufen vor, mit denen man es unter dem Luftschiff anbringen kann. Das Floß ist gerade repariert worden, und die Fahrt dieses Morgens hat zum Ziel, es auf dem Kronendach an einer Stelle abzusetzen, die gestern bei einem Erkundungsflug mit dem GPS ausfindig gemacht worden ist. Die Auswahl eines Landeplatzes ist ein schwieriges Unternehmen, bei dem Erfahrung gefordert ist. Man macht eine einigermaßen ebene Oberfläche ausfindig, die groß genug ist, um dort die 600 Quadratmeter des Floßes unterzubringen, und tauft sie auf einen bezeichnenden Namen: Standort Blumental, Standort Marrakesch, toter Baum, Einstimmigkeit oder Abschied, ohne dass man deswegen bestimmen könnte, ob die dort stehenden Bäume in einem guten Zustand oder schon halb verfault sind, ob sie senkrecht stehen oder sich gefährlich neigen. Das alles muss, wohlgemerkt, anschließend durch eine sorgfältige Untersuchung vom Boden aus festgestellt werden.

Die letzten Vorbereitungen. Das Dröhnen der Brenner erfolgt in einem immer schnelleren Rhythmus, und die Hülle begibt sich in Abfahrtposition. Allein die Gondel hat noch Verbindung mit dem Erdboden. Bug und Heck werden mit Seilen festgehalten; sollte plötzlicher Wind aufkommen, wäre die Belastung gewaltig.

Bleibt noch, hinter der Gondel zwei große Aluminiumkäfige zu befestigen,[7] die sich hinter dem Propeller schließen und den Schub umkehren können, was es ermöglicht, ein paar Augenblicke auf der Stelle zu schweben und sogar rückwärts zu fahren. Wir nennen sie »normannische Kleiderschränke«.

Nun ist noch der Motor anzuwerfen, ein kleiner Kontinental-Flugzeugmotor mit 120 PS, dessen beruhigendes Brummen eine merkwürdig sonore Verbindung mit den Feuerstößen herstellt, deren Häufigkeit zunimmt. Dieser Motor ist ein wenig geräuschvoll, aber sehr effizient.

Dany und François – Pilot und Kopilot – setzen sich in den vorderen Teil der Gondel, setzen ihre Kopfhörer auf, schalten ihre Funkgeräte ein und streifen ihre Handschuhe über. Wir reichen ihnen die Haltetaue, die den Bug festhalten; diese Auslaufleinen, die unter dem Bauch des Zeppelins balancieren, lassen mich an die Stahlstiche von Riou in den Romanen Jules Vernes denken. Im Bauch des Luftschiffs ahnt man infolge der Durchsichtigkeit die Schläuche, die das Leitwerk aufblasen.

Laurent schaltet die Gaszufuhr um. Von diesem Moment an kommt das Gas nicht mehr aus dem Butantank, den wir am Waldrand untergebracht haben, sondern aus Gasflaschen, die wir an Bord der Gondel gebracht und hinter den Sitzen der Passagiere befestigt haben. Von nun an ist das Luftschiff unabhängig.

Der im Leerlauf laufende Motor macht ein einigermaßen leises Geräusch, als man plötzlich einen Feuerstoß hört, der erheblich länger ist als die vorhergehenden; einige Sekunden danach ist er beendet, und da beginnt die Gondel, zu rollen und abzuheben. Sie wird von Laurent und Gilles zurückgehalten, die sie mühelos mit ausgestreckten Armen festhalten. Welch eine Überraschung festzustellen, dass diese riesige Maschine, die mehr als 1200 Kilogramm wiegt und bis zu acht Personen, einen Motor und eine Treibstoffreserve transportieren kann, sich mit der umgebenden Luft in einem vollkommenen Gleichgewicht befindet, dank des Auftriebs durch die Heißluft in ihrem Inneren. Wir lenken sie mühelos mit der Hand, um sie mit der Gondel direkt über dem Mittelpunkt des Floßes in Position zu bringen.

Verirrte VIPs

17. Oktober 1991. – Heute findet die offizielle Eröffnung der Expedition im Naturschutzpark von Campo im Süden Kameruns statt. Wir haben seit zwei Monaten hart gearbeitet, um dieses Lager zu errichten und rechtzeitig zum Eröffnungstag für die Vertreter Kameruns, die Verantwortlichen von Elf und die Medien bereit zu sein. All diese feinen Leute müssen sehr früh eintreffen, damit sie den Jungfernflug des Luftschiffs miterleben können.

Um fünf Uhr dreißig wird der Zeppelin gerade aufgeblasen, als alle diese Persönlichkeiten eintreffen. Es sind rund dreißig Personen. Eine halbe Stunde später steht das Luftschiff aufrecht vor den beeindruckten Augen der Öffentlichkeit. Drei Personen sind eingeladen, an Bord zu kommen, M. Mébé Ngoo, der Präfekt des Küstendistrikts, M. Sangona, ein Direktor von Elf, sowie Olivier Pascal, der mit der Standortsuche beginnen muss. Nachdem wir die Sicherheitsgurte angelegt haben, heben wir ab. François sitzt neben mir, um, wenn nötig, als Kopilot einzuspringen. Als wir in Höhe der Baumkronen angekommen sind, entdecken wir zum ersten Mal das Kronendach Kameruns, das sich bis zum Horizont erstreckt. Es weht ein leichter Wind aus 120 Grad mit vier bis fünf Knoten, der Himmel ist bedeckt, und so herrschen gute Bedingungen für eine Jungfernfahrt. Hinter uns lassen die Passagiere ihre Kommentare hören. Wir teilen ihre Begeisterung.

Ich bemerke schnell, dass das GPS nicht mehr funktioniert; da ich im Augenblick keinerlei Ersatz habe, entschließe ich mich, nur die halbe Tour zu machen. Nachdem ich die Kurve vollendet habe, entdecke ich in etwa einem Kilometer Entfernung unsere Waldlichtung. Als wir dort ankommen, ist es jedoch gar keine, sondern nur eine Luftspiegelung. Wir sind zweifellos vom Wind abgetrieben worden, ohne uns dessen bewusst zu werden, da wir zu sehr damit beschäftigt waren, das Luftschiff wieder unter Kontrolle zu bringen und auf die Bemerkungen der Passagiere zu achten. Nachdem ich eine halbe Stunde lang vergeblich gesucht habe, muss ich gestehen, dass wir uns verfahren haben. Hinter uns haben unsere drei Passagiere nichts davon mitbekommen, obwohl sie sich jetzt zu fragen beginnen, warum wir nicht umkehren.

Ich rufe über Funk Laurent im Lager und bitte ihn, sich von den Gästen zu entfernen, die ungeduldig auf die Rückkehr des Luftschiffs warten. Nachdem ich ihm die Situation erklärt habe, bitte ich ihn, eine Rakete abzufeuern. Einige Minuten später benachrichtigt er mich und feuert die Rakete ab, die bis auf eine Höhe von 100 Metern steigt, bevor sie, von einem Fallschirm gebremst, wieder zur Erde sinkt. Wir haben unglaubliches Glück: François sieht sie zu seiner Rechten in etwa drei oder vier Kilometer Entfernung. Jetzt fahren wir auf direktem Weg zurück, und die Landung erfolgt unter dem Beifall der Öffentlichkeit, die keine Sekunde daran zweifelt, dass wir um Haaresbreite einer Katastrophe entgangen sind.

Es wäre nicht gut gewesen, einen Präfekten der Küstenregion auf dem Kronendach zu verlieren, selbst wenn es sich um eine grüne Küstenregion handelte ...

D. Cleyet-Marrel

Der Start des Flosses

Dieses von Gilles 1989 geschaffene Floß ist ein Sechseck, in dessen Mitte sechs Luftschläuche von 13,60 Meter Länge und 0,89 Meter Durchmesser zusammenlaufen. Dazwischen befinden sich schwarze Kunststoffnetze. Die Kantenlänge von mehr als 80 Metern wird durch sechs weitere Schläuche starr gehalten, die den anderen ähnlich sind und zusammen mit diesen sechs gleichseitige Dreiecke bilden, von denen jedes etwa 100 Quadratmeter groß ist. Insgesamt hat das Floß also einen Durchmesser von etwas mehr als 27 Metern und eine Gesamtoberfläche von 600 Quadratmetern, was etwa mit einem Tennisplatz vergleichbar ist; dennoch wiegt das Ganze dank des Einsatzes von Kunststoffen nicht mehr als 750 Kilogramm. Gilles hat schon vor langer Zeit berechnet, dass dies etwa in der gleichen Größenordnung liegt wie das Gesamtgewicht aller Vögel auf 600 Quadratmeter Waldfläche. Doch das wird er jetzt selbst erklären.

Vögel

Wissenschaft und Technik haben dem Menschen ein sehr bequemes Berechnungswerkzeug an die Hand gegeben: die Zahlen. Sie haben unter anderem den Vorteil, dass man mit ihrer Hilfe sowohl Raum als auch Materie mengenmäßig bestimmen kann. Diese Vielseitigkeit hat jedoch ihre Grenzen. Wenn ich das Wort »Kilogramm« höre, denke ich spontan an ein Kilogramm Fleisch oder an ein Kilogramm Pflaumen oder Blei. Was Quadratmeter betrifft, denke ich automatisch an die Fläche von Stadtwohnungen, wie sie Immobilienmakler oder Baulöwen anbieten. Der laufende Meter bezeichnet die Länge eines Stoffs und der Millimeter die Stärke einer Tischplatte. Der Prozentsatz entscheidet über den Zinssatz eines Darlehens oder eventuell über den Alkoholgehalt einer Flasche Wein.

Ein wenig Menschlichkeit in den Zahlen wäre mir nicht unlieb, doch wir werden sehen, dass dieser Ansatz durchaus gute Dienste leisten kann. Nachdem ich ein hypothetisches Floß entworfen hatte, das auf den Baumkronen abgesetzt werden kann, habe ich mich ernsthaft gefragt, wie realistisch dieses Vorhaben ist. Der schwache Punkt ist ohne Zweifel die Tragfähigkeit der Baumkronen, was eine von oben abgesetzte Last betrifft. Es war leicht, diese Last zu bestimmen: Es waren die zusätzlichen Quadratmeter mit Fangnetzen, die den laufenden Metern der aufblasba-

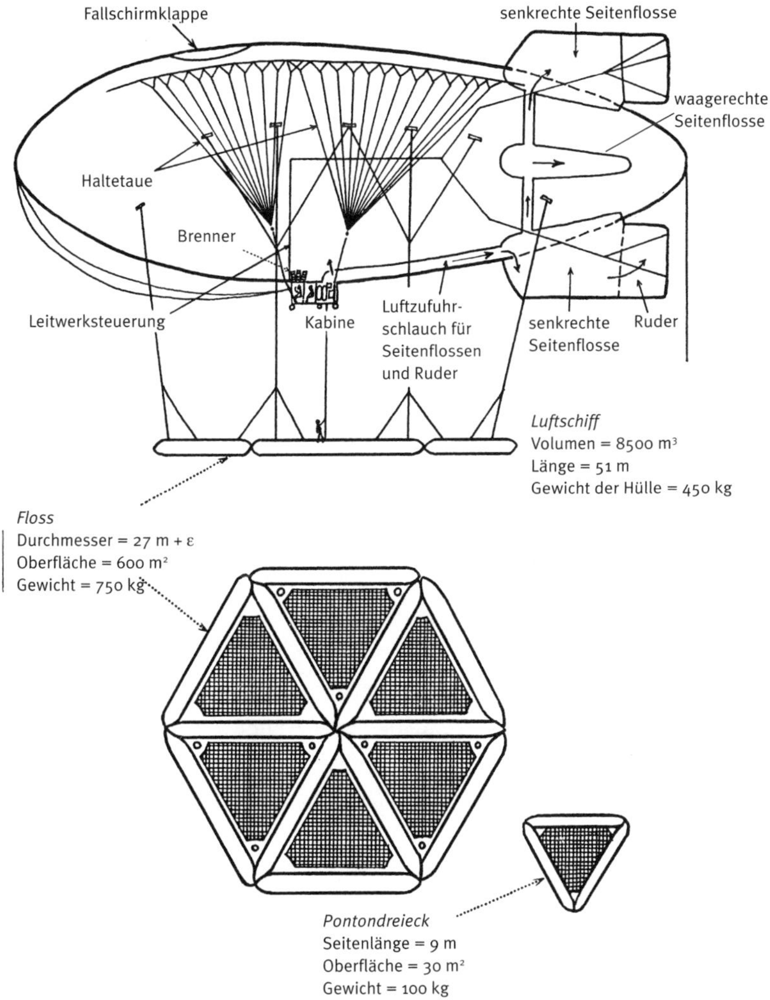

Das 1989 benutzte Baumfloß hat eine Oberfläche von 600 m^2 und ein Gewicht von 750 kg. Es wird von einem Heißluftzeppelin von 8500 m^3 Volumen und rund 50 Meter Länge transportiert. Die Kabine enthält den Pilotensitz, drei Plätze für Passagiere, die Gasbehälter und einen Motor mit 120 PS.

ren Schläuche hinzuzurechnen waren. Das Ganze musste dann durch die Waldfläche dividiert werden, die das Floß bedeckte. Hier nun mein Ergebnis: 1,7 Kilogramm pro Quadratmeter. Dieses Ergebnis sagt mir nichts; die Poesie verschwindet, ohne dass Machbarkeit an ihre Stelle träte, was fehlt, ist ein Bild. Ich beschließe also, die metrische Einheit, das Kilogramm, durch eine Blätterdacheinheit zu ersetzen: die »Nachtigall-Einheit« oder NE. Eine Umrechnungstabelle sieht so aus: Die erwachsene Nachtigall wiegt etwa 25 Gramm. Man kann sich vorstellen, dass ein Quadratmeter Baumkronenfläche etwa 68 Nachtigallen aufnimmt, um eine Belastung zu erreichen, die der eines Baumfloßes in etwa gleichkommt.

Jetzt wird die Aufgabe klar: Ein Blätterdach müsste einem Druck von 68 NE pro Quadratmeter standhalten, was alle zwölf Zentimeter eine NE bedeutet! An die Arbeit! An der Wissenschaftsakademie haben die Nachtigallen-Einheiten keinen donnernden Erfolg eingebracht. Dafür aber hat sich dieser Ansatz als zutreffend und sachdienlich erwiesen. Die Erfahrungen, die wir im Lauf unserer Expeditionen gesammelt haben, beweisen es uns immer wieder aufs Neue. In diesem Rahmen verwenden wir eine Reihe von Begriffen, die unserer wissenschaftlichen Arbeit vorbehalten sind: ein floßfähiger Wald (auf dem ein Baumfloß Platz finden kann); eine Baumlandung (sich auf dem Blätterdach niederlassen) ebenso wie der senkrechte Schneisenschnitt (der vorgenommen wird, um erstmals den Tunnel zu öffnen, der die Baumkrone mit dem Erdboden verbindet).

Ein eigenes Berechnungssystem in Verbindung mit einem neuen Vokabular und spezifischen Techniken verleihen dem tropischen Kronendach einen eigenen Wert als Neuland mit höchst wertvollem Nutzungspotenzial.

G. Ebersolt

UNTEN LINKS: *Napoleona vogelii* aus der Familie der Lecythidaceen.
UNTEN RECHTS: Chamäleon *Brookesia spectrum*.
GANZE SEITE: Rückkehr ins Lager nach der Landung auf den Bäumen.
Paracou, 1996.

Bevor das Luftschiff das Baumfloß auf dem Kronendach verlässt, dreht es eine Runde, um sich von dessen Stabilität zu überzeugen. Paracou, 1996.

Unterwegs zum Landeplatz auf den Bäumen. Paracou, 1996.

»Auf diesem erstarrten Meer das Baumfloß. Kaum hat es den Hafen verlassen, setzt es seine reglose Fahrt fort«, sagt Ken Brower. Petit-Saut, 1989.

▲ 6 Uhr 30: Start vom Lager am Makandé-Fluss. In der Mitte die Kronenkugel. Gabun, 1999.
◀ Der Kopilot Jean Drouault.

Zusammenlegen des Luftschiffs auf der Startplane. Im Hintergrund: das Baumfloß, das gerade repariert wird.

Luftaufnahme von D. Guillemyn und Valérie Trichon vom Laboratoire l'Écologie Terrestre (Toulouse). Paracou, 1996.

Die Landung ist vollzogen; in wenigen Augenblicken wird das Luftschiff abfahren. Am Makandé-Fluss, 1999.

Die Mission ist beendet. Das Material ist ins Lager zurückgebracht worden. Von links nach rechts: François, Dany und Gilles. Petit-Saut, 1989.

▲ Einer der drei Pontons des Dreiecks ist im Sonnenschein geplatzt. Wir haben ihn durch einen Bambusstab ersetzt. Am Makandé-Fluss, 1999.

▶ Francis und Olivier in Aktion: Sie werfen vom Pontondreieck Sandsäcke ab. Paracou, 1996.

Roman Kaiser hält bei der Suche nach den Düften des Kronendachs die Nase in den Wind. Paracou, 1996.

Kurs auf das Kronendach! Paracou, 1996.

Die erste Landung. Francis auf dem Baumfloß inmitten eines grünen Ozeans, der sich bis zum Horizont erstreckt. Petit-Saut, 1989.

Gilles und Laurent binden mit Hilfe eines Metallkabels die Gondel am Mittelpunkt des Floßes fest und befestigen dann die sechs am Baumfloß hängenden Schlingen in der Mitte des Luftschiffs. Dies ist ein komplexes Manöver, das uns jedes Mal eine Vorstellung von der Geschicklichkeit der Mannschaft gibt; als die Aufgabe bewältigt ist, nimmt Gilles behelmt und entsprechend ausstaffiert: mit Funkgerät, einer Machete in einer Scheide und 60 Meter Seil, auf dem Mittelpunkt des Floßes Platz, befestigt seinen Sicherheitsgurt und wartet auf die Abfahrt.

Wir hören einige Feuerstöße der Brenner, aber erst als es nach etwa zwölf Sekunden wieder still wird (eine Zeit, die uns sehr lang vorkommt), sieht man, wie die Seile sich straffen und die Ecken des Floßes sich in die Luft zu erheben beginnen. Die thermische Trägheit ist eins der Merkmale unseres Luftschiffs. Dany muss auf seinem Pilotensitz immer wieder für heiße Luft sorgen. Sein Problem besteht darin, die 750 Kilogramm des Floßes – 880 Kilo mit Gilles und seiner Ausrüstung – in die Luft zu bringen, ohne dass die Innentemperatur des Luftschiffs die kritische Grenze von 140 Grad Celsius erreicht. Im Fall einer Überhitzung läuft das Polyamidgewebe der Hülle Gefahr, unwiderruflich beschädigt oder gar zerstört zu werden.

Das Netz verlässt den Erdboden, dann hebt auch der Mittelpunkt ganz langsam ab; die Last ist so groß – mehr als zwei Tonnen bei Floß und Zeppelin zusammen –, dass das Luftschiff sich kaum sichtbar löst und der Start von einer majestätischen Langsamkeit ist. Gilles, der sich auf dem Netz ausgestreckt hat, zeichnet sich in Schattenumrissen auf dem weißen Bauch des Luftschiffs ab, das allmählich an Höhe gewinnt, die Kronen der Bäume erreicht, die den Startplatz umgeben. Es dreht sich in der aufkommenden Brise, nimmt Kurs auf den Landeplatz im Laubwerk und verschwindet; einen Augenblick lang fährt ein blauer Rücken, der so lang ist wie ein

Hügel, über die Bäume hinweg, und dann sehen wir nichts mehr. Während einiger weiterer Minuten hören wir den Motor und die Feuerstöße des Brenners, aber dann schirmt der Wald alle Geräusche ab, und allein die Brenner bleiben hörbar, aber gedämpft, aus der Ferne, ähnlich dem Seufzen eines Wals.

An Bord eines unwahrscheinlichen Prototyps, über einer nur wenig bekannten Schnittstelle, sind die drei Männer abgefahren, beseelt von einem Ehrgeiz, der noch vor fünf Jahren total unbegründet erschienen wäre: die Vorstellung, man könnte oben auf Bäumen eine riesige Plattform absetzen, die so groß ist wie ein Tennisplatz, um sie dann sich selbst zu überlassen, damit sie dort schwebt. Wir stehen mit den drei in einer durch nichts zu ersetzenden Verbindung – in Funkkontakt. Laurent Pyot nimmt mit seinem Empfänger die Meldungen auf. Er ist für den Startplatz verantwortlich. Zwischen dem Pilotensitz, auf dem Dany mit eleganten Bewegungen seiner behandschuhten Hände den Flammenwerfer zähmt, und dem Baumfloß, auf dem Gilles eine experimentelle Haltung als Seestern eingenommen hat, kommt es zu einem sehr einfachen Dialog:

»Dany an Gilles, wie geht's?«

»Es geht. Siehst du den Standort Marrakesch?«

»Noch nicht, hier oben ist es windig. Geduld.«

»In Ordnung, alles bestens. Alles in Butter.«

Die Landung auf der Baumkrone

Ich habe die Kartografie schon immer geschätzt. Entsprechungen zwischen einer Karte und den Realitäten des Geländes zu finden, ist ein Vergnügen, bei dem man Kopf und Beine beschäftigen kann.

Eine Fahrt in einem Luftschiff ist die ideale Gelegenheit, um die Karte des Standorts mühelos zu aktualisieren, die wir den Archiven der IGN in Saint-Mandé mit Mühe entrissen haben.

Aber es gibt eine Fahrt, bei dem ich mich nie über eine Karte beugen werde: beim Lufttransport des Baumfloßes, das zehn Meter unter dem Luftschiff an Seilen hängt. In diesem Moment liegt mir jeder vernünftige Gedanke fern, der auf die Optimierung einer Fahrtroute abzielt, mit der man stets eine Untiefe vermeiden könnte, indem man einem Relief am linken Ufer des Makandé-Flusses in Gabun folgt.

Zwischen Laubdach und Morgenhimmel bin ich eine kleine Mücke, die im Mittelpunkt eines Spinnennetzes gefangen ist; Han Solo an Bord des Millennium Falcon, in dem Film »Das Imperium schlägt zurück«; oder, ein naives Bild, als Kühlerfigur auf der Motorhaube eines riesigen Lastwagens, der mit hoher Geschwindigkeit durch die Landschaft rast.

Der Moment muss genutzt werden, denn die Szene ist kurz. Höchstens zwanzig Minuten sitze ich zusammengekauert oder liege ausgestreckt im Mittelpunkt eines Netzes, das Gesicht einer »Öffnung für die Hand«[8] zugewandt. Diese Öffnung rahmt die Landschaft ein. 15 Zentimeter breite Sichtfenster, mit denen diese Öffnungen geschlossen werden können, werden somit zu widerstandsfähigen Bullaugen eines Tiefseetauchgeräts, das sich in eine unbekannte Umgebung verirrt hat.

Doch da tut sich was, und die von Dany mit großem Geschick betätigten Klappen öffnen und schließen sich im Rhythmus des Continental-Motors: Das ist die Landung auf der Baumkrone.

Die Baumkronen drücken ihr Profil in die Netze, die sich ihrerseits über die Pontons des Baumfloßes hinauswölben. Doch das Luftschiff gewinnt wieder an Höhe: Diese Hüpfer sind die Auswirkungen der Trägheit des mit dem Luftschiff verbundenen Floßes und des Gesamtgewichts beider Gefährte von 2500 Kilo.

Das Luftschiff kühlt sich ab und verliert an Auftrieb, was das Aufsetzen des Baumfloßes am Standort ermöglicht.

François kommt zu mir, um die Haltetaue abzuwerfen, und gelegentlich können Dany und ich uns sogar angenehm unterhalten, wenn wir uns an der Gondel abstützen, als wäre sie eine Straßenlaterne. Wir trödeln nicht, da der Wind dieses hübsche Manöver stören könnte. Das noch immer durch die Seilwinde mit dem Baumfloß verbundene Luftschiff wird wieder erwärmt und bereitet seine Abfahrt vor.

Die entscheidende Handbewegung fällt mir wieder ein: Jetzt muss unter Spannung und mit einem deutlichen Klicken der Karabinerhaken gelöst werden, der die letzte Verbindung zwischen Floß und Luftschiff sichert. Es ist ein magischer Augenblick, in dem das Baumfloß den jungfräulichen Standort in Besitz nimmt. Es ist wie ein großes Blütenblatt, das behutsam auf einer Wiese aus Laub gelandet ist. Das Luftschiff verschwindet in der Ferne, die Geräusche des Waldes kehren wieder, und es ist sieben Uhr dreißig morgens.

G. Ebersolt

Die Landung auf der Baumkrone

Einige von uns, darunter Rick, Olivier, Adrian und Patrick, wollten das Ereignis unbedingt aus der Nähe verfolgen und brachen im Morgengrauen in den Wald auf, um im Augenblick der Landung am vorgesehenen Standort zu sein. Ich habe mich dieser kleinen Gruppe angeschlossen, da ich keine Lust habe, irgendwo im Gelände zu warten, während sich fünf Kilometer entfernt im Wald wichtige Dinge abspielen.

Wir sitzen seit zehn Minuten, rauchen eine Zigarette und lauschen dabei dem Gesang der Vögel, als im Nordosten ein ungewohntes Geräusch zu hören ist, als würde ein schnaubender Wal von einem Motorboot verfolgt. Unser Funkgerät erlaubt uns, die

Gespräche zu verfolgen, die zwischen Gondel, Baumfloß und Boden geführt werden.

»Gilles an Dany. Siehst du den Standort?«

»Ja, Gilles, ich glaube, wir sind gleich da.«

Der Zeppelin ist über uns, aber wir können ihn durch das Blätterdach hindurch kaum erkennen. Wir befinden uns in einem Unterholz aus Palmen, was dem Ganzen das Aussehen einer Oase verleiht – daher der Name »Standort Marrakesch«.

Im Augenblick der Landung fällt ein Ast herab, ein großer Ast einer *Alstonia boonei*, der voller weißer Milch ist: Wir suchen schnell das Weite. Dany bemüht sich um möglichst engen Kontakt mit den Bäumen und dreht zu diesem Zweck das Baumfloß; ein sonores Brummen des Motors, das Aufheulen der Brenner, das metallische Dröhnen der Seilwinde, welche die Höhe des Floßes kontrolliert: Nach dem Lärm zu urteilen, gehen da oben unheimliche Dinge vor. Aber die Gespräche sind ruhig, und wenn man sie hört, wird einem klar, dass da oben ein wahrer Mannschaftsgeist herrscht:

»Gilles an François. Kannst du mir zu Hilfe kommen?«

»Warte auf mich, ich komme runter.«

»Danke.«

»Dany an Gilles. Bist du bereit loszulassen?«

»Ich bin bereit; wann immer du willst, Dany.«

»In zwei Minuten. Bist du bereit?«

»Ich bin bereit.«

»Also los jetzt, lass los.«

»In Ordnung. François, lass du auch los.«

»Schon geschehen. Achtung, ich komme wieder rauf. Gilles, vergiss nicht, den Haken zu lösen.«

»Okay, ich denke daran. Gelöst!«

»Dany an Gilles. Tschüs, wir fahren wieder los, das Frühstück erwartet uns. Wie sieht's aus?«

»Hör zu, es sieht gut aus, kann ich dir sagen. Beeilt euch. Ciao.«

»Ciao!«

»Laurent an Dany. Laurent an Dany.«

»Ja, Laurent, ich höre dich nur mäßig.«

»Kinder, ihr müsst wieder zurück, es kommt Wind auf.«

Unten im Wald herrscht plötzlich Stille, obwohl das tote Laub nach wie vor herunterfällt; aber die Vögel schimpfen, als empörten sie sich über die Störung, die man ihnen zugemutet hat. Stille in der Luft: Der Zeppelin hat seinen Ballast abgeworfen und fährt langsam in geringer Höhe davon. An Bord herrscht das Gefühl von Befriedigung über die bewältigte Aufgabe. Es sei immer bewegend, vertraut mir Dany an, das Floß und seine »Besatzung« im Morgennebel auf dem Blätterdach zurückzulassen.

Gilles, der jetzt allein auf seiner Plattform ist, macht mit Eigentümermiene einen kleinen Rundgang und überzeugt sich, leise vor sich hin pfeifend, davon, dass die Ecken des Sechsecks und der Mittelpunkt ordnungsgemäß gesichert sind. Ich bin nicht sicher, ob er weiß, dass wir da sind. Außerdem kann er uns nicht sehen. Ich nehme über Funk Verbindung mit ihm auf:

»Francis an Gilles. Francis und Olivier an Gilles.«

»Ihr seid da?«

»Wir sind da. Gilles, wie steht's da oben?«

»Sehr schön; ein bisschen durcheinander, aber sehr schön; hier gibt es viele Butterblumen und verschiedene Rosen.«

»Sehr schön. Kommst du?«

»Warte, ich schicke euch das Ende.«

Vor uns sehen wir das Ende eines Seils herabkommen, dessen oberer Teil unsichtbar bleibt, verborgen von den darüber liegenden Laubschichten. Mit kräftigen Machetenhieben begibt sich Gilles zu der Öffnung dessen, was er eine »vertikale Schneise« nennt ...

»Hör mal, Gilles, pass auf, dass du nicht dein Seil abhackst ...«

»Ha, ha, ha ...«

Endlich steht er, in Schweiß gebadet, vor uns, von Kopf bis Fuß mit Pflanzenresten bedeckt, aber sichtlich glücklich. Alles ist gut gegangen, und das Baumfloß – sein Werk – schwebt über uns, so wie eine Schaluppe über einer Gruppe von Meeräschen treiben würde.

Eine Funkverbindung mit dem Lager, ein paar selbst leuchtende Bänder, damit wir dieses Seil leicht wieder finden, das im Unterholz hin und her schwingt, eine schnelle Wanderung im Wald, und der Morgen geht mit einem kleinen Frühstück zu Ende, das weder früh noch besonders klein ist.

Der Aufstieg zum Standort Marrakesch

Das Baumfloß hat inzwischen einige Stunden »geruht«. Die Äste haben infolge des Passatwinds ihre Gleichgewichtsstellung wiedergefunden, und die aufgescheuchte Tierwelt hat den Standort wieder in Besitz genommen. Jetzt muss dieser neue Sektor des tropischen Kronendachs der Neugier der Wissenschaftler zugänglich gemacht werden. Am Nachmittag öffnen wir also eine Schneise zwischen der Piste, die zum Lager führt, und dem Standort des Baumfloßes, damit der Transport beginnen kann. »Die Ausrüstung des Standorts« erfordert nicht wenig Material: einen Generator, dessen Kraftstoff und eine Kabelrolle, Seile, eine Aluminiumleiter und zwei Metallbehälter, in denen Sturmriemen, Helme, die Beutel mit den Steigeisen, ein Vorrat an Karabinerhaken, verschiedene Modelle von Abstiegsgeschirr, Taschenlampen, Gartenscheren, Handschuhe, Plastiksäcke, nicht zu vergessen ein Verbandskasten Platz finden, ferner eine Zeltplane, Feldflaschen und sogar ein paar Päckchen Kekse.

Mit Hilfe eines zwischen den Bäumen gespannten fluoreszierenden Bandes wird um das Zugangsseil herum eine deutlich abgegrenzte Sicherheitszone geschaffen; wer sie betritt, muss einen Helm tragen, denn dort lauert die Gefahr, dass verschiedene Gegenstände von dem Baumfloß herunterfallen. Eine zwar unerwartete, aber doch reale Gefahr, von der wir später noch ausführlicher zu sprechen Gelegenheit haben werden. Gilles steigt als Erster auf, gefolgt von François, und beide sind in weniger als fünf Minuten oben; wir brauchen noch ein zweites Seil als Verstärkung für das erste, mit dem das Material hochgezogen werden kann. Wir reichen ihnen die Leiter hoch, damit sie sich oben am Ende des Tunnels einen sicheren und bequemen Ein- und Ausstieg verschaffen können. Ich mache mich unterdessen bereit: Helm, Gurte, Steigeisen, Feldflasche in einem kleinen Rucksack, Gartenschere. Jetzt bin ich an der Reihe.

Aua! Aua! ... Meine Beziehungen zur Klettertechnik, wie sie Alpinisten und Höhlenforscher praktizieren, sind uralt, und da sie immer positiv gewesen sind, sollte ich logischerweise keine Angst haben. Doch was jetzt in meinem Gehirn vorgeht, hat mit Logik nichts zu tun, als ich in 25 Meter Höhe an einem Seil hänge; schöne Logik! Sie muss Fantasievorstellungen das Feld überlassen. Wer sagt mir denn, dass dieses Seil auch halten wird? Wer hat noch nie von einem Fabrikationsfehler bei einem Industrieprodukt gehört? Was soll übrigens irgendein in Bäumen lebendes tropisches Nagetier davon abhalten, dieses Seil als exotischen Leckerbissen zu betrachten und anzuknabbern, während ich in meiner Torheit mit meinem Hin- und Herschwingen an dem bedauernswerten Seil noch mehr Unheil anrichte? Ich verhalte mich reglos, plötzlich überwältigt vom Hass auf Nagetiere. Aber mit dem Hinaufklettern aufzuhören, ist auf lange Sicht auch keine Lösung; und außerdem, ganz objektiv gesagt, die Tiere, die mich wirklich stören – um es höflich auszudrücken –, sind nicht die Nager, sondern die stachellosen Bienen (Gattung *Melipona*), diese unaggressiven winzigen Honigbienen, die einem in die Ohren eindringen und sich wie Wachs anfühlen, wenn man sie zerdrückt. Die Gurte sind raffiniert: Es ist in jedem Moment möglich, den Halt zu lockern, die Füße aus den Steigeisen zu lösen und sich wie in einem Schaukelstuhl auf der Veranda einer Villa aus der Kolonialzeit in Virginia auszuruhen. Ich bewundere den Wald, da ich ihn jetzt aus einem ungewohnten Blickwinkel betrachten kann. Die von Richards 1952 beschriebenen Stockwerke oder die von Oldeman 1974 analysierten strukturellen Ensembles, die vom Erdboden aus schwer zu erkennen sind, sind von hier aus deutlich zu sehen. Aber die Fantasievorstellungen sind immer da; ich spüre das dringende Bedürfnis, nicht mehr in der Luft zu hängen und einen Ast voller Blätter berühren zu können, als könnte mich das vor einem eventuellen Sturz bewahren. Was die Sicherheit betrifft, die ist offensichtlich illusorisch und kommt wohl dem gleich, was Seeleute »den Ruf der Erde« nennen: Wenn man bei stürmischem Wetter von dem tobenden Meer genug hat, erscheint es einem plötzlich wünschenswerter, auf ein Felsenriff aufzulaufen, als auch nur noch eine Minute auf dem offenen Meer zu bleiben. Ein gefährlicher Irrtum, ein furchtbares Missverständnis.

Seefahrt in den Bergen

Das Baumfloß ist ein Gegenstand, der sich auf halbem Weg zwischen Meer und Gebirge befindet. Es schwebt tatsächlich auf dem Kronendach, während es uns gleichzeitig mit dem Problem des Aufstiegs vom Erdboden aus konfrontiert.

Doch wenden wir uns den Einzelheiten der Manöver zu, um festzustellen, bis zu welchem Ausmaß sich diese Ambivalenz zwischen Meer und Gebirge bemerkbar macht. Bei der Landung auf dem Kronendach muss man die Seile ausklicken, mit denen das Floß am Luftschiff hängt. Zu diesem Zweck hat man eine Art Flaschenzug von Seilen, Rollen und Holzkeilen angebracht. Das Material der aufblasbaren Pontons des Floßes stammt von Herstellern von Zubehör für den Segelsport. François Collignon, der schon mit den größten Namen der Hochseesegelei auf Fahrt gewesen ist, fühlt sich hier ganz in seinem Element.

Das Gebirge wird hier durch die Allgegenwart von Seilen repräsentiert, die sowohl der Sicherung wie dem Aufstieg dienen. Gerade die senkrechte Position der Baumstämme trägt nicht nur das Floß, sondern ermöglicht auch die weite Aussicht, die sich irgendwo in der Ferne in den bewaldeten Tälern verliert.

In gewisser Weise könnte man noch weiter gehen und auch die Höhlenforschung nennen, wenn wir uns vom Baumfloß aus in ein düsteres Mannloch stürzen, das zum Unterholz hinunterführt, wo die Nacht eine Stunde Vorsprung hat. Man könnte auch von Tauchsport sprechen, wenn die Leuchtkäfer den gewaltigen Raum des Unterholzes erleuchten.

G. Ebersolt

Auf dem Kronendach

Aber alles hat ein Ende, selbst dieser Aufstieg, der mir so lang vorgekommen ist. Über mir ist das Mannloch mit einem schönen blauen Himmel sichtbar geworden. Ich bin jetzt auf gleicher Höhe mit einem der großen Äste des riesigen Baums, der das Floß trägt; alle Befürchtungen sind verschwunden, und ich bewundere die Epiphyten,[9] die diesen Ast bedecken. Hier oben herrscht schon ein starkes Licht, das mit dem Halbschatten des Unterholzes kontrastiert. Ein großer Schock – sowohl in klimatischer wie auch ästhetischer und emotionaler Hinsicht – trifft den Kletterer, der bei strahlend schönem Sonnenlicht aus dem Mannloch klettert, sich von dem Kletterseil befreit, sich auf einen der aufgeblasenen Pontons setzt und, vor Anstrengung noch erschöpft, das Schauspiel beobachtet, das ihn umgibt. Hier erinnert nichts an das Unterholz. Die

Luft ist trocken, man kann weit sehen, das Licht blendet, und die intensive Hitze wird durch einen lebhaften und köstlichen Passatwind ausgeglichen, der zeitweise – aber ja! ... – den Geruch von Meer herüberträgt. Neben dem Mannloch finde ich diese einfache Inschrift: Porte de Clignancourt (Anspielung auf eine Metrostation an der Pariser Stadtgrenze).

Der stärkste Eindruck ist der, am falschen Ort zu sein. Das Kronendach ist weder bedrohlich noch einladend, sondern uns gegenüber gleichgültig. Es ist nicht für uns da: Es ignoriert uns souverän.

Es ist amüsant, das Verhalten derer zu beobachten, die den Aufstieg zum ersten Mal machen. In den ersten Minuten sind sie erschöpft und bewegen sich kaum. Dann kommen sie wieder zu sich, gewöhnen sich an die Bewegung, passen sich an die allgemeine Instabilität an und finden sich mit dem ständigen Schwanken ab. Dann ergreift sie Neugier; die meisten machen sich plötzlich frei, beginnen, die Netze zu besteigen, und finden daran sichtlich Vergnügen. Trägt zu diesem Vergnügen nicht die Befriedigung darüber bei, etwas von der Lebensart der Affen wiedergefunden zu haben?

Wie dem auch sei: Man darf sich keinerlei Illusionen über die vermeintlich leichte Zugänglichkeit des Kronendachs hingeben; es ist schwierig, es zu erklimmen, und wenn man schließlich oben ist, sollte man nicht glauben, dass man es sofort versteht, vielleicht weil es nicht so ist, wie man es sich vorgestellt hat. Auf den ersten Blick hat dieses Blätterdach in Kamerun nichts Beeindruckendes an sich, wie Patrick Blanc 1992 sagte: »Jeder Besucher, der zum ersten Mal oben auf der Plattform ankommt und das Kronendach entdeckt, ist über den unerwarteten und wenig ›exotischen‹ Anblick der Vegetation erstaunt; alles ist dicht belaubt, unzählige kleine Zweige tragen lederartige Blätter von mittlerer Größe, die einander alle ähneln, die hügelige Landschaft des Kronendachs erinnert an dichtes Buschwerk im Gebirge oder an immergrüne Sträucher im Mittelmeerraum. Die klimatischen Bedingungen in der Trockenzeit lassen an ein temperiertes mediterranes Klima denken; die Luftfeuchtigkeit liegt unter 40 Prozent, während die Temperatur auf 40°C zugeht.«

Für diejenigen, die Patrick Blanc nicht kennen und denen seine Vorliebe für Paradoxa folglich unbekannt ist, füge ich hinzu, dass es vielleicht nur an seiner Lust liegt, im Schatten einer Platane einen Pastis zu trinken, wenn er eine Mittelmeerlandschaft heraufbeschwört. Die blauen Papageien, die schreiend über uns hinwegfliegen, erinnern aber weder an die Tauben von Sète noch an die Mauersegler von Manosque!

Trotzdem liegt viel Wahrheit in dieser Beschreibung; beispielsweise die Tatsache, dass die Baumkronen uns wie einfache Sträucher vorkommen, da der Erdboden unsichtbar ist, es sei denn, man verrenkt sich über einem Mannloch und versucht dabei, die Dunkelheit darunter mit den Blicken zu durchdringen. Ich bin zum Teil mit dem Ausdruck »wenig exotischer Anblick« einverstanden, der im Wesentlichen auf das Fehlen sehr großer Blätter zurückzuführen ist. Ich würde den Standort Marrakesch – wir sollten nicht verallgemeinern! – bereitwillig mit einem verlassenen alten Park vergleichen, der von Kräutern und Lianen überwuchert ist, als hätten die Eigentümer eine Domäne zu verwalten, die für sie zu groß ist. Ein ungepflegter alter Garten also, aber noch immer voll bezaubernder Blumen und Blüten. Auf der Windseite sehe ich in einiger Entfernung die Krone eines Baums, der unter einer robusten Liane verborgen ist, einer Hippocrateacee, wie ich glaube, die mit gelben Blüten bedeckt ist; man könnte sagen, ein Berg aus Butterblumen, deren üppigen Duft der Passatwind zu uns herüberträgt und der an Glyzinen und Jasmin denken lässt. Da sind die Rosen, von denen Gilles gesprochen hat: auf den horizontalen Ästen einer *Symphonia globulifera* fast kugelrunde Blüten, die wie rosafarbene Ostereier aussehen, die auf violetten Blütennarben befestigt sind. Es bedarf einer großen Abstraktionsleistung, um sich davon zu überzeugen, dass diese Symphonien zur selben Familie gehören wie unser europäisches Johanniskraut (Clusiaceen).

Der »Standort Marrakesch« ist auch ausgewählt worden, weil er einigermaßen eben ist. Und dennoch ist das Floß, wie Gilles sagt, »ein wenig windschief«, da es mehrere Meter Höhenunterschied zwischen den einzelnen Dreiecken gibt, aus denen es zusammengesetzt ist. Weil die Bäume eine unterschiedliche Biomechanik[10] haben, ist es unmöglich, so etwas vor der Auswahl des Standorts vorherzusehen. Erst die Landung lässt die schiefe Topografie erkennen.

Gilles und François sind damit beschäftigt, eine der Ecken des Baumfloßes, die dazu neigt, sich zu senken, an einem aufragenden Baum zu befestigen. In dieser Zeit zeichne ich mit Hilfe von Olivier, der gerade an Bord gekommen ist, eine Skizze der uns umgebenden Bäume; dann fangen wir an, unsere botanische Ernte einzubringen. Mit Hilfe der Sammlungen der Museen von Paris, London, Wageningen und New York sollte es uns möglich sein, diese ganze Flora zu identifizieren.

Wo nichts mehr stabil ist

Die Botanik unseres Kronendachsektors erweist sich als vielfältiger, als wir erwartet haben. Unser Floß sitzt auf sieben Bäumen, und die Klappen im Netz erlauben es uns, rund zehn weitere Pflanzen zu erreichen – Parasiten, Lianen und Epiphyten. Mit einer Raupenschere und indem wir uns über Bord beugen, sind wir in der Lage, Proben an acht weiteren Bäumen zu entnehmen, die mit ihnen verbundenen Pflanzen nicht mitgezählt. Insgesamt bietet uns der Standort Marrakesch Zugang zu rund 50 Pflanzenarten im Kronendach. Auf dem Boden würde uns das Sammeln von 50 Exemplaren gut zwei Stunden kosten, hier wird, aufgrund der ganz besonderen Arbeitsbedingungen, nicht einmal der Nachmittag genügen. Unser Floß besteht ausschließlich aus biegsamem Material.[11] Diese Geschmeidigkeit, die alle von Gilles Ebersolt erschaffenen Gebilde auszeichnet, verleiht einem Floß, das auf einem unebenen Kronendach landet, entscheidende Vorteile. Sie erlaubt ihm nämlich, unter ein und demselben Netz Baumwipfel zu vereinigen, die untereinander Höhenunterschiede von bis zu acht Metern aufweisen.

Wenn es für unsere Vettern, die Affen, zu ihren Gewohnheiten gehört, sich in biegsamen Baumkronen zu bewegen, sieht es bei uns modernen Menschen anders aus: Wir müssen in dieser Praxis bei null anfangen. Jeder Schritt auf dem Netz lässt einen fast einen Meter tief einsinken; das ist der Grund, weshalb es leichter ist, sich auf den mit Luft gefüllten Pontons zu bewegen – auf ihnen kann man laufen, wie man es auf dem Erdboden oder auf umgestürzten Baumstämmen gewohnt ist. So schont man die zarten Zweige, welche die Tragfähigkeit des Ganzen sicherstellen.

Überdies wird jede Bewegung auf dem Floß durch dieses weitergegeben und lässt einen schwanken, ob es sich nun um einen Kumpel handelt, der auf dem benachbarten Netz herumwandert, oder um einen Kletterer, der an dem Zugangsseil zieht. Unter diesen Bedingungen ist es ein fast unmögliches Unterfangen, Blütenknospen in die Röhren mit Fixierlösungen zu stecken oder Fotos mit einem Makroobjektiv und Zwischenringen zu machen oder andere Arbeiten zu verrichten, die große Sorgfalt erfordern. Die folgende Aussage von Jean-Louis Tripp, der auf dem Floß gezeichnet und gemalt hat, gefällt mir sehr: »Die Übung erweist sich als gefährlich: Die Farbstifte fallen mit Begeisterung durch die Maschen, das Wasser für meine Aquarelle fällt beim kleinsten Lidschlag um und ergießt sich in anmutigen Kaskaden; schließlich brennt mir auch

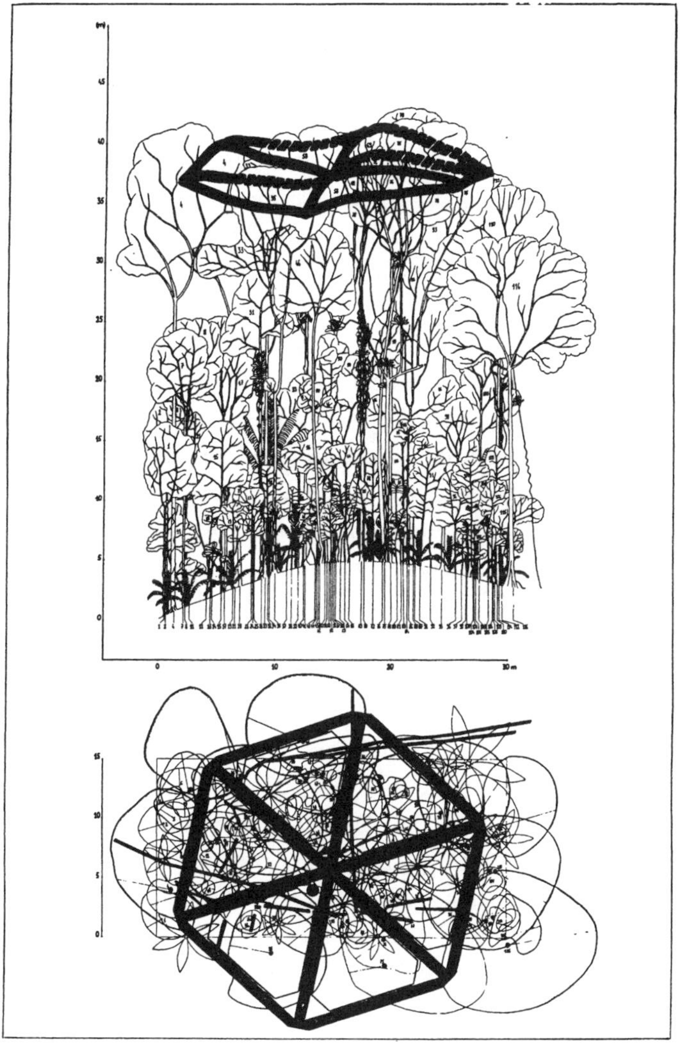

Zeichnung von Frantz Limier. Petit-Saut, Französisch-Guayana, 1989.
Das Floß ruht in vierzig Meter Höhe auf dem Wald.

noch der Schweiß in den Augen und läuft auf meinen Skizzenblock. Versuchen Sie doch aus Neugier mal, ein Puzzle zusammenzusetzen, wenn Sie in einer Hängematte sitzen, die im zehnten Stockwerk am Balkon hängt ...«

Es gibt aber noch schwierigere Probleme als diese Frage des Gleichgewichts: Ich glaube nicht, dass mein Gehirn da oben genauso funktioniert wie gewohnt; mir will scheinen, dass mein Gehirn es auf diesem Floß nicht schaffen wird, augenblicklich neue Parameter zu integrieren, die so zahlreich und so wichtig sind – die Sicherheit, die Stabilität, die Bewegung zwischen den Bäumen, die Gefahr von zu starkem Sonnenschein, die Notwendigkeit zu trinken –, dass die gewohnten automatischen Reaktionen vergessen sind. Daher habe ich den Eindruck, den ich mit vielen Wissenschaftlern teile, dass das Gehirn hier oben auf merkwürdige Weise funktioniert; keinerlei Gefühl von Besorgnis macht sich bemerkbar: Die schwarzen Netze machen einem keinerlei Höhenangst; man hat einen wirklichen Eindruck von Sicherheit und sogar von Komfort durch die Tatsache, dass nichts starr und fest ist. In manchen wecken diese Netze sogar den Spieltrieb: Ich habe einmal gesehen, wie eine Gruppe von Ingenieuren dort oben Purzelbäume schlug, was anschaulich zeigt, dass das Gehirn dort oben nicht wie gewohnt funktioniert.

Ich beneide die Affen, die nichts zu tragen haben, keine Gartenschere, keine Sammelbeutel, keinen Fotoapparat, keinen Notizblock, kein Sicherheitstau. Wie ungerecht. Sie haben das Training, während ich den ganzen Krempel mitschleppen muss.

Kaum haben wir einige Säcke mit Proben gesammelt, verschlossen und unter dem Zeltdach in den Schatten gelegt, da geht der Tag schon zur Neige. Die Temperatur wird angenehm; das Sonnenlicht ist sanfter und erreicht nur noch die Wipfel einiger hoch aufragender Bäume; die Zeit verrinnt zu schnell. Nachdem wir beschlossen haben, die Nacht dort oben zu verbringen, nehmen wir Kontakt mit Adrian und Allison auf, die unten warten und dabei ein paar Fotos vom Unterholz machen.

»Gilles an Allison und Adrian. Hört ihr mich?«

»Yes, we do.«

»Geht zurück zu den anderen, es ist schon dunkel.«

»It's already dark down here; we must go back to the camp.«

»Alles Gute, bis morgen. Wir telefonieren.«

»Good night, everybody.«

Die Thermoskanne mit Tee macht die Runde; die Gnitzen[12] attackieren uns, aber der Sonnenuntergang ist zu schön, und wir sehen schon die ersten Fledermäuse herumflattern ... welche die Gnitzen zu jagen scheinen. Die tropische Nacht bricht sehr schnell an; vor neunzehn Uhr ist es schon dunkel, und während unseres Abendessens geht gerade die Mondsichel auf, und das Konzert beginnt.

Eine Nacht auf dem Floss

Das nächtliche Konzert im Blätterdach ist nicht zu beschreiben. Unter den Rufen unzähliger Tiere erkennt man leicht das Zirpen der Grillen, die Schreie der Nachtvögel und die schrillen Töne der Baumfrösche, aber darunter gibt es einen ungeheuren Hintergrundlärm, dessen einzelne Bestandteile ich nicht auseinander halten kann. Die Ultraschalltöne der Fledermäuse verschmelzen vielleicht mit den Rufen von Säugetieren, die in den Baumkronen leben, den Schreien von Affen oder Eichhörnchen, und das alles inmitten einer ganzen Tonleiter von Tierschreien aus höchst unterschiedlichen Lauten und Klangfarben. Von Zeit zu Zeit lässt sich ein seltsamer Gesang vernehmen, ohne dass wir sagen könnten, um was für eine Tierart es sich handelt. Wir bleiben noch lange auf den Pontons sitzen, rauchen unsere Davidoff-Zigarren, fasziniert von diesem ohrenbetäubenden Lärm, dieser klangvollen Demonstration der Vielfalt des Lebens. Es ist für mich ein wahres Glück, das ich mit allen meinen Biologen-Kollegen teilen möchte.

»Floßbettchen«[13]

Zu Beginn der Expedition Makandé 1999 äußert die Mannschaft vom Institut Pasteur den Wunsch, ihre letzte Nacht auf dem Baumfloß zu verbringen. Trotz der späten Stunde der Bitte (die Nacht war gerade angebrochen) war das ein guter Vorwand, um eine Neuigkeit auszuprobieren: Betten, die besonders an die Pontons unseres Floßes angepasst waren, damit wir die nächtlichen Freuden des Tropenwalds besser genießen konnten.

Diese »Floßbettchen«, die François aus alten Karbonbrettern konstruiert hat (aus Karbonbrettern, die 1989 für ein Vermögen gekauft und kurze Zeit später umgebaut worden waren), sind also im Wald bis zum Standort des Floßes transportiert worden.

Die Beförderung der Betten auf dem Waldboden zum Floß gestaltet sich schwierig: Die Betten passen nicht durch das Mannloch, den einzigen an dieser Stelle aus dem Unterholz herausgeschlagenen freien Raum. Wir müssen mitten in der Nacht irgendwo am Rand ein freies Gelände finden, um sie hinaufzuziehen.

Hochhieven von Seilen und verschiedene Versuche, das Ganze gelegentlich unterbrochen durch Äußerungen technisch-morphologischer Art, die Bettzeug und Baumarchitektur miteinander in Verbindung bringen, und während zweier Stunden für unsere Mannschaft von vier Personen ein einziges Ziel: 40 Meter Höhenunterschied zu überwinden, die unsere Betten von dem Floß trennen.

François steht auf den Pontons des Floßes und schickt uns einen »Boten« (eine kleine, mit Senkblei beschwerte Schnur) in die Tiefe hinunter. Wir sehen, wie sich seine dunkle Silhouette vor dem gestirnten Himmel auf einem Hintergrund von Blättern abzeichnet. Er selbst sieht aber nicht viel: Seine Schnur verschwindet in der dunklen Masse des Unterholzes, geleitet durch unsere Rufe oder den schwachen Lichtschein unserer Stirnlampen. Unweigerlich verfängt sich dieser Bindfaden in einem Ast, einem winzigen Zweig, ja sogar in einem Blatt oder irgendeinem anderen unsichtbaren Hindernis. Wie durch ein Wunder landet er auf dem Erdboden, und noch unglaublicher ist, dass wir ihn hinter einer Liane versteckt finden, wo er zum Teil in einem Ameisenhaufen verborgen ist. Es ist ein großer Augenblick: Die Betten beginnen einen glänzenden Aufstieg zum Kronendach, und das dank François, der das Seil hochzieht, ohne sich zu schonen.

Wenn ein Nachtschwärmer von Insektenforscher die Fänge einer bestimmten Zahl von Fallen zählen würde, die in diesem Sektor installiert sind, würde er sich fragen, ob es berechtigt sei, zu so später Stunde so viel Energie aufzuwenden. Wir schildern ihm die Qualität der fraglichen Bettwäsche und erzählen ihm von der Bitte der Forscher des Institut Pasteur. Er antwortet uns wie folgt:

»Die Forscher des Institut Pasteur können selbst bei Forschungsarbeiten nicht wirklich auf ihre tägliche Umgebung verzichten: den Komfort ihrer Betten!«

G. Ebersolt

Wenn wir auf dem Blätterdach eine gute Nacht verbracht haben, bedeutet dies nicht unbedingt, dass wir am frühen Morgen frisch und munter aufwachen. Gut heißt eher so etwas wie schön, und das erfordert vor allem ein wenig Technik. Zunächst müssen wir ein annähernd waagerechtes Netz finden, das nach Möglichkeit keinen direkten Kontakt mit dem Laubwerk hat – von wo die Ameisen kommen könnten; anschließend müssen wir ein Sicherheitsnetz ausbreiten, bevor wir es uns im Schlafsack gemütlich machen können. Es ist nicht sehr bequem, die Gurte anzubehalten, doch es erlaubt uns, die Sicherheitsenden an der nächsten Rettungsleine zu befestigen, als würden wir die Nacht an Deck eines Segelboots verbringen, in Griffweite der Rucksack, der mit einem Karabinerhaken am Netz befestigt ist. Er enthält einen Bienenschleier, einen Anti-Mückenstift und die Taschenlampe. Der Mond ist schon untergegangen, die Milchstraße ist ein großartiger Anblick, in dieser Nacht regnet es nicht, und alles geht gut. Jeder auf unserem riesigen gleichseitigen Netz ist von den anderen durch Laubhügel getrennt, die wir mit einer schwarzen Hülle gesichert haben. So macht es uns keinerlei Mühe einzuschlafen; zu der Güte dieses Schlafs kommt vielleicht die Befriedigung darüber hinzu, wieder an eine Gewohnheit unserer sehr fernen Vorfahren anzuknüpfen, nämlich oben in den Bäumen zu schlafen.

Um die Wahrheit zu sagen, ist es schwierig, in einem Zug bis zum Morgen durchzuschlafen. Mitten in der Nacht werde ich durch sehr große Feuchtigkeit geweckt: Es ist drei Uhr, und der Nebel beginnt vom Kronendach aufzusteigen. Ich werfe durch das Netz einen Blick auf den Boden: Überall in dem aufsteigenden Nebel blinken Dutzende von Leuchtkäfern. Über uns ist die Milchstraße jetzt mit eindrucksvoller Klarheit zu sehen; keine Mücke; das nächtliche Konzert ist immer gedämpft, aber vielleicht infolge der niedrigen Temperatur – wir haben 19 Grad – spielt es sich in einem verlangsamten Tempo ab, verläuft ruhiger und erlaubt es, die verschiedenen Partituren zu erkennen. In weiter Ferne, auf der anderen Seite des Tals, hören wir einen Baum umstürzen.

Kurz vor Morgengrauen verstärkt sich das Konzert und wird sozusagen zu einer ausschließlichen Angelegenheit der Vögel; ein wahres Meisterwerk. Bei Tagesanbruch, bei Nebel und grauem Licht müssen wir uns eingestehen, dass wir nicht gerade glänzend aussehen; durchnässt sitzen wir auf den nur noch mit wenig Luft gefüllten und schlaffen Pontons, die vor Tau triefen. Was uns daran hindert, uns wie Sieger zu fühlen, ist vielleicht auch dieser Geruch des Unterholzes, der zu uns hochsteigt, ein Geruch von totem Laub und Schimmel, ein modriger Geruch. Außerdem ist der Tee in der Thermoskanne kalt, und die Kekse sind aufgeweicht. Das Ende der Nacht auf dem Meer ist immer so: Es besteht aus Erschöpfung, Feuchtigkeit und einem Schuss Niedergeschlagenheit, während wir auf die Morgensonne warten, die alles wieder zurechtrückt.

Die Nacht im Kronendach

Wir schwergewichtigen Tiere werden das Privileg haben, uns an diesem Tag wie die Vögel oben in den Ästen aufzuhalten.

Da wir den Wald soeben während der heißen Mittagsstunden durchquert haben, bot er uns nur kurze, aber helle Aussichten. Das Kronendach lässt den Ursprung der Verankerungen im Dunkeln, was den Fußgänger beruhigt: Boden unter den Füßen. Alles scheint zu schweben, wirkt unergründlich, ja scheint uns zu verschlucken. Von oben gesehen, atmet der Wald, wirkt groß; er erzeugt eine Existenz, die umso beharrlicher ist, als sich das Leben dort insgesamt durch seine Musik enthüllt, während alle Tiere, die Musiker, sich hartnäckig den Blicken entziehen. Auf dem Floß nehmen Vermutungen eine besondere Intensität an: Wird es uns gelingen, den Vogel zu sehen, der da gerade gesungen hat, wie er das Laub in unserer Höhe durchfliegt, wird es uns gelingen, die Wanderung der Affenfamilie zu beobachten, indem wir nur den Kopf zur Erde neigen? Dieser Lärm im Geäst: Ist das ein kleiner Klippdachs, ein Wasserbock, ein Elefant?

Bald säumt die Nacht das Kronendach, bringt die Formen durcheinander und setzt Tierlaute frei, die uns rätselhaft sind. Bienen und Gnitzen, winzige Insekten, sind jetzt verschwunden.

Der bis dahin reglose Wald belebt sich plötzlich unter einem Windhauch. Am Horizont eine Gewitterwolke, ein Donnergrollen: der Sturmwind vor dem Gewitter. Überall lassen die Blitze die wechselnden Formen der Wolken erkennen, das Relief des Himmels. Florent und ich, Passagiere des Floßes, wechseln ein paar Worte über das Talent des Beleuchters. Hier oben wird wenig gesprochen.

Bei den ersten Regentropfen setzen wir uns rittlings auf einen Ponton; auf jedem ist eine kleine Plattform angebracht, auf der man sich ausstrecken kann. Dort verbringen wir die Nacht. Die Temperatur sinkt. In den Tropen muss man auf dem Dach des Hauses schlafen und nicht darunter; die Luft ist gut gekühlt.

Der Regen ist nicht zurückhaltend, er kommt in Sturzbächen, überflutet alles. Feuchtigkeit, Nässe – wir waren nach einer einstündigen Wanderung und einem Aufstieg in 49 Meter Höhe mit dem Seil völlig durchnässt angekommen –, Regenfluten, Wolken, Nebel, Tau, Sternschnuppen: Für den, der sich im Wald aufhält – und ganz besonders für den, der sich auf ihm aufhält –, reicht das Vokabular nicht aus, um das Wasser zu beschreiben, das sich hier in so überreichem Maße findet, am Boden wie auch am Himmel, in den mäandernden Schlingen des Makandé-Flusses oder auf den Netzen des Baumfloßes.

Das ist die Frage: Wie standhalten? Wie sollen wir hier der Auflösung widerstehen, wie sollen wir hier die Kaltblütigkeit bewahren, die wir auf dem Boden haben, ohne darüber nachzudenken? Wir marschieren auf den Netzen herum und machen dabei ein Gesicht, als wäre nichts, obwohl uns ein Höhlenforschergeschirr einschnürt und wir im Rucksack noch ein paar zusätzliche Kilogramm Wasser mitschleppen müssen. Eintauchen scheint mir für dieses Erlebnis der passende Ausdruck zu sein. Was das Kronendach angeht, dessen sanftes Wogen eine abenteuerliche Vielfalt von Reliefs entstehen lässt, erscheint es plötzlich im Licht der Abenddämmerung wie ein Bahnhof, ein Halt auf einem meergrünen Abschnitt, der den Wald in ein unheimliches Licht taucht und ihn beherrscht. Im letzten festen Stockwerk eines Lebensraums, wo die vielfältigen Lebensäußerungen denen im Meer ähneln, sitzen alle im gleichen Boot.

Und dann ist die Nacht da. Endlich ein Anflug von Nacht. Das leise Rauschen, die Schreie, das wohltemperierte Zirpen der Grillen und einer Menge nachtaktiver Geradflügler nehmen den sinnlich erfassbaren Raum ein, der fast ausschließlich mit Tönen erfüllt ist und den Blicken nur ein winziges Stück Landschaft zugesteht. Ohne Zweifel lauschen wir den besonderen Botschaften des Waldes aufmerksamer als je, warten gespannt auf die Musik wie Menschen, welche die Augen schließen, um die Harmonie der Töne zu erahnen und sich daran zu erfreuen.

Seltsamerweise hatte der Regen mich einschlafen lassen. Für den, der so etwas noch nie erlebt hat, scheint es unerklärlich zu sein, dass das Kronendach der Bäume eine Zuflucht sein kann. Dennoch hat man genau dieses Gefühl: Nichts kann uns mehr etwas anhaben. Wenn es nicht herausragende Gründe und tausend wissenschaftliche Entschuldigungen für die Verwirklichung des Baumfloßes gäbe, hätte ich die Wissenschaftler im Verdacht, einen Kindertraum verlängern zu wollen, der sich in ihnen wie in jedem von uns unauslöschlich erhalten hat: eine unerreichbare Hütte, von der aus sich die Welt neu erfinden lässt.

Es wäre nicht gerecht, das Ergebnis der Expedition in die Baumkronen allein den Leistungen des Geistes zuzuschreiben. In Wahrheit handelt es sich um eine ständige Interaktion zwischen dem geistigen Feld der Forschung und den absolut konkreten körperlichen Zwängen, die den gleichen Ursprung haben. Außerdem geht es hierbei um eine sofortige Deutung dieser Interaktionen, eine Art permanente Evolution: was sich insgesamt also der Vorstellung nähert, die wir uns von der Intelligenz machen. Ein Gleichgewicht.

Ich war in meinen Überlegungen so weit gekommen, als ich den ungleichmäßigen Atem der Maschine höre. Man muss sich den Wald in Nebel gehüllt vorstellen, in den grauen Schleier eines tropischen Morgens, wenn das Blätterdach in einen bleichen Halo getaucht ist, und dann, mit Anbruch des neuen Tages, noch unsichtbar, aber seine Existenz mit seinem gewaltigen Schnaufen anzeigend, kommt der Drache.

Das Erscheinen des Luftschiffs ist ein einzigartiger Augenblick: erst ein dunkler, fast bedrohlicher Umriss, dann, mit einem Schlag, dieser leichte und zugleich riesige Gegenstand, der so nahe ist, dass man ihn berühren könnte. Großartig. Ich kannte es von Bildern her. Und jetzt ist es Wirklichkeit, wundersam, fantastisch ... Erstaunlicher, als ich mir vor-gestellt habe: eine Begegnung, wie man sie nur im Kronendach haben kann.

Das Zusammenspiel von Tönen und Farben, das plötzliche Aufheulen des Motors, hoffnungsvolle Stille, Atemzüge, Feuerstöße, die den runden Bauch des Tiers erleuchten. All das – Attribute und Funktionen – kennzeichnet das nützliche und laute, fast unbeholfene Monstrum; mehr wäre nicht zu sagen, wenn nicht das diesem Lebensraum so angemessene langsame Dahingleiten des Luftschiffs, das die Oberfläche des Kronendachs streift, ohne es zu verletzen, nicht von wahrer Anmut geprägt wäre.

Der Zeppelin verschwindet, wie er gekommen ist, vom Nebel verschluckt, anwesend noch lange nach seinem Überfliegen des Baumfloßes, weil er wegen seines Schnaubens noch einige Zeit zu hören ist.

Ein Bild hält sich: die Neigung des Leitwerks, als der Zeppelin sich auf der Stelle dreht und man in dem unter dem Luftschiff hängenden Pontondreieck im Bug drei Silhouetten erkennt, eine in jeder Ecke, die aufmerksam hinunterblicken. Beweis der Existenz des Luftschiffs ist eine Thermoskanne mit Kaffee, die um acht Uhr dreißig abgeworfen wurde. Die Kanne blieb übrigens unauffindbar – der einzige wirkliche Schiffbruch der Nacht. Im Übrigen haben wir die Anlage eines zarten fruchtbaren Gartens im tropischen Regenwald miterlebt: Die Gondel hatte während der Fahrt ein paar Blüten gepflückt.

Gilles Clément, 9. März 1999
Makandé-Fluss, Gabun (0°20' südlicher Breite)

Der Besuch

Sobald die Sonne erscheint, kommt alles in Ordnung, wie auf See, und zum Glück geht sie hier sehr schnell auf. Funkverbindung mit dem Lager: Alles läuft gut, sie sind mit dem Aufblasen fast fertig; an diesem Morgen gibt es eine Fahrt auf dem Pontondreieck.

Durch den Nebel sehen wir, wie die Sonne die Pontons dampfen lässt, auf denen wir die Schlafsäcke und die feuchten Kleidungsstücke ausgebreitet haben: In weniger als einer Stunde wird alles trocken sein. Es ist frisch, das Licht ist wundervoll. Es ist einer dieser schöneren Augenblicke des Tages für die Arbeit auf dem Floß: um die Struktur der Baumkronen zu zeichnen, Fotos zu machen und Proben zu sammeln.

Wir haben das Sammeln der botanischen Proben gerade beendet, als ein typischer Lärm uns alle zur Salzsäule erstarren und die Augen weit aufreißen lässt: der Lärm eines Wals, der am Horizont hinter den unbeweglichen Wellen dieses grünen Ozeans schnaubt.

»Gilles an Dany. Gilles an Dany.«

»Ja, Gilles, ich kann dich gut hören. Alles in Ordnung?«

»Bestens. Kommst du uns besuchen?«

»Hör zu, im Augenblick sammeln wir mit dem Pontondreieck auf Parzelle 8. Wir kommen zu euch rüber, wenn wir fertig sind. Wir haben eine kleine Überraschung für euch.«

Die Pontons sind jetzt trocken, und dank der beginnenden Hitze sind sie wieder prall und fest. Das erlaubt es François, auf den höchsten Punkt der Plattform zu klettern und wie von einem Ausguck den noch nebligen Horizont abzusuchen. Fast eine Stunde lang arbeitet das Luftschiff mit dem Pontondreieck und macht dabei so viel Lärm wie ein großer Fischdampfer, der sein Schleppnetz hinter sich herzieht, ohne dass wir den Zeppelin sehen könnten. Der Lärm scheint aus noch größerer Ferne zu kommen, als das Luftschiff sich auf ein bewaldetes Tal hinabsenkt, um sich dann sehr nahe anzuhören.

»Da ist es, ich sehe sie«, ruft uns François zu.

Ich steige zu ihm hinauf, und gemeinsam genießen wir einen außergewöhnlichen Anblick. Das Luftschiff taucht aus dem Wolkenmeer auf und fährt direkt auf uns zu. Wir haben den Eindruck, Schiffbrüchige zu sein, die mitten auf dem Ozean auf ihrem Floß sitzen und über sich einen gutmütigen Blauwal auf sich zukommen sehen, der knurrt und schnaubt. Das Luftschiff dreht eine Runde, verschwindet dann hinter einem mit Felsvorsprüngen bedeckten Bergkamm, um dann plötzlich ganz in unserer Nähe hinter der schwarzen Düne in ungeheurer Größe wieder zu erscheinen, der Düne, welche das Netz beim Einhüllen einer Baumkrone bildet.

In der Gondel sehe ich Dany in einem weißen Hemd, einen unbekannten Passagier sowie Jean Drouault, der ein für uns bestimmtes, in graues Papier eingewickeltes Päckchen schwenkt. Im Pontondreieck Laurent mit seinem Funkgerät und seiner Canon-Kamera sowie unsere beiden Entomologen aus den USA, Meg Lowman und Bruce Rinker, die glücklich strahlen; ein dickes Bündel von Ästen und Blättern füllt das Netz aus und reicht bis zu der ringförmigen Aufhängung.

Wir sehen, wie sich über unseren Köpfen das Pontondreieck weiterbewegt. Das graue Päckchen prallt auf unserem Netz auf und verfängt sich dann an einem Rucksack. Das Luftschiff beschleunigt und ist im aufkommenden Passatwind schon auf dem Rückweg zu unserem Lager; ein Handzeichen, und sie sind verschwunden.

»Gilles an Dany, hörst du mich?«

»Ja, Gilles, ich höre dich.«

»Vielen Dank für die Croissants. Trotzdem, es wäre uns lieber, wenn sie knusprig wären.«

»In Ordnung. Beim nächsten Mal fange ich mit euch an.«

»Ciao, viel Spaß beim Leerpumpen. Bis dann ...«

Weisse Windstille

Es ist jetzt zehn Uhr morgens, Sonne und Temperatur steigen; die unter Überdruck stehenden Pontons verströmen den Geruch von verbranntem Kautschuk. Wir können weiterarbeiten, wenn auch langsamer; wir werden von der Südostecke des Floßes angezogen, die sich unter den Schatten der Bäume neigt und so ein wenig von der Kühle des Unterholzes profitiert. Es ist zu einer Notwendigkeit geworden, alle fünf Minuten zu trinken. Wir bewegen uns so wenig wie möglich, bewundern die Mauersegler oder beobachten die Libellen; die Hitze scheint diese Tiere nicht zu stören.

Gilles und François sind schon hinabgestiegen. Die Sonne steht im Zenit, ist durch die Bewölkung hindurch, die ein starkes, aber diffuses Licht erzeugt, so dass nirgends Schatten ist, kaum zu sehen. Die Landschaft hat ihre Farben verloren. Der Passatwind hat sich gelegt; kein Windhauch mehr. Da unser Wasservorrat langsam zur Neige geht, löst die ungeheure Hitze fast so etwas wie Platzangst in uns aus; mich überkommt wieder das Gefühl, in einer Falle zu sitzen, so wie man es auf einem Segelschiff erlebt, das unter einer sommerlichen Sonne bei Flaute auf spiegelglatter See dahingleitet. In der Nähe des Segelboots könnte man zumindest baden, während hier ...

Wir haben kaum noch etwas zu trinken, und jetzt müssen wir, koste es, was es wolle, Schatten finden. Die Lösung besteht darin, wieder hinabzusteigen, und so fühlen wir uns von dem Mannloch angezogen. Ich hätte mir nie vorstellen können, dass die Metrostation Porte de Clignancourt mir eines Tages so verführerisch erscheinen könnte.

Während wir uns diesem Loch nähern, sinkt das Netz unter unserem Gewicht trichterförmig ein, und einer unserer Rucksäcke beginnt hinunterzurutschen, doch da er zu dick ist, bleibt er im Loch stecken; das ist ein deutlicher Hinweis darauf, warum man sich vom Boden aus niemals ohne Schutzhelm in die Sicherheitszone um das Zugangsseil herum begeben darf. In mehr als zehn Jahren Erforschung der Baumkronen haben wir durch dieses Loch schon die verschiedensten Gegenstände herunterfallen sehen: Cola-Dosen, Feldflaschen, Kameras, Gartenscheren, Dolche, Radiergummis oder einfache Bleistifte; aber selbst ein Bleistift, der aus vierzig Meter Höhe herunterfällt, kann einen bewusstlos schlagen oder sogar den Schädel durchlöchern.

Nachdem in der vergangenen Woche einer von uns ein Steigeisen auf den Kopf bekommen hat, was es notwendig machte, die Wunde mit vielen Stichen zu vernähen, haben wir die Entscheidung getroffen, von jedem, der sich dem Aufstiegsseil nähert oder daran hinaufklettert, das ständige Tragen eines Schutzhelms zu verlangen. Das ist zwar lästig, lässt einem heiß werden und ist überdies von fragwürdiger Schönheit, aber wir alle wissen, dass Verstöße gegen die Sicherheitsbestimmungen die gesamte Zukunft des Baumfloßes gefährden können; wenn es einen Punkt gibt, in dem die Mannschaft an der Basis unnachgiebig ist, dann ist es dieser. In anderen

Punkten lassen wir »mit uns reden«, aber nicht in Fragen der Sicherheit.

Obwohl unser Wasservorrat erschöpft ist und uns die Zeit dort oben immer schwerer wird, kommt es weder für Olivier noch für mich in Frage, wieder zum Boden hinunterzuklettern, ohne zuvor unsere Probenbeutel hinuntergelassen zu haben; wenn wir sie oben ließen, würde ihr Inhalt innerhalb weniger Stunden das Aussehen von gegartem Blattspinat annehmen. Anruf bei der Bodenstation:

»Olivier an Mathieu, hörst du mich?«

»Ja, Olivier, was willst du?«

»Könntest du bitte unsere Probenbeutel annehmen und dafür eine Feldflasche an der Leine befestigen?«

»Die Feldflasche voll oder leer?«

»Mach keine Witze, du blöder Hund ...«

Uns bleibt noch die Zeit, mit der Transportleine dreimal Dinge hinunterzuschicken, bis wir an der Reihe sind hinunterzuklettern.

Der Abstieg

Man braucht sich nur auf den Rand des Mannlochs zu setzen, um ganz in der Nähe eine angenehme und höchst motivierende Frische zu spüren. Das Manöver ist einfach. Es besteht darin, dass der Hinabsteigende sich an dem festen Seil festbindet und sich in den Hohlraum setzt. Sobald die Klappe geöffnet ist und man sich unterhalb des Floßes befindet, verändert sich alles. Man muss sich an das Halbdunkel gewöhnen, und es wird herrlich kühl. Dieser automatische Abstieg ist ein wahres Vergnügen, und die Ankunft auf dem Boden ist fabelhaft; die von den Baumkronen Hinabsteigenden sind sonnengebräunt und sichtlich voller Stolz.

Kühle und Stille, sanftes grünes Licht; das Unterholz kommt uns wie eine Insel des Friedens vor, eine Zuflucht vor Unglück. Unsere

Freunde erwarten uns schon und begrüßen uns mit ein paar hänselnden Bemerkungen. Sie sitzen ruhig auf den Metallkästen. Wer uns sagen würde, dass der tropische Regenwald gefährlich und ungesund sei, würde bei uns keinerlei Zustimmung finden.

Eine Szene aus dem tiefsten Afrika: ein lästiger Passagier

In der Nähe unseres Lagers im Naturschutzgebiet von Campo in Kamerun befinden sich zwei von Wilderern bewohnte Hütten. Der Ältere nennt sich Bürgermeister, der andere Präfekt; ihnen zur Seite steht Paul, der Sohn des Bürgermeisters. Obwohl wir uns in einem Naturschutzgebiet aufhalten, hindert das diese Leute nicht daran, Vögel, Affen, Warzenschweine, Biberratten, Hirschkühe etc. zu töten, um damit die Restaurants von Douala und Yaoundé zu beliefern. Die Jagdaufseher kommen regelmäßig vorbei, um einen Teil der Beute als Gegenleistung für ihr Schweigen entgegenzunehmen.

Die Wilderer kommen häufig ins Lager, um aufdringlich zu betteln. Sie wollen Bier, Zigaretten, Schirmmützen, T-Shirts oder von uns mit dem Wagen in die Stadt mitgenommen werden. Man muss zugeben, dass wir mit unserem Überfluss an Material Neid erregen.

Eines Morgens sucht mich Paul auf. Er bittet mich, seinen kranken Vater nach Douala zu fahren. Ich bin empört darüber, dass er solche Ausreden erfindet, und entgegne ihm, dass das nicht in Frage komme. Zwei Stunden später sehe ich ihn mit seinem Vater auf dem Rücken zurückkommen und fühle mich genötigt festzustellen, dass der Mann tatsächlich nicht den Eindruck macht, in bester Form zu sein.

Ich schlage Paul vor, ihn und seinen Vater in etwa 25 Kilometer Entfernung an der Hauptstraße abzusetzen, aber nach Douala zu fahren, mehr als 300 Kilometer, komme nicht in Frage. Sie setzen sich auf den Rücksitz des Geländewagens, und ich fahre sofort los. Ein langes Röcheln des Bürgermeisters begleitet das Überfahren jedes Schlaglochs oder Höckers und zwingt mich, sehr aufmerksam auf meine Fahrweise zu achten. Das Röcheln wird immer länger, und plötzlich wird es still. Darauf folgt schnell ein Schluchzen des tränenüberströmten Paul. Ich halte sofort an und stelle fest, dass der Bürgermeister tot auf den Knien seines Sohnes liegt.

Nachdem Paul wieder zu sich gekommen ist, versucht er mich noch einmal dazu zu bringen, ihn nach Douala zu fahren, wo sich seine Familie befindet und wo er seinen Vater zu beerdigen wünscht. Da ich weiß, dass die Straßen voller Militärsperren sind, die uns regelmäßig schikanieren, auch wenn wir vorschriftsmäßig fahren, wage ich mir nicht vorzustellen, wie es mit einem Toten auf dem Rücksitz des Wagens sein würde. Als Paul die Situation begreift, akzeptiert er, dass ich die beiden im nächsten Dorf absetze, das rund fünfzehn Kilometer entfernt ist.

Als wir im Dorf ankommen, kommen die Bewohner herbeigerannt, um uns zu begrüßen. Aber als sie den Toten bemerken, machen sie uns nachdrücklich klar, dass es nicht in Frage komme, ihn auszuladen. Im nächsten oder übernächsten Dorf wird es nicht anders sein. Da ich immer mehr fürchte, auf eine Militärsperre zu stoßen, bitte ich Paul, einen Freund oder eine Familie zu suchen, die bereit ist, uns zu helfen. Er sagt mir, er habe einen Onkel, der in einigen Kilometern Entfernung eine einsame Hütte bewohne. Ich fahre schnell dorthin, aber als ich ankomme, stelle ich fest, dass der Wagen nicht bis zu der Hütte fahren kann; wir müssen den Toten fast 500 Meter weit tragen. Wir steigen mit Mühe aus dem Wagen aus, und dann marschieren wir auf einem schmalen und abschüssigen Waldpfad und tragen dabei den Bürgermeister an Händen und Füßen.

Nach der Ankunft in der Hütte legen wir den Toten auf den Boden, aber der Onkel ist nicht da. Nachdem wir eine halbe Stunde vergeblich gewartet haben, gebe ich Paul Geld, damit er sich mit einem Wagen nach Douala fahren lassen kann. Zu meiner großen Erleichterung nimmt er es an, und ich breche sofort auf, zufrieden, mich eines ziemlich lästigen Passagiers entledigen zu können.

Auf der Rückfahrt fuhr ich sehr schnell, als wollte ich mich möglichst weit von dem Toten entfernen. Als ich, noch ganz durcheinander, im Lager ankomme, verspüre ich sofort das Bedürfnis, von meinem Abenteuer zu erzählen, um die Aufregung loszuwerden, die mir dieser Todesfall bereitet hat.

Als ich mich eine Woche später ins Nachbardorf begebe, erfahre ich, dass Paul seinen Vater nicht nach Douala gebracht, sondern sich so lange betrunken hat, bis er das ganze Geld ausgegeben hat, das er von mir bekommen hatte. Als ich nach einigen Tagen erfuhr, dass er in seine Hütte zurückgekehrt sei, ging ich zu ihm, um ihm meine Meinung zu sagen und zu erklären, wie respektlos und schockierend ich sein Verhalten fand.

Am nächsten Tag kam Paul höchst verlegen zu mir, führte mich in den Wald und bot mir als Entschuldigung einen seiner Bäume an, einen riesigen Avocadobaum, der über und über mit Früchten bedeckt war. So wurde ich im Süden Kameruns Eigentümer eines Avocadobaums, aber wenn ich Lust auf Avocados habe, gehe ich einfach auf den Markt.

D. Cleyet-Marrel

Auf dem Pontondreieck

»Auf einem Feigenbaum hingegen ist des Umherschweifens kein Ende, wenn man darauf achtet, dass er einen trägt; Cosimo hat das Zelt seiner Blätter über sich, sieht, wie zwischen den feinen Blattrippen die Sonne hindurchleuchtet und die grünen Früchte allmählich anschwellen; er riecht die Säure, die der Schaft des Blattstiels ausschwitzt. Der Feigenbaum nimmt einen ganz gefangen, durchtränkt einen mit seinem klebrigen Saft, mit dem Gebrumm der Hummeln; nach einer Weile hat Cosimo die Empfindung, selbst zur Feige zu werden, und entfernt sich, da ihn ein Unbehagen befällt.«

Italo Calvino, Der Baron auf den Bäumen

Wir brechen auf

Paracou, Französisch-Guayana, 5°15' nördlicher Breite, 5. November 1996

Es hat etwas Monotones an sich, wie alle diese Tage beginnen: Wecken um fünf Uhr, kurzer Blick auf das Wetter; wenn es schön ist, fliegen, und wenn es regnet, bleiben wir in der Hängematte. Regnet es heute Morgen? Ja. Es ist nicht das klare Trommeln eines Gewitterschauers, das auf dem Blechdach der Hütte widerhallt, sondern das sanfte Geräusch eines erschöpften Regens, als wäre er die ganze Nacht gefallen. Kein Geräusch auf dem Blechdach: Diese Beobachtung lässt uns aus der Hängematte aufstehen. Wie leicht man sich doch täuschen lässt: Im Regenwald des Breitengrades, auf dem wir uns befinden, regnet es jeden Morgen vom Kronendach, wo der Tau kondensiert. Regnet es? Um das in Erfahrung zu bringen, muss man leider raus aus der Hängematte und den Himmel vom Rasen des Lagers aus betrachten. Das Wetter ist herrlich, auf geht's. Ein Frühstück aus Pulverkaffee und Schmelzkäse, das man vergessen kann. Wie kalt es heute Morgen ist! Schnell, schnell, vergessen wir nicht die Ferngläser, die Handschuhe, die Gartenscheren, die Fuchsschwänze, die Transportkiste mit den Sandsäcken, den Etiketten und den Leuchtbändern. Beladen der Wagen, die mit Staub bedeckt und beschlagen sind; der von François hat weder Stoßdämpfer noch Rücksitze; in dem von Dany funktioniert ein Scheibenwischer nicht, und der andere deckt quietschend nur einen Winkel von 30 Grad ab; es ist besser, den Kopf hinauszustecken und so zu fahren. Durch das offene Fenster dringen feuchte Kühle und der Duft des Waldes ein, die es schaffen, uns zu wecken. Die Schlaglöcher lassen unsere Karren schwanken. Eine Kugel mit roten Haaren überquert die Piste, und zwar so schnell, dass es uns nicht möglich ist, es zu erkennen – dies umso weniger, als die Scheinwerfer vor allem den Nebel anstrahlen.

Als wir bei der Startplane ankommen, schalten wir die Scheinwerfer ein, die ganze Wolken fliegender Termiten anlocken. Anschließend Aufblasen des Ballons.

Nachdem die Hülle in Startposition gebracht ist, bringen Gilles und François das Pontondreieck, das zusammengesunken in einer Ecke auf dem Gelände lag; sie blasen die Pontons wieder auf und beseitigen das tote Laub auf dem Netz, damit das Gerät wieder präsentabel wird.

Das von Gilles 1989 erfundene Pontondreieck hat eine sehr einfache Struktur. Es besteht aus drei Pontons von je neun Meter Länge, die ein gleichseitiges Dreieck ergeben, dessen Boden ein Kunststoffnetz bildet. Das Ganze ist mit Hilfe einer ringförmigen Aufhängung unter dem Luftschiff befestigt. Während der Fahrt finden drei Personen an Bord Platz.

Inzwischen ist es Tag geworden, aber die Nebelbänke verdecken noch die Sonne; es ist frisch, das Licht ist weiß und sanft. Eine ganze Seite der Startplane ist von einer Reihe von Besuchern gesäumt; einige haben ihren Kaffee mitgebracht, viele machen Aufnahmen, man witzelt, auf Kreolisch, Englisch und Französisch in verschiedenen Akzenten, von denen einige erheiternd sind. Laurent bläst einen Luftballon mit Helium auf und lässt ihn fliegen; wir folgen ihm so lange wie möglich mit den Blicken. Er zeigt uns Stärke und Richtung des Windes über dem Wald an. An diesem Morgen steigt unsere kleine Wettersonde fast senkrecht auf und wird dabei von Zeit zu Zeit von neugierigen Kolibris inspiziert: Die Wetterbedingungen sind gut.

Gilles und François prüfen noch einmal, ob das Pontondreieck gut befestigt ist und die Rettungsleinen in Ordnung sind, wuchten die Aluminiumkiste mit den Sandsäcken und die Erste-Hilfe-Behälter an Bord, ferner Mückenspray, Etiketten, Ferngläser, Markierer etc., während Laurent mein Geschirr prüft, Sturmriemen und Sicherheitsgurte, Helm und Bienenschleier. An diesem Morgen fliegen Rick Cannell, Biochemiker bei Glaxo Wellcome, Olivier Pascal, der für die Sicherheit zuständig ist, und ich; unser Ziel ist das Sammeln von zwei Serien von Proben aus den Bäumen. Die eine Serie ist für das Genetikprogramm, die andere für die Biochemie.

Hinter den Piloten Dany und Jean sehe ich Darlyne Murawski, eine Genetikerin von der Universität Harvard, die schon an ihrem Sitz angeschnallt ist; sie wirkt konzentriert, ein wenig bewegt, wie ich glaube, und macht ihren Zeichenblock und ihr Teleobjektiv bereit.

Im Pontondreieck vergewissern wir uns ein letztes Mal, ob die Sammelbehälter in Ordnung und vollständig sind, und befestigen unsere Sicherheitsgurte an den Rettungsleinen; Olivier probiert das

Funkgerät aus, das es ihm erlaubt, mit der Gondel zu sprechen; jeder von uns sitzt auf einem der noch nicht prall aufgeblasenen Pontons auf einer Seite des Dreiecks. Jetzt sind wir abfahrtbereit.

Die Brenner lassen sich etwa fünf Minuten lang vernehmen; das Luftschiff wird von Hand in Position gebracht, bis es genau über dem Pontondreieck schwebt. Die Mitglieder der Mannschaft da oben lächeln mir zu, und ich erwidere ihr Lächeln, bevor ich sie aus den Augen verliere, weil sie durch den Boden ihrer Gondel verdeckt sind.

Gilles und François befestigen die drei Doppelschlingen an dem Pontondreieck, die uns mit der Hülle des Luftschiffs verbinden, und befestigen die ringförmige Aufhängung unseres Floßes mit einem Metallkabel an der Gondel.

Wir vernehmen einige Male das Fauchen der Brenner, sehen das Winken der Kumpel, die am Boden bleiben; wir sehen, wie sie die Hälse recken, bevor sie plötzlich klein und fern sind. Der Start mit Heißluft ist herrlich still und von großer Sanftheit, als liefe man in einem Segelboot aus einem Hafen aus.

Privilegierte Augenblicke

Es ist fünf Uhr morgens, und ich bin gerade aufgewacht, als mein Wecker läutet; ich klettere aus meiner Hängematte, schlüpfe in meine feuchten Kleider, den Kopf noch schwer von den kleinen Punschs vom Vortag, und gehe ins Freie, um mir die Wetterbedingungen anzusehen. Allein die Tautropfen, die vom Kronendach herunterfallen, stören die Ruhe dieser Tropennacht. Die Luft ist unglaublich feucht und vermittelt einen starken Eindruck von Frische, obwohl sie die gewohnten 23 Grad hat. Die Sterne erscheinen von Zeit zu Zeit zwischen einzelnen Nebelfetzen. Francis kommt als Erster zu mir heraus, bald darauf gefolgt von den Leuten, die am Vorabend dazu eingeteilt worden sind, das Luftschiff fertig zu machen, und jetzt befinden sich alle auf der Startplane.

Nachdem wir das Luftschiff mit einer eingespielten Mannschaft aufgepumpt haben und nach einem wie immer bewegenden sanften Start steigt der Zeppelin von seiner Lichtung auf und erreicht die Höhe der Bäume. Ich entdecke plötzlich eine andere Welt, einen grünen Ozean, dessen aufreißende Nebelbänke seine zauberhafte und mysteriöse Seite verstärken.

Dann werde ich mir des ungeheuren Privilegs bewusst, wie jeden Morgen ein paar Meter über dem Kronendach hinwegzuschweben und mich zwischen den aus der Masse aufragenden Bäumen hindurchschlängeln zu können wie ein Fisch in einem Korallenriff. Zufällig überraschen wir auf der Fahrt eine Gruppe von Affen, die von Ast zu Ast springen, um vor diesem riesigen bunten Monstrum, das wie ein Wal schnauft, zu flüchten. Ein Faultier hängt an den höchsten Ästen, Vögel warten bis zum letzten Augenblick, bevor sie davonfliegen. Nicht zu vergessen der berauschende Duft eines Baums oder einer mit Blüten überzogenen Liane.

Ein paar längere Feuerstöße der Brenner genügen, um über der Nebelbank wieder zu sich zu kommen, einen scharlachroten Himmel zu entdecken und einen Regenwald, der sich bis zum Horizont erstreckt.

Diese Glücksmomente teile ich mit den Kopiloten Jean oder François und den Wissenschaftlern, für die die einfachste Fahrt eine fantastische Bedeutung annimmt. Sie sehen den Wald von oben. Ihre innere Bewegung ist leicht zu verstehen, denn jetzt endlich enthüllt sich ihnen ein geordnetes Universum, in dem alles plötzlich seinen Platz hat. Sie entdecken einen wahren Garten in den verschiedensten Formen und Farben. Alle Baumkronen, die innerhalb weniger Tage vom zartesten Grün bis zum lebhaftesten Rot wechseln können, passen zusammen wie in einem riesigen Puzzle. Hier oben ist man weit von der scheinbaren Unordnung entfernt, die der Blick aus dem Unterholz vermuten lässt.

Die Organisation dieses Pflanzenreichs wird durch eine einfache Veränderung des Blickwinkels offenkundig; erst die Hinzufügung einer dritten Dimension verleiht ihm seinen Sinn.

Welche andere Maschine könnte einem dieses tägliche Bad im Kronendach ermöglichen, diese wiederholten körperlichen Kontakte, diese intensiven, fesselnden Momente, wenn man das Floß absetzt, löst oder auch Pflanzenproben aus den Bäumen holt? Der mit Heißluft gefüllte Zeppelin und der tropische Regenwald ergänzen einander vollkommen.

Diese privilegierten Augenblicke sind sehr wichtig, weil sie uns zwischen den Expeditionen über schwierige Zeiten hinweghelfen. Wie viele Stunden muss man mit dem Aktenstudium verbringen, mit Finanzierungsfragen, dem Einholen von Genehmigungen, wie viele Konferenzen und enttäuschte Hoffnungen sind nötig, bevor eine Expedition Gestalt annimmt und man irgendwann endlich eine Stunde lang im Luftschiff fahren kann?

D. Cleyet-Marrel

Das wahre Gesicht des Regenwalds

Schon nach wenigen Sekunden kann man mit einem Blick das schimmernde Rechteck der Startplane erfassen, die Wagen der Besucher, den Weg, der zum Lager führt, den großen grauen Stamm eines Wapa, der von oben nach unten vorbeizieht und sich zum Erdboden hin entfernt, bevor die ersten Laubmassen aus der Wolke hervorbrechen können. Es ist sehr viel kühler, und der Geruch verändert sich. Hier oben riecht es nicht mehr nach Humus, sondern nach Nebel, dann verändert sich der Geruch nochmals. Jetzt riecht es nicht mehr nach Nebel, sondern nach Meer, nach Seewind, während sich gleichzeitig die ersten Blütendüfte bemerkbar machen, die uns im Verlauf dieser Fahrt nicht mehr verlassen werden.

Unten auf dem Boden ist es die Stunde, in der Gilles in den Wald aufbricht in Richtung Parzelle 16, von wo aus man die Standorte der Biochemiker sehen kann, die in kurzer Zeit mit dem Sammeln von Proben beginnen werden.

Nach einem Versuch, mit Laurent Funkverbindung zu halten, der an diesem Morgen für die Startplane verantwortlich ist, gibt Dany Gas, und in rund fünfzig Meter Höhe überqueren wir die ersten Bäume. Es ist erst sechs Uhr fünfundvierzig; die Wolken bedecken das Kronendach, und wir fahren mit Hilfe von GPS und Kompass unserem ersten Ziel an diesem Morgen entgegen: einem riesigen gelben »Saint Martin«, den Darlyne und ich schon lange auf dem Boden ausfindig gemacht haben und bei dem wir feststellen wollen, ob das Genom[14] bei allen Ästen das gleiche ist oder nicht. In den Wolken, durch die man gelegentlich die Kronen von hoch aufragenden Bäumen erscheinen sieht, ist die Fahrt eindrucksvoll; an diesem Morgen empfinden wir keinen Moment so etwas wie Angst, weil wir langsam fahren, nämlich mit höchstens fünf Knoten. Der Anblick ist märchenhaft, obwohl wir, was die Einzelheiten angeht, uns auf später vertrösten müssen: Es herrscht viel zu starker Nebel, um sie zu sehen. Ich würde zu gern wissen, was im Kopf meiner beiden Begleiter auf dem Pontondreieck vorgeht. Vielleicht erinnert sie diese Fahrt an Erlebnisse auf See. Aber ob sie mir davon erzählen werden? Ich denke an eine Bootsfahrt nach Molène, bei der die Trois Pierres und die Helle im Nebel lagen, und an ein indonesisches Dorf, dessen Name, Sibo Langit, »Geruch des Himmels« bedeutet.

Um sieben Uhr lichtet sich der Nebel. Man könnte sagen, der Wald dampft. Plötzlich tauchen die Farben auf; unzählige Nuancen von Grün: Jadegrün, Olivgrün oder Smaragdgrün, Flaschengrün, ein ergreifendes und leuchtendes Grün, das an keimenden Reis erinnert, ein dunkles und prächtiges Grün, das in den Blättern der Parkia-Bäume leuchtet. Wir nähern uns jetzt absinkend einem bewaldeten Tal, in dem der Nebel sich noch hält und dessen Boden mit Bäumen in voller Blüte gepflastert zu sein scheint, manche sind weiß, andere blau wie in einem hängenden Garten. Der Wind weht genau in unsere Richtung den Duft von einem Lecythis herüber, dessen weiße Blüten, von denen jede von einer kugelrunden Phalanx gelber Staubgefäße beherrscht wird, an Spiegeleier erinnern und deren Duft irgendwo zwischen Methylsalicylat und Basilikum anzusiedeln wäre.

Eine Gruppe grüner Papageien und ein großer grauweißer Raubvogel sind erstaunt, überflogen zu werden, und verschwinden in dem sich auflösenden Nebel über unserem Heck. Das Kronendach ähnelt einem Korallenriff, wie es ein Taucher ohne Taucherausrüstung sehen würde. Die Baumkronen ziehen sich wie Korallen in sich selbst zurück und lassen so Spalten der »Schüchternheit« entstehen.[15] Die Vögel fliegen von einem Baum zum anderen, jederzeit bereit, sich unter das Blätterdach zu flüchten: Für sie kommen die Gefahren vom Himmel. Die Farben erinnern an die eines Korallenriffs. Wir sehen das Orangerot der *Norantea guianensis*, große goldene Blütenblätter der *Swartzia panacoco*, blauviolette Kronen des Guajakbaums, *Taralea oppositifolia*, mit den roten Sternen der Passionsblumen übersäte Aktinien: Vielleicht sollten wir das Floß eines Tages hier absetzen?

Zwischen Sonnenschein und Waldnebel ist der Kampf noch unentschieden; im Westen taucht der Schatten des Luftschiffs über den Wolken auf. Er ist von einem leuchtenden Halo umgeben, den die Meteorologen einen »Glorienschein« nennen. Warum kommt mir jetzt das Motto eines alten militärisch-religiösen Ordens in den Sinn, der für seine brutale Geldgier bekannt ist? »Nicht uns, o Herr, nicht uns, sondern Deinem Namen gebührt der Ruhm.« Wer mich kennt, weiß, dass ich nichts von einem Templer an mir habe. Geben wir zu, dass sich daran das Ausmaß der Verwirrung erkennen lässt, die sich während der Fahrt über das Kronendach eines tropischen Regenwalds meiner bemächtigt. Aber ich bin nicht der Einzige, dem verrückte Ideen dieser Art kommen.

Eines Tages sagte mir Dr. Rinker, der sich nach dem Verlassen des Pontondreiecks sehr bewegt zeigte: »Es ist genauso schön, wie auf einem Phönix zu reiten.« Die Siegespalme gebührt jedoch unserer verehrten Kollegin Dr. Sacquenplastique, einer Mutter von zwei Töchtern, die erklärt hat: »Es ist noch aufregender, als ein Kind zu zeugen.« Ich habe gesehen, wie erfahrene Wissenschaftler mit Tränen in den Augen aus dem Floß stiegen, so sehr hatte sie der Anblick des Kronendachs beeindruckt.

Diese Welt ohne vertraute Orientierungspunkte, die für unsere geistige Datenbank so schwer fassbar ist, lässt sich eigentlich nicht beschreiben. Kraft, Wildheit, Mysterium? Worte genügen nicht, um die Windungen riesiger, mit Epiphyten bedeckter Äste zu schildern, das senkrechte Aufragen der Baumstämme über die unter ihnen herrschende Dunkelheit, das Tanzen der Lianen im Wind.

Aber nicht alles ist riesig und maßlos; Gustave Doré wird von Watteau begleitet, Wagner von Paganini.

An den höchsten Punkten des Kronendachs zeigt sich äußerste Zartheit; über dem Wipfel eines Baums sehe ich eine grazile Liane, an der eine lange Geißel mit Hülsen von wunderschöner Zerbrechlichkeit hängt, und das Morgenlicht leuchtet auf die mit Tautropfen bedeckten Spinnennetze. Das ist das wahre Gesicht des Regenwalds.

Ernte in der Luft

Die Krone des gelben »Sankt-Martins-Baums« wird jetzt vor uns sichtbar, eine einsame Insel auf einem flauschigen Ozean; einige Augenblicke später umrunden wir diesen alten Riesen, der mit seinen gewaltigen grauen Ästen die Wucht einer geologischen Konstruktion ausstrahlt und mit seinen vergoldeten Blattbüscheln, die seine letzten Zweige bedecken, zugleich an die Zartheit eines Bonsai denken lässt.

Wir umrunden langsam diese riesige Baumkrone von fast fünfzig Meter Durchmesser und entnehmen dabei an den äußersten Enden jedes Hauptasts kleine belaubte Zweige; in dieser Zeit zeichnet Darlyne zwölf Meter über uns in der Gondel eine Skizze der Krone, während sie uns über Funk die Nummer nennt, die jede unserer Proben erhalten soll, damit diese auf ihrer Skizze genau eingezeichnet sind. Jede Probe wird sofort in einen mit Silicagel gefüllten Probenbeutel aus Kunststoff gesteckt, und damit ist für diesen Flug alles erledigt, was die Genetik betrifft. Das, was dieser Forschungsarbeit folgt, spielt sich in der Stille eines Labors der Harvard-Universität ab.

Was den biochemischen Teil unserer Arbeit an diesem Morgen angeht, fahren wir zunächst bis zum Rand von Parzelle 16, wo Gilles uns auf dem Boden erwartet. Anschließend müssen wir zunächst blühende Bäume ausfindig machen, denn sie sind die einzigen, die sich mit Sicherheit identifizieren lassen. Zum Glück fehlt es jetzt am Ende der Trockenzeit nicht an blühenden Bäumen, und das Kronendach ist mit bunten Flecken übersät. Wir sehen das Goldgelb einer Vochysiacee, das Rosa eines *Couma* und eine hohe Baumkrone, deren Äste mit blauen Blüten bedeckt sind, als würde der Wipfel von einer Lichtquelle im Inneren der Krone erleuchtet; dieser Baumwipfel voller Blütenstängel, den ich immer noch vor mir sehe, könnte auch der eines *Vitex* sein.

Grundsätzlich ist das Manöver einfach, und jede Handbewegung ist sorgfältig eingeübt und sitzt wie im Schlaf. Aus Sicherheitsgründen werden die Gespräche zwischen dem Pontondreieck und dem Pilotensitz sowie die Gespräche der Piloten untereinander über Funk im Basislager mitgehört. Das erlaubt es denen, die sich am

Boden befinden, beim Frühstück in groben Zügen etwas von dieser botanischen Übung mitzubekommen.

»Oh, Dany, die weißen Blüten da unten, hinter dem toten Baum, siehst du die?«

»Da, diese Margeritenart?«

»Nein, weiter weg, rechts von dem großen Baum, der eine Clusia mit großen weißen Blütenblättern trägt, sieht aus wie ein Brautstrauß.«

»Ach, die da? Die Art, die wir uns im Westen schnappen sollen?«

»Ja, richtig. Glaubst du, wir können da hinkommen?«

»Legen wir los. Jean, der Wind kommt aus Ostsüdost, der Wind kommt aus Ostsüdost.«

»Verstanden. Geh nicht tiefer! Du hast noch fünf Meter für das Leitwerk ...«

»Laurent, hast du diesen Ast voller Papageien gesehen? Ah, sie sind weggeflogen ...«

»Ich habe sie losfliegen sehen.«

Bei Gesprächen über den Wipfeln kommt es vor, dass das Schwergewicht bei zoologischen Themen liegt:

»Laurent, violette Blüten in hundert Meter Entfernung, genau im Westen.«

»Fahr hin, Dany, das scheint interessant zu sein.«

»Hör mal, schade, dass Dejean nicht da ist. Ich sehe einen Ameisenhaufen.«

»Dany! Da unten sind Riesenameisen. Ich gehe nicht dorthin, die werden mich fressen.«

»Laurent, es geht um die violetten Blüten!«

»Dieser Baum ist mit Ameisen übersät. Es ist schauerlich; ich muss etwas zurückgehen. Ich erzähle euch nichts von den Ameisen ...«

»Erzähl doch!«

»…«

»Sind das Blüten da im Osten?«

»Meinst du diese roten Dinger da? Nein, das sind Blätter.«

»Oh, da hinten sind Affen! Tolle Affen, seht doch nur die Affen! Es sind echte Affen, keine faulen Schafe.«

»Brüllaffen. Das sind bestimmt die, die uns heute Morgen geweckt haben.«

An dieser Stelle müssen sich die Mitglieder des Trupps mit einem Englisch sprechenden Sponsor auseinander setzen, der schwer zufrieden zu stellen ist, mit Dr. Grouse-Against:

»Achtung, Sprechprobe, eins zwei, eins zwei.«

»Es geht, ich höre dich einigermaßen. Es geht los.«

»Gut, Jean. Temperatur 37 Grad, Ortszeit sechs Uhr dreißig.«

»…«

»Dany, kannst du eine Runde über diesen großen roten Blüten in Nordnordost drehen? Er möchte einige haben, die sich schon weit geöffnet haben.«

»In Ordnung, machen wir.«

»We got it, we got it already.«

»Schon gut, schade.«

»Violette Blüten in dem Loch da, in Nordnordwest, hundert Meter Entfernung. Gilles, siehst du sie? Interessiert dich das?«

»Ja, das sieht aus, als könnten wir es gebrauchen.«

»Also, dann nichts wie hin.«

»We got it, we got it.«

»Vergiss es.«

»Da, genau Westnordwest, weiße Blüten, eine Art Buchsbaum, die ein wenig durchscheinend ist.«

»Diese weiße Kräuselung, ›we got it‹ schon, das ist der ›we got it‹-Standard.«

»Das muss eine ›wegotitacee‹ sein …«

Aber kehren wir zu unserem Sammeln von Proben auf den Bäumen zum Nutzen der Biochemie zurück. Wenn wir einen Baum erst einmal ausgewählt haben, und zwar nach seiner Zugänglichkeit und der wichtigen Höhe seiner Krone, schließt Dany die »Klappen« und macht sich die leichte Brise zunutze, um das Pontondreieck eine oder zwei Minuten lang mit dem Ziel in fester Verbindung zu halten; diese Zeit genügt, damit Olivier an einem Ast des Baums das äußerste Ende des Bandes befestigen kann, an dem der Sandsack hängt – ein einfacher Beutel aus rotem Stoff, beschwert mit einem Ballast aus Sand –, der dann auf die Erde geschleudert wird.

In dieser Zeit sammeln Rick und ich, bewaffnet mit einer Gartenschere und einer Säge, zwei oder drei Äste, vergewissern uns, dass sie mit vielen Blüten besetzt sind, und legen sie behutsam auf das Netz, und zwar unter die ringförmige Aufhängung des Pontondreiecks. Etiketten, die wir heute Morgen an Bord genommen haben, erlauben es uns, diese Äste mit der Nummer der Sandsäcke zu markieren.

Gilles, der die Verbindung zum Boden sichert, sagt, dass er diese Sitzungen mit den Sandsäcken interessant finde, immer vorausgesetzt, er bekomme den Sack nicht auf den Kopf: »Nach dem Ruf: Achtung, Sandsack!«, erzählt er, »durchzuckt ein roter Blitz das Unterholz, bevor er schwerfällig am Boden zerplatzt, wegen der Schwere des Sands, gelegentlich in einer Pfütze oder einem Schlammloch. Es ist ein Sandsack, der so eine zuckende Verbindung zwischen Pontondreieck und Erdboden herstellt. Diese simplen weiß-roten Bänder, die senkrecht angebracht werden, spiegeln den Geist unserer Mannschaft wider, nämlich die industriell hergestellten Dinge umzufunktionieren, die Koordinaten zu verschieben, kurz, auf den Bäumen zu wandeln.«

Dieser Sandsack wird es uns erlauben, den Baum wiederzufinden, in dessen Wipfel wir gerade Proben gesammelt haben. Die

Kletterer Moustapha und Thierry werden dort weitere Proben entnehmen – diesmal am unteren Ende der Baumkrone.

Ziel dieser zweifachen Probenentnahme an ein und demselben Baum ist es, die Richtigkeit der Hypothese zu prüfen, der zufolge der obere Teil der Baumkrone, der dem vollen Tageslicht ausgesetzt ist, mehr chemische Substanzen enthält, die für die Medizin potenziell nützlich sind, als der untere Teil, der im Schatten des Unterholzes liegt.

In der Praxis können viele unvorhergesehene Dinge dazwischenkommen und die Operation erschweren: So können wir sehen, dass der von uns begehrte Baum den unzweifelhaften Schutz eines großen Wespennests genießt; es kann auch vorkommen, dass der Sandsack nicht den Erdboden erreicht, oder es erweist sich, dass die Blüten nicht zu dem eigentlichen Baum gehören, sondern zu einer langen Liane, die einen Teil der Baumkrone bedeckt und deren Wurzel auf dem Erdboden schwer auffindbar ist; es kann auch sein, dass das Leitwerk sich in einem toten Ast verfängt und wir uns »schnellstens zurückziehen« müssen, wie es uns der Kopilot Jean verkündet.

Die Liste der Imponderabilien lässt sich fast unendlich fortsetzen: An diesem Morgen überzieht ein Gewitterschauer den Himmel im Nordosten, nachdem wir sechs Bäume abgeerntet haben. Dany hat es lange vor uns kommen sehen, denn wir steckten zwölf Meter tiefer mit dem Kopf im Laub; er trifft die Entscheidung, die sich aufdrängt, nämlich schnellstens umzukehren, und dies umso mehr, als wir gut zwanzig Minuten Fahrt vor uns haben, bevor wir wieder an unserer Basis eintreffen.

Laurent, der die Funkverbindung zwischen dem Gelände und dem Luftschiff sichert, wird von Dany gebeten, einen kleinen, mit Helium gefüllten Ballon steigen zu lassen, der uns die Windrichtung und die Windstärke anzeigen soll.

Die Rückfahrt ist schnell und friedlich; der Zeppelin fährt in sechzig Meter Höhe, während wir unten im Pontondreieck in Höhe der allerhöchsten Bäume fahren.

Der Rückflug

Ein magischer Augenblick: Die Arbeit ist erledigt, das Pontondreieck ist voll, und jetzt bleibt uns nur noch, das Kronendach zu bewundern. Die Palmen der Art *Euterpe* bilden in den bewaldeten Tälern Reihen üppiger Sterne. Am Boden einer senkrechten schwarzen feuchten Höhle glänzt das Wasser eines Flüsschens, das sich unterhalb des Walds dahinschlängelt; es riecht stark nach Humus. Neben uns taucht wie ein großer, ganz schwarzer Nachbar der Schatten des Luftschiffs auf, der sich, je nach dem Relief der Baumwipfel, entfernt oder näher kommt. Von der Kabine aus sehe das Pontondreieck wie ein Floß aus, das auf klarem und durchsichtigem Wasser dahintreibe und den Blick auf ein Korallenriff freigebe, wie uns Dany anvertraut.

Der Humusgeruch lässt nach und weicht Blumendüften: eine mächtige Duftwolke mit einem berauschenden und nach Moschus duftenden Unterton, dazwischen ein Windhauch von einer blühenden Eschweilera. Dann sehen wir die Reihe der Parasolbäume und die Startplane mit unseren Freunden auftauchen, die uns schon erwarten.

Als das große Dreieck aufsetzt, springen alle auf die Pontons, um es so lange am Boden festzuhalten, bis die Hülle des Luftschiffs sich abgekühlt hat und es möglich ist, das Metallkabel zu lösen, das uns mit der Gondel verbindet. Für das Pontondreieck ist die Reise damit beendet. Wir ziehen es in eine Ecke der Startplane. Es ist noch immer mit unseren Proben beladen. Wir lassen die Luft aus den Pontons, um zu vermeiden, dass das Ganze in der Mittagssonne explodiert. Die Biologen stürzen sich darauf, um zu sehen, was wir ihnen mitgebracht haben, wie sie es auch auf einem Forschungsschiff tun, wenn das Schleppnetz geöffnet wird.

Jetzt setzt auch die Gondel auf. Wir halten sie problemlos am Boden fest, da sie so gut wie gar nichts wiegt, um sie dann zu ihrem Parkplatz vor dem Butantank zu ziehen. Die Haltetaue erlauben es, das Luftschiff trotz des Passatwinds in der Achse der Plane zu halten, aber der Wind wird stärker, und so wird es allerhöchste Zeit, die Luft aus der Hülle zu lassen. Darlyne Murawski steigt strahlend aus der Gondel. Man sieht ihr an, dass sie noch ganz unter dem Eindruck der Bilder steht, die sie soeben gesehen hat. Das Gewitter hat sich übrigens verzogen, und die Sonne strahlt an einem klaren Himmel.

Gelegentlich erwischt uns ein Gewitterschauer, bevor wir die Zeit gehabt haben, die Luft aus der Zeppelinhülle zu lassen, worauf sich diese dann mit Tausenden von Liter Wasser füllt. So hatte sich der Ballon an einem Morgen im November 1996 an dieser Stelle in ein Schwimmbad verwandelt, und wir steckten im Inneren der Hülle und waren damit beschäftigt, dieses ganze Wasser hinauszuschaufeln, als wir Zeugen eines unwahrscheinlichen Anblicks wurden, der, um die Wahrheit zu sagen, vollkommen surrealistisch wirkte: Die große Bauchklappe öffnete sich, und dann sahen wir durch die Öffnung eine Reihe fröhlicher fremder und ... asiatischer Gesichter. Es war eine der Hmong-Gemeinden von Französisch-Guayana, die uns einen Besuch machte, und den ganzen Morgen halfen uns diese tapferen Leute dabei, die Schäden des Platzregens zu reparieren. Wir arbeiteten mit Schrubbern und Scheuerlappen.

Wenn trockenes Wetter herrscht, ist natürlich alles einfacher. Nach der Öffnung der Klappen sinkt das riesige bunte Luftschiff langsam in sich zusammen. Dann kommt es zu einer komischen Balgerei, nachdem die Hülle schlaff geworden ist und ziemlich lächerlich aussieht. Diejenigen, welche die Verschlüsse der großen Klappe auf der Unterseite des Leitwerks öffnen, werden von einem heißen, feuchten Wind von stickigem Geruch attackiert, der an ein türkisches Dampfbad und zugleich an schmutzige Füße denken lässt. Mir ruft er das Schwimmbad in der Avenue Ledru-Rollin in Erinnerung, das ich mit siebzehn Jahren besuchte.

Ein neuer Blick ins Innere, wo die Sonne die Farben aufleuchten und dank der Durchsichtigkeit in dem blauen Licht Silhouetten erkennen lässt, die sich im Inneren zu schaffen machen; ein seltsames Ballett des Bodenpersonals, das gegen das Spinnakertuch kämpft, das sich nur zögernd entleert. In der inzwischen intensiven Hitze beeilen wir uns, die Ausbuchtungen zu beseitigen und die Leitwerke platt zu drücken; als Nudelholz benutzen wir die roten Pontons des alten Floßes von 1986, die, man glaubt es kaum, allgemeine Heiterkeit erregten.

Jeden Tag bestätigt sich der Gegensatz zwischen der leicht gespannten Atmosphäre der Vorbereitungen beim Start und der offenen Fröhlichkeit beim Landen und Aufräumen. Das liegt daran, dass eine Fahrt in einem Luftschiff über einem tropischen Regenwald niemals ungefährlich ist; um sechs Uhr morgens haben wir die Risiken noch vor uns, um neun haben wir alles hinter uns und können uns entspannen.

Wir brauchen eine Stunde Arbeit, bis die Hülle nicht mehr ist als eine bunte Kunststoffrolle, die sich auf der Startplane entlangschlängelt; wir verschließen die große Rückenklappe, verschnüren diese riesige bunte Schlange mit Bändern, die von rund zehn Männern wie ein großer Haufen von Eingeweiden um die Gondel gewickelt wird. Dany nimmt es dann auf sich, jemanden hineinzustoßen, am liebsten ein junges Mädchen, damit die Stimmung den Höhepunkt erreicht. Unter einer glühenden Sonne krümmen sich alle diese so unterschiedlichen Menschen vor Lachen, was einem das Vertrauen in die Menschheit wieder ein wenig zurückgeben kann. Eine Hülle schützt die Gondel, eine andere schützt die Hülle vor den zu starken Sonnenstrahlen, die das Gewebe sonst schmelzen lassen würden; ein paar Zangen, um das alles zu befestigen, und dann ist es fertig und Zeit, unser Frühstück einzunehmen. »Mit Hunger im Bauch kehrt jeder mit der festen Absicht ins Lager zurück, seine sechs Baguettes mit Butter und Erdbeerkonfitüre in seinen dampfenden Kaffee zu tauchen«, wie es Jean-Louis Tripp (1992) mit dem Realismus dessen kommentierte, der das Ende einer unserer täglichen Fahrten miterlebt hat. Eine erfrischende Dusche und in dem angenehmen Morgenlicht einige Augenblicke, um einen smaragdgrünen Kolibri zu bewundern, der gerade die feuerroten Blütenkelche der *Isertia coccinea* aussaugt, oder aber den Flug eines *Morpho*, eines großen blauen Schmetterlings, der so überwältigend schön ist, dass im ganzen Lager alle Tätigkeit aufhört. Wir beobachten den unregelmäßigen Flug dieses intensiv blauen Schmetterlings, bis er verschwunden ist. Der Tag lässt sich gut an.

Das Leben im Lager

Es hat klimatische Gründe und hängt mit der Instabilität der Luft über dem Regenwald sowie der Wucht des Passatwinds zusammen, dass unsere Aktivitäten in der Luft jeden Tag gegen neun Uhr morgens beendet sein müssen. Gilles bricht für den Tag mit den beiden Kletterern Moustapha und Thierry in den Wald auf, um das Einsammeln der Proben von den Bäumen zu vervollständigen, die wir am Morgen aus der Luft besichtigt und mit Hilfe der Sandsäcke markiert haben. Die Aktivitäten im Lager sind vielfältig: Nach dem Bad in dem Flüsschen lesen manche in ihrer Hängematte, manche machen Fotos am Weg oder waschen ihre Wäsche. Außerdem stelle ich neben der Laborhütte eine intensive Tätigkeit fest.

Die Probensammlung dieses Morgens, die für das biochemische Programm bestimmt ist, wird aus dem Pontondreieck ins Lager gebracht, nach Arten geordnet und auf dem Rasen aufgereiht. Rick, Olivier, Dawn und ich widmen uns diesem Haufen belaubter Äste, an denen Blüten von unerwartetem Duft sitzen und Früchte in bizarren Formen; mit Gartenscheren bewaffnet, machen wir uns von einer Seite über die Blätter her, von der anderen über die Zweige, dann die Rinde, die Blüten und schließlich die Früchte. Als alles so nach Organen sortiert ist, werden die Früchte in weißen Baumwollsäckchen verstaut, etikettiert und zum Trocknen auf das Blechdach der Hütte gelegt, in der wir essen, dem direkten Sonnenschein ausgesetzt. Daneben legen wir ein Herbarium an; an diesem Morgen haben wir auf fünfzehn Bäumen und von sieben Lianen Proben entnommen, und die Arbeit, diese Muster in Probenherbarien anzulegen und sie so zu bezeichnen, dass man sie später auch identifizieren kann, wird uns bis zum Mittagessen beschäftigt halten. Es kommt vor, dass Besucher uns fragen, ob dieses Einordnen in Herbarien wirklich nötig sei. »Hat es einen Nutzen?«, fragen sie erstaunt. »Ist diese Arbeit nicht schon von den Forschungsreisenden am Ende des achtzehnten Jahrhunderts bewältigt worden? Wir treten jetzt in das dritte Jahrtausend ein, wieso dann noch weiterhin Herbarien anlegen wie Humboldt und Bonpland?«

Wozu dient ein Herbarium?

Ich glaube, dass dieses Erstaunen auf eine schwer wiegende Unterschätzung der Komplexität der tropischen Flora zurückzuführen ist. Wenn wir uns in Schweden oder Großbritannien befinden und der uns umgebende Wald nicht mehr enthielte als ein paar Dutzend Pflanzenarten, von denen mindestens zehn Bäume sind, wären diese tatsächlich schon seit langem gesammelt und eingeordnet worden. Doch wir befinden uns hier nicht in einer Region mit kalten Wintern; der Äquator ist nicht weit, und somit halten wir uns in einem Wald auf, dessen biologische Vielfalt[16] zu den umfangreichsten der Welt gehört. Diese Tatsache macht es möglich und sogar wahrscheinlich, dass die eine oder andere dieser Arten,[17] die wir an diesem Morgen gesammelt haben, noch nie zuvor in einem Herbarium gelandet ist. Wenn wir annehmen, dass eine Pflanzenart doch schon bekannt ist, kann man mit an Sicherheit grenzender Wahrscheinlichkeit davon ausgehen, dass sie mit Hilfe der »klassischen« Sammelmethode am Boden gewonnen worden ist. Vor dem Aufkommen der Forschung auf den Baumkronen war dies die einzige Methode, die man sich vorstellen konnte; die Proben, die sich in unseren heutigen Herbarien finden, sind folglich zwangsläufig schöner und vollständiger als alle, die – eventuell – zuvor angelegt worden sind.

Jeder wird leicht verstehen, dass es in einem äquatorialen Regenwald bei der Entnahme einer Probe von einer Pflanzenart unmöglich ist zu wissen, ob diese Art schon in der Vergangenheit erfasst worden oder ob sie für die Wissenschaft neu ist: Allein eine langwierige Untersuchung in den großen internationalen Herbarien[18] kann da Klarheit schaffen. Unterdessen gebietet es die elementare Vorsicht, in einem Herbarium nur die schönsten Proben jeder Art aufzubewahren, die man antrifft. Somit besteht die erste Funktion eines Herbariums darin, eine möglichst vollständige Sammlung aller Pflanzenarten der Welt anzulegen. Dieser Aspekt der »Sammlung« ist jedoch nicht der einzige; der Aspekt der Referenz, von Hinweisen und Verweisen auf anderes, ist ebenso wichtig. Die Proben, die wir heute Morgen für das biochemische Programm entnommen haben, lassen dies mühelos erkennen.

Gestehen wir uns ein, dass eine unserer Proben von heute Morgen durchaus eine chemische Substanz enthalten könnte, die in der

Medizin wirkliche Bedeutung erlangen kann; nehmen wir ferner an, dass ein Extrakt dieser Probe in der Lage wäre, pathogene Bakterien oder Krebszellen zu töten, ein für den Menschen gefährliches Virus unschädlich zu machen oder auch als Schutzschirm gegen ultraviolette Strahlung zu dienen. Eine Pflanze, die es möglich macht, ein Molekül von so offenkundiger Nützlichkeit zu synthetisieren, muss zum Gegenstand ergänzender Sammlungen gemacht werden; so sind beispielsweise einige Dutzend Kilogramm Blätter nötig, damit das fragliche Molekül extrahiert, gereinigt, analysiert, identifiziert und später synthetisiert werden kann. Man muss also diese Pflanze in dem Wald, in dem sie erstmals gesammelt worden ist, wiederfinden. Und erst damit gewinnt unser Probenherbarium seine volle Bedeutung und seinen wahren Wert. Es ist grau und unschön, es ist empfindlich und wurde in einem Blatt der Lokalzeitung getrocknet, nämlich mit Hilfe einer einfachen Technik, die sich in nichts von der unterscheidet, die Piton de Tournefort im siebzehnten Jahrhundert benutzte; trotzdem ist das Herbarium unsere einzige Verbindung mit der Pflanzenart, die dadurch, dass sie eine antibiotische, krebsbekämpfende oder virentötende Substanz hervorbringt, die Zukunft der Medizin ein wenig zu verbessern vermag. Es scheint nicht ausgeschlossen zu sein, dass diese Pflanze außerdem noch bei der Erhaltung der letzten tropischen Primärwälder eine Rolle spielen könnte; aber wir wollen nicht vorgreifen und kehren zunächst einmal in unser Lager zurück, über dem die Sonne im Zenit steht und die Mittagshitze steigen lässt, da es keinen Schatten gibt. Diese Hitze ist jedoch keineswegs übermäßig, denn der uns umgebende Wald spielt weiterhin seine Rolle als Verdunster, was die Luft erfrischt.

Plötzlich dringt der Duft von Pastis, Gemüsesuppe und gegrilltem Hähnchen zu uns herüber, wodurch wir brutal aus unserer Arbeit gerissen werden. Wir machen aber nicht einmal den Versuch zu widerstehen. In der Hütte, in der wir immer essen, hat Narcissia, die den Spitznamen Schneewittchen trägt, ein makelloses Gedeck aufgelegt. An den beschlagenen Karaffen, die sie gerade aus dem Kühlschrank geholt hat, bilden sich Tropfen, die uns das Wasser im Mund zusammenlaufen lassen. Die Brotscheiben sind fast knusprig, was in diesem feuchten Klima besondere Anstrengungen erfordert. Sämtliche Tropenforscher von beiden Seiten des Atlantiks werden bestätigen, dass man in den Lagern des Baumfloßes am besten speist; wir sind überzeugt, dass anhaltende Arbeit während zweier Monate unter schwierigen Bedingungen eine sorgfältige Ernährung erfordert; das ist unsere Art der Reaktion auf die ungeheure und wilde Präsenz des uns umgebenden Regenwalds; einfacher ausgedrückt, wir sind Franzosen und lieben es, gut zu essen. Wir sind übrigens nicht die Einzigen, der Geschwindigkeit nach zu urteilen, mit der die sechs am Tisch vertretenen Nationalitäten ihre Teller leer essen; ganz im Kontrast zu den gängigen Vorstellungen beeinträchtigt ein heißes Klima nicht den Appetit.

Mit dem Arzt und dem Fotografen, einem Fernsehteam, den Wissenschaftlern, einigen Mitgliedern des Technikerteams und einer kleinen Gruppe von Besuchern sind wir dreißig bei Tisch, eine Zahl, die wir übrigens gewohnt sind; das Kronendach lockt Menschen aus der ganzen Welt an. Es macht mir Vergnügen, den Dialogfetzen zuzuhören:

»... usually I kill each insect caught, to check the pollen it bore. The observation period ...«

»Joep, könntest du mir bitte den Senf reichen?«

»... wohlgemerkt, diese somatischen Veränderungen ergeben sich zufällig, und es gibt keinerlei Grund zu der Annahme, dass sie identisch sind mit ...«

»... extrafloral nectary glands are extremely frequent: they occur on 60 % of species found in clearings and 40 % of species from the canopy.«

»... op de helft van de hoogte, ongeveer 20 meter, stop ik voor een ogenblik om wat te drinken. Stel je voor, ik laat mijn veldfles van mijn handen vallen ...«

»Hör mal, kennst du den von dem homosexuellen Gorilla?«

Nach dem Käse und zwischen Obstsalat und Kaffee und Zigarren erinnert jemand an Gilles, Moustapha und Thierry, die den Tag im Wald verbringen; wir stellen uns vor, dass sie gerade irgendwo im Unterholz auf umgestürzten Baumstämmen sitzen und damit beschäftigt sind, Tunfischstücke, Cracker und lauwarme Cola zu teilen. Sind sie zu bedauern? Ich glaube nicht; das Wetter ist schön, und der Wald muss bei dem strahlenden Sonnenschein und dem Passatwind ein großes Wunderwerk voller Vogelgesang und Schmetterlingen in lebhaften Farben sein. Ich glaube, dass mehrere von uns sie beneiden; unsere Freunde sind dort, wo sie gern sind, und morgen werden wir an der Reihe sein.

Ein ruhiger Nachmittag. Dany und Jean bereiten auf der Startplane die morgige Fahrt vor; mit Hilfe eines alten Seils hat Gilles eine Planke an einem umgestürzten Baumstamm befestigt, der uns als Brücke über das Flüsschen dient: Das ermöglicht es, mit großer Geschwindigkeit zu surfen, ohne sich von der Stelle zu bewegen; Francis sitzt mit einer Tasse Tee vor sich und redigiert sein Bordjournal.

Die Wissenschaftler verbringen den Nachmittag im Labor. Die Proben werden analysiert, in Herbarien gesteckt, studiert, sortiert. Auf einer Seite stehen Beutel, Dosen, Flakons, Tüten aus kräftigem

Papier. Dann wird das Ganze etikettiert und nummeriert; auf der anderen Seite eine Menge von Überresten, die den Boden bedecken, Blätter, Insekten, zerknülltes Zeitungspapier, Tesafilmfetzen und eine ungeheure Menge Holz. Der Fußboden eines Feldlabors ist ein wenig wie der Boden in einem tropischen Regenwald: Was nicht mehr zu gebrauchen ist, fällt hinunter.

Die Sonne geht in den Tropen schnell unter und immer um die gleiche Zeit. Im Lager spielt sich das Leben in einer relativen Kühle ab; man hört das Zusammenprallen der Boulekugeln in der Nähe der kleinen Kantine; dann werden die Duschen zu einem Treffpunkt, wo man sich angenehm unterhält. Der Pastis steht schon kalt, als die nächtlichen Geräusche einsetzen.

Nach dem Essen – das ist schon zur Tradition geworden – halten wir eine wissenschaftliche Konferenz ab, die der »Vorsitzende« mit mehreren Schlägen einer Holzstange auf ein Fass mit Dieselöl eröffnet. In unserer Palaverhütte oder *boukarou* findet sich ein buntscheckiges und vielsprachiges Publikum ein. Einer der Forscher erklärt, was ihn an dem Kronendach interessiert, was er hier tun will und wie seine ersten Ergebnisse aussehen. Für Jörg, der an Malaria erkrankt ist, zeichnen wir die Konferenz, die Fragen und die Scherze auf.

Whisky und Zigarillos; Insekten umschwirren die Scheinwerfer, verbrennen sich die Flügel und landen tot auf dem Tisch oder im Diaprojektor. Die Stimmung ist herzlich; ich habe in meinem Leben schon viele wissenschaftliche Konferenzen miterlebt, aber diese hier sind die lebhaftesten, offensten und lustigsten.

Wahrscheinlich sind sie auch die fruchtbarsten. Natürlich funktioniert die Wissenschaftsgemeinde reibungslos, wenn sie sich wie hier bei einem Thema von gemeinsamem Interesse zusammenfindet, wenn Vertreter verschiedener Disziplinen und Kulturen da sind, von denen sich jeder in seiner eigenen Sprache äußern kann, wenn alle außerhalb hierarchischer Zwänge und ohne Konkurrenzdenken, Nationalismus und erzwungene Strukturen zusammenarbeiten. Ich bin nicht der Einzige, der diese Freiheit und diese Toleranz zu schätzen weiß, die in der täglichen Wissenschaftspraxis so selten sind: Hier gibt es keine anonymen Prüfungsausschüsse, keine grauen Eminenzen, keine sprachliche Hegemonie, keinen intellektuellen Totalitarismus oder arrogantes Elitedenken, keine ins Absurde getriebene Spezialisierung. Kommen Ihnen diese Behauptungen übertrieben pessimistisch vor? Aber wie hat Yvan Audouard gesagt: »Wenn ein so friedlicher Typ wie ich, der mit so großer Begeisterung an alles herangeht, wie ich es noch immer tue, sich Mühe geben muss, all diese Dinge zu ertragen, zeigt das, dass die Situation ernster ist, als man glaubt.«

Wenn die tropischen Regengüsse uns nicht zwingen, unsere an den Seiten offene Palaverhütte zu verlassen, lauschen wir jeden Abend irgendeinem der Wissenschaftler, mal einem Botaniker aus Kalifornien, einem Schweizer Aromaforscher, einem Fledermausexperten, der Mitglied des INRA ist, oder einem Entomologen vom British Museum. Ich stelle mir vor, dass schon die Athener in der Herzlichkeit und Offenheit der mediterranen Nacht Sokrates oder Aristoteles so gelauscht haben.

Doch jetzt ist es an der Zeit, dass ich darüber berichte, was aus den Proben der Bäume geworden ist, die wir im Verlauf der heutigen Fahrt gesammelt haben. Damit wird erneut eine entscheidende Frage angesprochen, nämlich die wissenschaftliche und praktische Zielsetzung der Erforschung des Kronendachs der tropischen Regenwälder.

Forschungsarbeiten auf dem Kronendach

»Hegel vertrat die Ansicht, die Pflicht des Gelehrten bestehe nicht nur darin, sein Wissen mitzuteilen, sondern er müsse es auch anziehend und sogar poetisch gestalten, da allein die Dichtung, wie er hinzufügte, die Erzieherin der Menschheit sein könne.«

Jean-Claude Guillebaud

»… Grenouille besaß zwar in der Tat die beste Nase der Welt, sowohl analytisch als auch visionär …«

Patrick Süskind

Das Spektrum der Forschungsarbeiten

Welche wissenschaftlichen Disziplinen beschäftigen sich mit dem Studium des Kronendachs der tropischen Regenwälder, welche Fachrichtungen profitieren von den neu gewonnenen Erkenntnissen unserer Expeditionen?

Wenn man an die Bedeutung des Lebens in diesen oberen Stockwerken des Regenwalds denkt, fallen einem natürlich sofort Zoologie und Botanik ein. Aber diese beiden Begriffe sind zu umfassend; außerdem genügen sie nicht, denn auch andere Disziplinen interessieren sich für das Kronendach. Aber wie viele? Wie hätten wir uns vor fünfzehn Jahren, als wir mit unserer Arbeit begannen, vorstellen können, dass sich Vertreter von mehr als fünfundzwanzig Disziplinen vom tropischen Regenwald angezogen fühlen würden?

Aeorologie	Aromatologie
Bioklimatologie	Biologie der Blüten
Biomechanik	Biophysik
Bryologie	Kartografie
Waldökologie	Entomologie
Evolutionslehre	Floristik
Genetik	Herpetologie
Flechtenkunde	Mammologie
Medizin	Mikrobiologie
Morphologie und	Architektur der Pflanzen
Mykologie	Ornithologie
Palynologie	Parasitologie
Pharmakologie	Pflanzenphysiologie
Phytochemie	Radiometrie
Virologie	

Um das alles ein wenig konkreter zu machen, möchte ich einige der Wissenschaftlergruppen vorstellen, die mit uns im Kronendach zusammengearbeitet haben, und dabei auf die wichtigsten Dinge hinweisen, die ihre Forschungsarbeit bestimmt haben.

Wie es sich gehört, muss alles mit einer Untersuchung des Klimas beginnen. Das Klima des Unterholzes kannten wir schon sehr gut und wussten auch, dass das Klima im Kronendach stark davon abweicht, doch es war unbedingt notwendig, diese Unterschiede zu erkennen und zu bestimmen. Die Bioklimatologen spielen folglich beim Beginn dieser Forschungsarbeiten eine entscheidende Rolle.

Bioklimatologie und Aerologie

Warum Bioklima und nicht einfach Klima? Weil der tropische Regenwald ein Ort ist, an dem das Leben von ausschlaggebender Bedeutung ist. In großer Höhe, auf einem Ozean oder inmitten einer Wüste beziehen sich die Messungen direkt auf das allgemeine Klima. Doch dieses wird stark durch den Einfluss von Lebewesen verändert, wenn es sich um einen Wald handelt. Was man dann misst, ist in diesem Fall ein Kompromiss.

Jacques Roy, Denise und Jean-Louis Salager vom Centre d'Ecologie des CNRS in Montpellier, dann eine Gruppe von Forschern aus den USA, George Koch von der Stanford University, Jeffrey Amthor von Woods Hole und Michael Goulden von der Harvard University, haben auf dem Baumfloß in vierzig Meter Höhe verschiedene Messinstrumente installiert: Radiometer, Psychrometer, Thermohygrometer, Thermometer und ein Luftanalysegerät. Die benachbarten Bäume wurden mit Messsystemen ausgerüstet, die den Luftaustausch zwischen den Blättern und der Atmosphäre messen.

Ein wesentliches Ergebnis drängt sich sofort auf: Die unterschiedliche Luftfeuchtigkeit musste der ökologisch bestimmende Faktor in Höhe des Kronendachs sein. Tatsächlich: Während die relative Luftfeuchtigkeit nachts bei 100 Prozent liegt – der Regenwald liegt folglich im Nebel –, fällt sie um die Mittagszeit auf 40 Prozent, wenn sonniges Wetter herrscht. Diese Wetterbedingungen, die sozusagen denen in der Sahara entsprechen, haben zur Folge, dass viele Bäume in eine wahre »Mittagsdepression« verfallen: Statt aus der starken mittäglichen Sonneneinstrahlung Nutzen zu ziehen, reduzieren sie ihre Photosynthese oder unterbrechen sie sogar ganz. Somit drängt sich nach und nach das Bild von einem Kronendach auf, das zwischen elf und fünfzehn Uhr unter der starken äquatorialen Mittagssonne einschläft.

Der Luftaustausch zwischen dem Wald und der Atmosphäre ist schon von einer Forschergruppe des Max-Planck-Instituts in Mainz beschrieben worden, die von Meinrat Andreae geleitet wird und zu der Jürgen Kesselmeier, Franz Meixner und Aitelo Ajavon gehören.

Es ist diese Forschergruppe, die auf dem Floß die schwerste Ausrüstung installiert hat, einen Metallbehälter von etwa 80 Kilogramm Gewicht. Dieser enthält ein Analysegerät, mit dem sich die gasförmigen Emissionen verschiedenster Essenzen aus dem Laub der Bäume messen lassen. Ein riesiger afrikanischer Baum, *Sacoglottis gabonensis*,[19] verströmt folglich in Höhe des Kronendachs eine Reihe schwefliger Gase, die als umweltverschmutzend gelten: Schwefelwasserstoff, Dimethylsulfid, Methyl-Merkaptan etc. Natürlich ist die Vorstellung eigenartig, dass tropische Bäume sich an der Luftverschmutzung beteiligen; aber das sollte uns nicht beunruhigen, weil die fraglichen Mengen sehr gering sind – und weil die Gruppe der Aerologen aus Mainz uns im Übrigen eine neue wohltätige Rolle des Waldes enthüllt hat, nämlich seine Verbindungen mit dem Ozon.

Ozon, O_3, dieses bläuliche Gas mit dem eigenartigen Geruch, der an den eines Lichtbogens erinnert, ist biologisch nicht direkt wirksam, aber wir wissen alle, dass das Vorhandensein von Ozon in der oberen Erdatmosphäre uns vor ultravioletten Strahlen schützt, die genverändernd und Krebs erregend sein können. Was den Ozongehalt der Luft angeht, gibt es im tropischen Regenwald einen täglichen Rhythmus; dieser Gehalt ist während des Tages am stärksten und senkt sich in der Nacht ab, nämlich aufgrund von Ozonablagerung auf dem Kronendach. Das ist eine Realität, die sich die Schützer der tropischen Regenwälder zunutze machen sollten.

Die Darstellung auf der gegenüberliegenden Seite vermittelt einen abstrakten Eindruck von der Bioklimatologie des Kronendachs im Vergleich mit dem Unterholz.

Sprechen wir jetzt von Lebewesen, die das Kronendach bewohnen; packen wir den Stier bei den Hörnern, und wenden wir uns direkt dem Kern der biologischen Vielfalt zu.

Ich habe schon die Pionierarbeiten von Terry Erwin von der Smithsonian Institution bei der Zählung der Insektenfauna in einem tropischen Kronendach erwähnt. 1982 hatte Terry Erwin die geschätzte Zahl der weltweiten biologischen Vielfalt von 3 auf 30 Millionen Arten erhöht. Inzwischen ist es erwiesen: Der Planet Erde wird im Wesentlichen von Insekten im tropischen Kronendach bevölkert!

Unter diesen Umständen kann es nicht erstaunen, dass sich seit 1986 annähernd vierzig Entomologen aus zwölf Nationen auf dem Baumfloß abgewechselt haben. Hier ist es mir aus nahe liegenden Gründen natürlich unmöglich, alle zu zitieren, aber ich werde Yves Basset, Henri-Pierre Aberlenc und Gérard Delvare erwähnen, die für einen Regenwald in Kamerun nachgewiesen haben, dass 75 Prozent der dort lebenden Insekten in Höhe des Kronendachs zu finden sind. Es handelt sich vor allem um Insekten, die sich auf das Leben in den höheren Bereichen der Bäume spezialisiert haben und niemals auf den Boden herunterkommen. Die gleiche Forschergruppe hat ein Ergebnis erarbeitet, das paradox zu sein scheint: Während drei Viertel der Insekten in der Höhe leben, werden die Schäden an den Blättern, die durch Pflanzen fressende Insekten verursacht werden, am Boden, das heißt im Unterholz, eindeutig größer. Diesbezügliche Hinweise sind schon von meinem Kollegen Nigel Stork 1988 veröffentlicht worden. Die Übereinstimmung der Ergebnisse dieser verschiedenen Untersuchungen hat mehrere Jahre später einen starken Einfluss auf meine eigenen Forschungsarbeiten gehabt.

Diese Studie über den »durch Pflanzenfresser ausgeübten Druck« ist von Margaret Lowman, Robin Foster, Philip Whitman und Bruce Rinker fortgeführt worden, diesmal aber mit Forschungsarbeiten im Regenwald von Französisch-Guayana. Sie tragen mit interessanten Angaben über die Lianen bei: Diese stellen in Höhe des Kronendachs veritable Brücken zwischen den Bäumen dar, die somit für eine Vielzahl zwar Pflanzen fressender, jedoch flugunfähiger Insekten zugänglich werden. Es ist schon eigenartig: Die Lianen werden nur halb so oft von Pflanzen fressenden Insekten attackiert wie die Bäume, die ihnen Halt bieten. Profitieren sie von biochemischen Schutzmechanismen, die wirksamer sind als die der Bäume? Diese Frage sollte von Biochemikern genauer studiert werden.

Jedoch nicht alle Insekten sind Pflanzenfresser, vor allem diejenigen nicht, die den Menschen angreifen, sich von seinem Blut ernähren und ihm gelegentlich auch Parasiten injizieren. Die Forschungen in medizinischer Entomologie sind von François Noireau vom IRD, Odile Bain vom Musée de Paris und verschiedenen Kollegen vom Institut Pasteur in Paris durchgeführt worden, nämlich von Paul Brey, Léon Rosen, Philippe Mauclère und Antoine Gessain. Sie studieren die Insekten, die als Zwischenwirte die Erreger schwerer Tropenkrankheiten beherbergen, etwa die Phlebotomen, blutsaugende Schmetterlingsmücken, welche die Leishmaniose übertragen, die Mücken, welche Erreger der Gattung *Plasmodium* beherbergen, einzellige Lebewesen, die Malaria erregen können, ebenso aber auch Träger von Arboviren sein können, ferner die Tsetsefliege, welche die Schlafkrankheit überträgt, Bremsen der Gattung *Chrysops*, welche Loa loa übertragen, den Erreger der Filarienkrankheit.

Dank eines jungen Schimpansen, den uns benachbarte Dorfbewohner überlassen hatten und den sie auf das Baumfloß klettern ließen, konnten unsere Ärzte eine schöne Entdeckung machen: Die gleiche Art, *Chrysops dimidiatus*, konnte einen Affen im Kronendach während der Nacht stechen und einen Mann während des Tages auf dem Erdboden. Es hatte den Anschein, dass Affe und

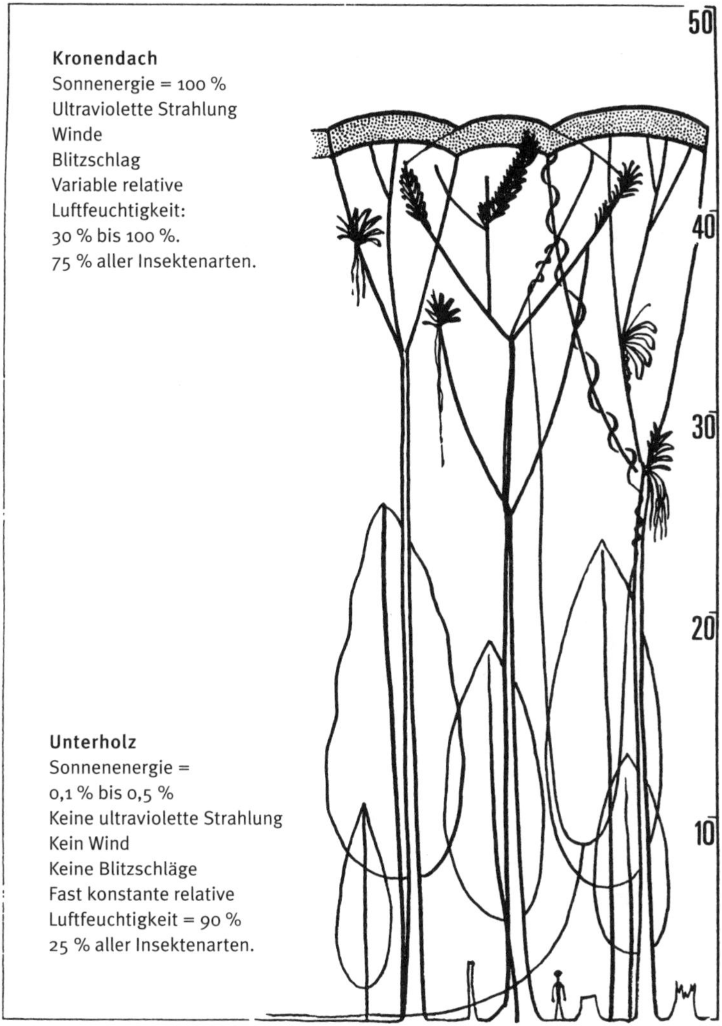

Der ökologische Kontrast zwischen Kronendach und Unterholz im feuchten tropischen Primärwald.
Rechts: Höhenangabe in Metern.

Mensch mit der gleichen Filariose angesteckt wurden und dass der Affe auch als Wirt von Fadenwürmern angesehen werden kann, eine Hypothese, welche für die Weltgesundheitsorganisation WHO von Interesse sein sollte.

Ein Pfad in Afrika

Afrika hält für seine Besucher erstaunliche Überraschungen bereit.

Im August 1991 bereiteten Roland Fourcaud und ich die Expedition nach Kamerun vor. Das Vorhaben sollte am 15. Oktober dieses Jahres beginnen. Die Logistik musste in dieser ersten Phase erledigt werden: Wir mussten Material einkaufen, Personal einstellen, bestimmte Arbeiten delegieren, Fahrzeuge ausprobieren. Damit waren wir Tag für Tag beschäftigt.

Am 15. Oktober fuhren wir auf einem Waldweg drei Kilometer vom Lager entfernt in Richtung des benachbarten Sägewerks, das uns mit Holz beliefern sollte. Am Rand des Pfads gab ein Wanderer uns Zeichen. Erstaunt darüber, an einem so unbewohnten Ort einen Menschen zu sehen, hielten wir an. Elysée (das war der Name des Mannes) stieg zu uns ein.

»Seid ihr die Weißen aus Mamelles?«[20]

»Ja.«

»Es geht um den Affen.«

»Welchen Affen?«

»Man will von mir einen Affen mieten, hier ist das Tier.«

Da machte Elysée seinen Sack auf, und zum Vorschein kam ein Schimpanse.

Wir waren von diesem spontanen Angebot überrascht und hörten uns an, wie der Mann die Vorzüge seines Tiers anpries. Da wir einen Affen nicht wirklich mieten mussten, dankten wir Elysée für sein Angebot, bevor wir ihn an der nächsten Kreuzung absetzten.

Mehr als zehn Tage später, nach der Rückkehr nach Douala, las ich ein Fax, das Olivier Pascal vor einem Monat aufgesetzt hatte. Zu den Aufgaben von Olivier, der unter anderem für die wissenschaftliche Koordination zuständig war, gehörte es unter anderem, die Anforderungen von Ausrüstung und wissenschaftlichem Material zusammenzufassen, welche die künftigen Teilnehmer an der Expedition geschickt hatten. Zwischen einer Kältemaschine und zehn Kilo Silikagel finde ich den Hinweis, dass das Institut Pasteur einen Affen suchte, um Bremsen der Gattung *Chrysops* anzulocken, um somit deren Zahl im Kronendach bestimmen zu können.

Der Vorschlag Elysées war also durchaus begründet gewesen und schien auf dieses Fax zurückzugehen.

Das Problem, das sich jetzt stellte, bestand also nicht nur darin, die Zahl der *Chrysops* im Kronendach zu bestimmen, sondern zu erfahren, wie es Elysée möglich gewesen war, diese Information im tiefsten Busch von Kamerun zu erhalten.

Ich habe mehrere Monate dazu gebraucht, um diese Nachforschungen anzustellen. Ich richtete zahlreiche Anfragen an Douala, Campo, N. Kuelon und Akok.

Hier nun das Ergebnis:

– Das auf meine Veranlassung aus Frankreich von Olivier Pascal geschickte Fax kam irrtümlich bei unserem Sponsor in Kamerun an, Elf Serepca;

– Der zuständige Postbeamte musste dieses Fax lesen, um den Empfänger zu bestimmen und es uns zukommen zu lassen.

– Der zuständige Postbeamte erhielt somit von den Anforderungen Kenntnis und insbesondere von dem Wunsch des Institut Pasteur bezüglich des Affen.

– Zufällig ist der zuständige Postbeamte in diesem selben Augenblick bei seiner Schwägerin einem Fahrer des Sägewerks von Campo begegnet, der, wie sich herausstellte, der Vetter der Schwiegermutter Elysées ist.

Daraus zog ich den Schluss, dass die Information seit Douala auf diesem Weg weitergegeben wurde. Elysée zögerte nicht eine Sekunde, sich auf den Weg nach Mamelles zu machen, weil er davon ausging, wir wären tatsächlich schon in Afrika angekommen. Und das, obwohl er eine Strecke von mehr als 30 Kilometern vor sich hatte und es höchst unwahrscheinlich war, dass er uns begegnete!

G. Ebersolt

Aber die wichtigste Insektengruppe habe ich noch gar nicht erwähnt, nämlich die Ameisen. Sie sind sämtlich Fleischfresser und suchen, jagen, töten und verspeisen bewegliche Beutetiere, häufig andere Insekten. Übrigens stellen sie eine solche biologische Macht dar, dass sie die Arbeit der »Myrmekologen« rechtfertigen, der Ameisenforscher. Dies sind Entomologen, die sich auf das Studium der Ameisen spezialisiert haben. Die Gruppe der Myrmekologen ist festgefügt, treu und leidenschaftlich: Alain Dejean, Doyle McKey, David Olson, Paul R. Ngnegueu, Bruno Corbara, Jérôme Orivel, Suzanne Lewis und noch einige andere.

Im Unterholz sieht man sie, wie sie, mit winzigen Staubsaugern bewaffnet, damit beschäftigt sind, verfaulte Baumstämme aufzubrechen und Pflanzen zu suchen, die in Symbiose mit den Ameisen leben – so genannte Myrmekophile (ameisenfreundliche Pflanzen). Auf dem Kronendach begeistern sich unsere Ameisenforscher für die Nester, die ihre teuren Insekten dort erbauen, und für die unwahrscheinlichen landwirtschaftlichen Leistungen, die sie zwischen Himmel und Erde vollbringen, nämlich mit den »Ameisengärten«.

Im tropischen Amerika bauen in Kolonien lebende Ameisen der Art *Camponotus* Nester, kugelrunde Gebilde, die sie aus gekauten Pflanzenabfällen zusammenfügen und mit Erde mischen. Deren Größe reicht von der Größe einer Orange bis zu der eines Luftballons.

Die Ameisen tragen Samen mehrerer Pflanzenarten in ihre Nester, wo sie sie vermutlich mit ihren Eiern vermischen; neben einer Art der berühmten Gattung Philodendron finden wir auch die Samen von Pflanzen aus den Familien der Pfeffersträucher, von Maulbeerbäumen, *Saintpaulia, Datura* sowie von Kakteenarten. Diese Samen sind nicht zufällig gesammelt worden, sie sind vielmehr in einem anderen, schon früher angelegten Ameisengarten »abgeerntet« worden; es handelt sich also um eine besondere Flora, der man nur in den Ameisengärten begegnet. Diese Samen keimen, und die jungen Pflanzen schlagen in dem Material Wurzeln, das beim Bau des Nestgartens verwendet worden ist.

Welche Vorteile ziehen die Camponotus nun aus der Ausübung dieser merkwürdigen Landwirtschaft?

Denkbar ist, dass die großen Philodendron-Blätter das Nest vor Auswaschung durch Regenfälle schützen; wahrscheinlich ist, dass alle diese Pflanzen mit Hilfe des Netzes, das ihre miteinander verwobenen Wurzeln bilden, den kleinen Erdnestern oben in den Bäumen erst die nötige Stabilität verleihen, damit sie den heftigen tropischen Regenfällen standhalten können; es steht fest, dass die Ameisen einen Teil ihrer Nahrungszufuhr aus dem Sammeln des Nektars sowie den Früchten beziehen, welche die Pflanzen ihres Gartens hervorbringen. Wie dem auch sei: Sie widmen ihren Pflanzen große Sorgfalt.

Haben nun die Ameisen selbst entscheidende Bedeutung für die Biologie der tropischen Regenwälder? Ja, sagen jedenfalls Hölldobler und Wilson (1996),[21] und zwar sei das auf ihre außergewöhnliche Vielfalt zurückzuführen – die beiden Autoren nennen dreiundvierzig Ameisenarten auf einem einzigen Baum des peruanischen Regenwalds –, aber ebenso aufgrund ihrer ungeheuren Biomasse. In einem schönen Primärwald macht das Trockengewicht aller Ameisen viermal so viel aus wie das aller darin lebender Wirbeltiere, selbst wenn in diesem Wald Elefanten und Büffel heimisch sind.

Wie schön es auch wäre, mehr davon zu erzählen, sehe ich mich jetzt doch gezwungen, diese kurze Darstellung der Insekten im Kronendach zu beenden; gleichwohl lege ich Wert darauf, dass man diese Insekten nicht unterschätzt. Wie steht es mit der Entomologie der Tropenwälder? Ein riesiges Forschungsgebiet, das eine astronomische Zahl von Lebewesen umfasst; eine Realität, mit der verglichen die Leistungen, auf die der Mensch so stolz ist, zwangsläufig klein erscheinen. Die größten Banken der Welt, die namhaftesten Finanzinstitute, die Börse von New York nehmen sich neben der Entomologie des Kronendachs der tropischen Regenwälder wie einfache, erst seit vor kurzem vorhandene und überdies sich wiederholende und fantasielose Systeme aus, jedenfalls langweilig wie jedes System, dessen biologische Vielfalt gering ist.

Ein Abstecher in die menschliche Biologie

Ich muss gestehen, dass ich die Wall Street kaum kenne, da sie mir immer wie eine Art Park vorkam, in dem sich seriöse Leute mit kindischem Zeug beschäftigen; ich weiß aber sehr wohl, dass die Wall Street nichts von der Schwindel erregenden Pracht an sich hat, die wir der entomologischen Fauna des tropischen Kronendachs zuschreiben, ihrer danteschen Ausstrahlung, ihrem irrlichternden Funkeln.

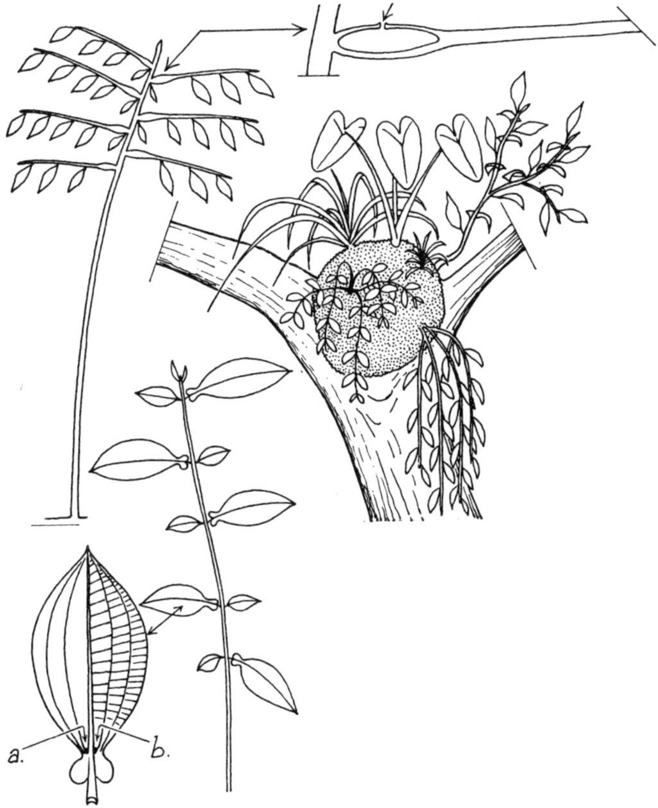

Symbiose zwischen Pflanze und Ameise
Oben links ein kleiner Baum aus den Wäldern Zentralafrikas, *Barteria fistulosa*. Der Ansatz der Äste ist ausgehöhlt und wird von Ameisen bewohnt.
Oben ein Detail der Höhlung, in der die Ameisen der Art *Pachysima aethiops* leben. In der Mitte ein Zweig der *Tococa guianensis*, die zur Gattung der Melastomaceen gehört. Die großen Blätter haben an der Basis zwei Hohlräume mit Ameisen. A und B weisen auf die Öffnungen hin, durch welche die Ameisen ein und aus gehen.
Rechts ein »Ameisengarten« in der Krone eines Baums. Die Ameisen bauen dort fünf verschiedene Pflanzenarten an.

Ihr guten Leute von der Wall Street, ihr braven Bankiers und Finanziers, starrt ihr nur weiterhin auf den Dow Jones und transferiert weiter euer Kapital, macht so weiter zwischen Parkplatz und Büro, zwischen flackernden Bildschirmen und dringenden Akten, das monotone Dasein zu führen, zu der das Leben in einem System mit nur einer Art verdammt – vor allem wenn es sich dabei um eine Primatenart handelt. Ihr solltet zumindest wissen, dass dort nicht das wahre Leben ist, das sich woanders abspielt, weit weg von euch. Ihr sollt auch wissen, dass eure Vettern, die anderen Primaten, viel mehr davon haben als ihr.

Welche Bedeutung diese Insektenpopulationen auch haben mögen, die oben in den Baumkronen leben, wie groß auch die Faszination sein mag, die sie auf Naturforscher ausüben, so muss man doch anerkennen, dass ihre Rolle im Kronendach zwangsläufig der der Pflanzen untergeordnet ist, die sie tragen, schützen und – zu einem großen Teil – auch ernähren. Ein Kronendach in einem tropischen Regenwald besteht schon definitionsgemäß aus Pflanzen, nämlich aus Baumkronen oder Lianen, aus Epiphyten oder Parasiten. Jetzt ist der Augenblick gekommen, diese Pflanzen vorzustellen, die das Kronendach bilden. Beginnen wir mit den eindrucksvollsten unter ihnen, den Bäumen. Weil die Lianen die Bäume als Stützen brauchen und sich nicht leicht von ihnen trennen lassen, werden wir sie parallel vorstellen.

Die grössten aller Lebewesen

Ich erinnere zunächst daran, dass dies die größten Lebewesen sind, welche die Erde je getragen hat. Die tropischen Bäume bilden zusammen ihr Kronendach in 35–45 Meter Höhe, aber einige von ihnen erreichen sogar 50–60 Meter, gelegentlich noch mehr. Aber aufgepasst: Wenn man von der Höhe eines Baums spricht, ist damit

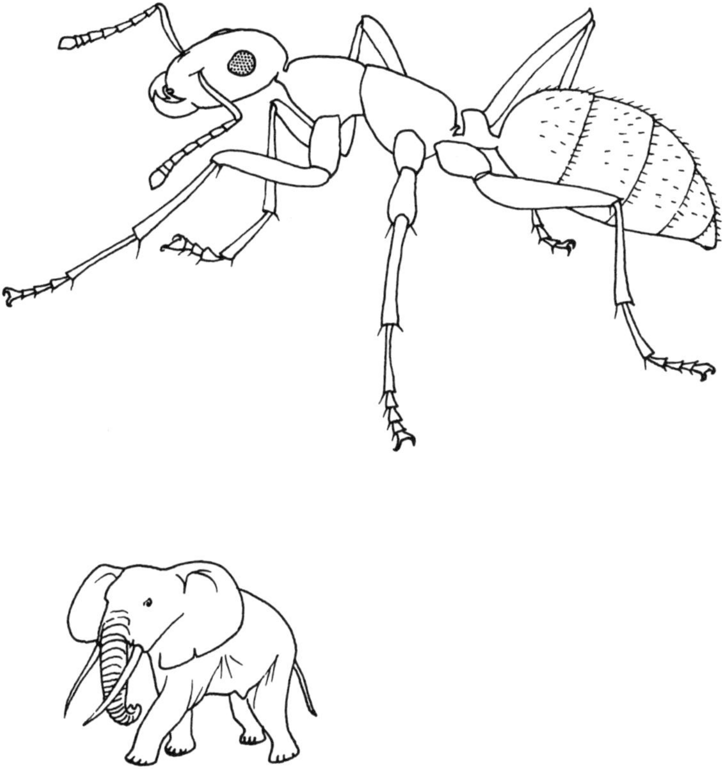

Prädominanz der Ameisen
Im feuchten tropischen Regenwald ist das Trockengewicht der Ameisen ungefähr viermal größer als das der auf dem Boden lebenden Wirbeltiere. Dieser Gegensatz wird hier durch die jeweiligen Größenverhältnisse einer Ameise und eines Elefanten schematisch dargestellt.

nur seine Höhe über dem Erdboden gemeint. Wenn man die Wurzeln mitzählen will, muss man noch rund zehn Meter hinzufügen. In Bodenhöhe kann der Durchmesser gewaltig werden und über dem Wurzelwerk zwei Meter überschreiten. Wer die Stadt Montpellier in Südfrankreich kennt, wird eine Vorstellung davon haben, wenn er an die beiden Säulen denkt, die den Baldachin stützen, der den Portalvorbau der Kathedrale Saint-Pierre überragt.

Die Lianen sind sehr viel länger als die Bäume, denn sie können eine Länge von bis zu 300 Metern erreichen. Es ist möglich, bleibt aber noch zu beweisen, dass bestimmte Lianen der Gattung *Entada*, die zur Familie der Mimosen der Côte d'Azur gehören, bis zu 1000 Meter lang werden können.

Wer das Kronendach verstehen möchte, muss sich zunächst vor Augen führen, wie Lianen und Bäume sich in einem Zustand permanenter Dynamik befinden. Handelt es sich um bewegliche Organismen? Mark Moffett von der Universität Berkeley und häufiger Teilnehmer an den Expeditionen des Baumfloßes, bejaht diese Frage. Er ist der Autor einer bemerkenswerten Vision von einer beschleunigten Entwicklung des Waldes,[22] und er wird es mir nicht übel nehmen, wenn ich hier Anleihen bei ihm mache.

Im Gegensatz zu Tieren erscheinen uns Pflanzen, so Moffett, unbeweglich, doch es wäre naiv zu glauben, dass sie das wirklich sind. Wir sollten uns diesem Anthropozentrismus verweigern, der uns daran hindert, über unseren gewohnten Zeitmaßstab hinauszusehen. Stellen wir uns einen großen tropischen Regenwald vor, der dunkel und still ist, in dem sich aber trotzdem vielfältiges Leben regt; ein Lichtschacht weist auf das Loch im Kronendach hin, das der Sturz eines großen Baums hinterlassen hat, und auf dieser durch Windbruch entstandenen Lichtung fällt es leichter, etwa in Mannshöhe unzählige junge Bäume und Lianen zu beobachten, die in vollem Wachstum begriffen sind.

Was ist es, was sich in dieser Landschaft bewegt? Natürlich die Tiere, einige Vögel, einige Insekten, Schmetterlinge beispielsweise. Mit ein wenig Geduld könnte es passieren, dass wir einen Affen herumklettern oder ein Flughörnchen vorübersegeln sehen. Während dieser Zeit scheinen die Pflanzen reglos zu sein; dennoch, wenn man sich bemüht, ist es möglich, das spiralförmige Wachstum einer lebenskräftigen Liane zu beobachten, denn diese wächst so schnell, wie der Minutenzeiger einer Uhr sich weiterbewegt.

Stellen wir uns vor, es wäre uns möglich, die Geschwindigkeit des Zeitablaufs mit hundert zu multiplizieren: Eine Minute dieser beschleunigten Zeit entspricht demnach etwas weniger als zwei Stunden unserer gewohnten Zeit. Die Tiere sind jetzt zu schnell, um deutlich wahrgenommen werden zu können, während die Bewegungen der Pflanzen, die in Wahrheit ein Wachstum sind, sichtbar werden. So kann man mit bloßem Auge erkennen, wie die Stiele dem Himmel entgegenstreben, wie sich junge Blätter öffnen, wie Lianen sich um Bäume wickeln und die Wurzeln eines »Baumwürgers«, der in der Krone eines großen Baums gekeimt ist, dem Erdboden entgegenwachsen. Aber all das bleibt noch recht gemächlich.

Multiplizieren wir noch einmal die Geschwindigkeit des Zeitablaufs mit hundert: Dann entspricht eine Minute Beobachtung also ein wenig mehr als acht Tagen. Die Tiere sind nur noch in Gestalt eines kurzen Aufblitzens wahrzunehmen. Was sich jetzt aber bewegt, sind die Pflanzen. Man nimmt mühelos die Kraft wahr, mit der sie sich auf das Licht im Kronendach stürzen; man nimmt auch den Konkurrenzkampf wahr, in dem sie einander wechselseitig behindern: Man sieht deutlich, wie in einem australischen Zeichentrickfilm,[23] den ich sehr liebe, wie die Wurzeln des Baumwürgers zu einem Netz zusammenwachsen und sich langsam um den Baum legen, der ihn trägt. Während das Wachstum so zu einer ungeheuren Quelle von majestätischen Bewegungen wird, entwickeln sich

Blüten und Früchte so schnell, dass wir sie nicht anders wahrnehmen können als in Gestalt kurzer Farbblitze: Die Sexualität der Pflanzen hat den gleichen Zeitmaßstab wie die Tiere und wir.

Eine weitere Beschleunigung mit hundert: Unsere Beobachtungsminute umspannt jetzt zwei Jahre. Die Tiere sind verschwunden, ausgelöscht durch ihre Beweglichkeit. Die Bewegung der Pflanzen jedoch, wenn sie im Unterholz einigermaßen ruhig bleibt, neigt dazu, in den höheren Stockwerken, die heller erleuchtet sind, ein wenig rasanter zu werden. Die Lianen bekämpfen sich in einer Art wildem Getümmel, senken sich mit den sie stützenden Ästen, um dann wie Pfeile nach oben zu schnellen. Die Hauptäste der großen Bäume stürzen sich heftig zum Himmel empor, während die Wurzeln des Baumwürgers sich unerbittlich um den Stamm des sie tragenden Baums legen und ihn ersticken.

Eine weitere Beschleunigung, und unsere Minute wird zu zwei Jahrhunderten. Nun wird wiederum die Bewegung der Pflanzen zu schnell, um klar wahrgenommen zu werden, aber was jetzt erscheint, ist die Ökologie des Waldes in voller Aktion. Der Baumwürger erdrosselt den ihn tragenden Baum, und dieser bricht zusammen.

Ökologie in Aktion

Überall erreichen junge Bäume das Kronendach und explodieren dort wie Feuerwerkskörper in Kronen mit Hauptästen, werden größer, altern und werden mit Epiphyten überzogen, bevor sie selbst umstürzen und neue Waldlichtungen bilden, die schnell von Pionierbäumen und Lianen überwuchert werden. In drei Minuten verheilen diese durch Windbruch entstandenen Lichtungen, und andere Bäume stürzen um und halten somit im Wald eine Art Mosaikstruktur aufrecht.

Unsere Vorstellung von dem, was ein Baum wirklich ist, hat sich im Laufe der Zeit zutiefst verändert. In den 1960er Jahren wurden Bäume, etwa von dem Mathematiker René Thom,[24] als Extreme in der Komplexität angesehen, und zwar so sehr, dass wir ihre Formen nicht mehr analysieren können.

Die darauf folgenden Arbeiten über die Architektur der Bäume etablierten die Vorstellungen von einem »architektonischen Modell« und der »Wiederholung«: Die Krone eines Baums bildet demnach eine »Kolonien«-Struktur – in dem Sinne, wie man diesen Begriff verwendet, um ein Korallenriff zu beschreiben –, deren wesentliche Bestandteile, die den Polypen beim Korallenriff entsprechen, Tausende architektonischer Einheiten sind, die durch einen Wiederholungsmechanismus auseinander hervorgehen, wie mein Freund Oldeman, Professor an der Universität von Wageningen, diese Wiederholung getauft hat.[25] Unsere Arbeiten von damals litten unter einer tief greifenden Beschränkung: Sie wurden vom Erdboden aus durchgeführt.

Die entscheidende Neuerung ist der direkte Zugang zum Kronendach. Adrian und Allison Bell, Trevor Dines, Daniel Barthélemy, Patrick Blanc, Bernard Chanson, Meryem Fournier, Peter Gleissner und andere haben sich diese neuen Möglichkeiten zunutze gemacht, um eine Reihe von Arbeiten durchzuführen, die bis dahin aus technischen Gründen nicht möglich gewesen waren. Sie können folglich an Ort und Stelle das Wachstum der peripheren architektonischen Einheiten studieren, die durch die Wiederholung gebildet werden, ihre Formen, die Art ihrer Verästelung, ihre Blüte ebenso wie die parasitären Beziehungen, welche diese Einheiten miteinander verbinden.

Man kann sich die Aufregung der Forscher vorstellen, die sich bis dahin damit zufrieden geben mussten, Proben zu sammeln, die zu Boden gefallen waren, oder aus der Ferne mit Hilfe von Ferngläsern und Teleskopen zu arbeiten. Plötzlich waren ihre Studienobjekte mit Händen zu greifen. Es ist die gleiche Aufregung, die ein Ozeanograf erlebt, der sich jahrelang damit hat begnügen müssen, die Lebewesen, die ihn interessieren, entweder auszubaggern oder mit Netzen ans Tageslicht zu befördern, der sie schließlich aber mit Hilfe des Tiefseetauchgeräts in ihrem Biotop beobachten kann. Es ist schwierig, anderen diese Aufregung zu vermitteln, aber jeder, der selbst solche Forschungen durchgeführt hat, weiß, was ich damit sagen will.

Die Tatsache, dass die großen Bäume eine Kolonien bildende Architektur haben, hat eine recht eigenartige Konsequenz zur Folge, die noch immer vollständig unerklärt ist, nämlich die »Kronenschüchternheit«.

Kronenschüchternheit

Viele Baumarten sind nicht schüchtern: Ihre Kronen berühren sich, durchdringen einander, und die Äste beider Kronen verwachsen miteinander, wie die Natur es will. Cosimo Piovasco di Rondo, der Baron auf den Bäumen, musste diese Bäume lieben, die es ihm erlaubten, sich mühelos von der Toskana nach Katalonien zu begeben. Dafür dürfte er die schüchternen Bäume kaum zu schätzen gewusst haben, die ihren Nachbarn nicht berühren; zwischen zwei einander nahen Baumkronen kann man das Vorhandensein eines »Schüchternheitsspalts« von etwa 50 Zentimeter Breite feststellen. Der Begriff »Kronenschüchternheit« (englisch *crown-shyness*) ist zwar anthropomorph, beschreibt aber gut die Situation. Steineichen und Pinien sind Beispiele »schüchterner« europäischer Bäume; in den Tropen findet man diese Schüchternheit bei bestimmten Arten, die zu den Gattungen der Rosazeen, Vochysiaceen, Dipterocarpaceen etc. gehören.

Eine Forschergruppe des Instituts zur Erforschung der Pflanzenbiologie in Montréal mit Denis Barabé, Alain Coglistro und Michel Labrecque zeigt, dass die Kronen der Bäume – zum Teil dank der Schüchternheit – ein Netz aus aneinander angrenzenden Vielecken zeichnen, dessen Geometrie, die im Großen und Ganzen dem empirischen Gesetz von Aboav-Weaire entspricht, durch Gesetze der Physik kontrolliert wird und nicht durch biologische Zwänge.

Aber die Schüchternheit drückt sich nicht allein zwischen den Bäumen aus: Wenn ein schüchterner Baum groß und alt genug ist, stellt sich die Schüchternheit unter den peripheren architektonischen Einheiten ein, die seine Krone bilden und somit übrigens deren Koloniennatur bestätigen.

Die Kronenschüchternheit ist von Patrick Blanc in Kamerun studiert worden, von Ralph Darius in Französisch-Guayana und schließlich von Virginie Rohr und Guillaume Segala in Gabun. Die beiden letztgenannten Forscher haben es unternommen, die Hypothese zu prüfen, ob es zwischen schüchternen Baumkronen zu einer Art Austausch von Nachrichten durch Austausch gasförmiger Substanzen kommt. Sie hievten zwei mit Membranen ausgestattete Staubsauger in die Krone einer Dipterocarpacee hinauf, die in der Lage waren, flüchtige Moleküle einzufangen. Die Unsicherheit bei dieser Forschungsarbeit: Die Temperatur im Kronendach hat in der Sonne 50 Grad Celsius erreicht, und die Staubsauger sind geschmolzen. Die Kronenschüchternheit bewahrt ihr Geheimnis; aber unsere Entschlossenheit ist nicht in der Sonne geschmolzen, und bei der nächsten Operation werden wir uns verstärkt dieser Frage zuwenden, die uns stark fasziniert.

Es ist übrigens nicht die einzige Frage, die uns am Herzen liegt. Die Tatsache, dass der Baum so etwas wie eine Kolonie darstellt, wirft ein anderes Problem auf, das diesmal aber etwas mit Genetik zu tun hat. Es handelt sich um ein Problem von großer Tragweite.

Es scheint geeignet zu sein, unsere Vorstellung von dem, was Bäume sind, und von dem Platz, den sie unter den anderen lebenden Organismen einnehmen, von Grund auf zu verändern.

Genetik

Das Genom ist in jeder einzelnen Zelle eines Organismus enthalten und in den Nukleinsäuren kodiert. Es stellt die Summe aller Informationen dar, die etwas mit der Entwicklung dieses Organismus zu tun haben – vom Ei bis zum Erwachsenen – sowie seinem Funktionieren in allen Abschnitten seines Lebens. Man versteht also mühelos, dass es in diesem Organismus nichts anderes gibt, was von so grundlegender Bedeutung ist wie ein Genom.

Diese Definition verdient es jedoch, verändert zu werden, je nachdem, ob der fragliche Organismus ein Tier oder eine Pflanze ist. Beim Tier – einer Ratte, einem Seehund, einem Schmetterling oder einem Menschen – ist das Genom in Raum und Zeit stabil. Das bedeutet, dass die Zellen, die unsere Füße bilden, exakt das gleiche Genom enthalten wie die Neuronen unseres Gehirns: so weit die räumliche Stabilität. Der Fötus, der wir einmal gewesen sind, und der Greis, der wir einmal sein werden, verfügen ebenfalls über das gleiche Genom: Darin sehen wir die zeitliche Stabilität. Warum diese doppelte Stabilität? Der Hauptgrund ist bei Tieren wie bei Menschen das wachsame Vorhandensein eines Immunsystems, das jede Zelle vernichtet, deren Genom infolge einer Mutation nicht mehr zur individuellen Norm passt. Es kommt nur höchst selten vor, dass Zellen dieser Überwachung durch das Immunsystem entkommen. Und beim Tier ist die räumliche und zeitliche Stabilität des Genoms die Regel.

Die Pflanzen scheinen dieser Regel nicht unterworfen zu sein; vor allem die Bäume müssten Genome ohne diese räumliche und zeitliche Stabilität besitzen, denn ihre embryonalen Zellen, die überwiegend in Höhe der Baumkrone angesiedelt sind, scheinen Genome zu besitzen, denen diese räumliche und zeitliche Stabilität fehlt, weil ihre Embryonalzellen, die überwiegend in Höhe der Baumkrone angesiedelt sind, einer mutagenen, ultravioletten Strahlung ausgesetzt sind und über kein wirkliches Immunsystem verfügen.

Das ist die Hypothese, die meine Kollegin Darlyne Murawski und ich 1986 im Kronendach des Regenwalds von Paracou in Französisch-Guayana untersuchen wollten. Die Proben, die wir in der Krone eines großen gelben »Saint-Martin«-Baums gesammelt hatten, wurden von Darlyne nach ihrer Rückkehr ins Genetiklabor der Harvard-Universität einer Genomstudie unterzogen. Die Nukleinsäure wird den Proben entnommen und gereinigt; dann werden ihre Bestandteile markiert, damit sie erkennbar werden, anschließend mit Hilfe einer Polymerase verstärkt, bevor sie mittels Elektrophorese ihrer Größe nach geordnet und mit UV-Strahlen sichtbar gemacht werden. Diese Methode erlaubt es, die Genome der verschiedenen Äste des Baums zu vergleichen, und das Ergebnis ist eindeutig: Unser gelber »Saint-Martin«-Baum enthält mehrere erkennbar verschiedene Genome, die nicht zufällig verteilt, sondern für jeden seiner Hauptäste kennzeichnend sind. Ein anderer Baum, die echte Akazie, führte zu den gleichen Ergebnissen. Damit dürfte die genetische Vielfalt in ein und demselben Baum, zumindest bei bestimmten Baumarten, als erwiesene Realität gelten können. Ich habe Darlyne Murawskis Bescheidenheit in ihrem 1998 veröffentlichten Bericht angesichts dieser aufregenden Entdeckung bewundert: »Es ist mir nicht gelungen«, sagt sie, »nachzuweisen, dass ein Baum nur ein einziges Genom enthält.«

Seit 1998 macht die Idee von der genetischen Variabilität in einem Baum weitere Fortschritte. Der Baum ist nicht mehr nur eine Kolonie von architektonischen Einheiten, sondern auch eine Kolonie von Genomen. Für mich stellt dies ein neues Paradigma dar, das die Forschungsarbeiten über das Genom der Pflanzen am Anfang des 21. Jahrhunderts wahrscheinlich neu ausrichten wird.

Und was haben uns die Lianen zu erzählen? Wie schaffen es diese Pflanzen, die über kein festes Gerüst verfügen, ins Kronendach hinaufzugelangen, um sich im Verlauf ihres Aufstiegs zu verästeln und ihre »Krönchen« in den Wipfeln mehrerer benachbarter Bäume unterzubringen?

Die Glanzleistungen der Lianen

Ich habe schon darauf hingewiesen, dass die Lianen die längsten Pflanzen des Regenwalds sind und besser als die Bäume Pflanzen fressenden Tieren widerstehen. Guy Caballé, Thierry Coudurier, Bruno Bordenave, Marian Kazda und Jörg Salzer entdecken bei ihnen andere Überraschungsmomente; beispielsweise dass ihr Vordringen in drei Dimensionen inmitten einer Waldparzelle für den, der es zu lesen versteht, wertvolle Hinweise auf die Entstehungsgeschichte dieser Parzelle liefert.

Doch zunächst ein Wort über die Morphologie dieser Lianen, deren starke Persönlichkeit die Biologen fasziniert. Für das Hinaufklettern verfügen sie über bemerkenswerte Vorrichtungen, um sich festzuhalten. Diese können von Art zu Art verschieden sein. Bei manchen sind es im Zickzack verlaufende kleine Zweige oder Schlingvorrichtungen, Saugnäpfe, Geißeln mit Widerhaken, Ranken, Haare, die denen eines Klettverschlusses ähnlich sind, Korkenzieher etc.

Andererseits haben sie auch ein Handicap: Sie besitzen so gut wie keine mechanische Festigkeit, weil sie im Gegensatz zu den Bäumen nicht viel in ihr Festigungsgewebe investiert haben. Auf den ersten Blick fällt das nicht auf; diese dicke Liane von 30 Zentimeter Durchmesser sieht einem harten und starren Baumstamm zum Verwechseln ähnlich. Wenn man sie in die Hand nimmt, stellt man überrascht fest, dass ihr Holz geschmeidig und biegsam ist; man könnte sie mühelos hin und her bewegen und so eine Welle erzeugen, die man langsam ins Kronendach hinaufsteigen sieht, wo sie dann an einem bestimmten Punkt umkehrt und zu einem zurückkehrt.

Mangels einer ausreichenden mechanischen Starrheit kann eine Liane sich nicht allein senkrecht in eine Höhe von 20 bis 30 Metern begeben, vom Erdboden bis zum Kronendach, und auch horizontal keine Distanz von 10 bis 15 Metern zurücklegen, die den sie stützenden Baum von benachbarten Bäumen trennt. Und dennoch scheinen die Lianen diese Art von Glanzleistungen zu vollbringen, wie man sie bei Seitenansichten von Wäldern sieht: Sie scheinen bis ins Kronendach hinaufzusteigen und dann von einem Baum zum nächsten hinüberzuklettern.

Das Paradoxon klärt sich auf, wenn man sich bewusst macht, dass die Liane nichts weiter tut, als die verschiedenen Ereignisse widerzuspiegeln, die das Leben der sie tragenden Bäume gekennzeichnet haben; natürlich kann sie sich nicht allein in die Lüfte erheben, ist aber durchaus fähig, den Baum im Verlauf von dessen Höhenwachstum zu begleiten; natürlich ist sie nicht in der Lage, allein große waagerechte Strecken zurückzulegen, aber sie hat es vor einigen Jahren verstanden, sich einen Ast zunutze zu machen, um den Raum zu überwinden, der zwei Baumkronen voneinander trennt; anschließend hat sie überdauert, weil dieser Ast sich zurückgebildet hat, nachdem er infolge des Wachstums des die Liane stützenden Baums zu einem tieferen Ast geworden ist. Die Liane bildet also eine dieser großen hängenden Schlingen, die es Tarzan erlauben, sich mit Anmut von Baum zu Baum zu schwingen.

Zeichnet eine Liane eine Spirale im leeren Raum? Sie tut nichts weiter, als den Tod und das Verschwinden eines Baums sichtbar zu machen, der ihr irgendwann einmal als Stütze gedient hat; somit erlaubt das »Lesen« des Vordringens der Lianen, die regionale Entwicklungsgeschichte des Waldes zu erkunden.

Eine darauf abgestimmte Technologie vermittelt eine Ahnung davon, wie diese Pflanzen funktionieren. Indem er am Erdboden um eine große Wasserliane herum eine Wärmequelle anbringt sowie Messfühler im Kronendach, kann Guy Caballé vom Botanischen Institut der Universität Montpellier ein »thermisches Defizit« feststellen, das in einem direkten Zusammenhang mit dem Mangel an Saft steht. Er stellt fest, dass die »Krönchen« der Liane sehr schnell auf Klimaschwankungen reagieren, wie sie auf dem Kronendach herrschen: Wenn eine Wolke vorübergleitet, verringert sich der Mangel an Saft. Diese Empfindlichkeit ist übrigens umso überraschender, als die Lianen von der »Mittagsdepression« nicht betroffen zu sein scheinen: Ihre Photosynthese funktioniert auch um die Mittagszeit, wenn die Luft trocken ist.

Marian Kazda und Jörg Salzer von der Universität Ulm fügen diesen Erkenntnissen noch ein wichtiges Detail hinzu. Die Lianen, die wenig in die Festigkeit ihres »Stamms« investieren, sind gleichermaßen sparsam, was die mechanische Stütze ihrer Blätter angeht. Bei diesen handelt es sich wie bei den Stämmen um den sparsamen Umgang mit Kohlenstoff, dem Grundelement, das den Bäumen ihre Festigkeit verleiht. Die Blätter der Lianen, die weniger Kohlenstoff enthalten als die der Bäume, sind dafür reicher an Stickstoff, was mit einer aktiveren Photosynthese einhergeht, einer größeren Fähigkeit, sich an unterschiedliche Lichtverhältnisse anzupassen, was insgesamt ein größeres Durchsetzungsvermögen ergibt, als man es bei den die Lianen stützenden Bäumen feststellen kann.

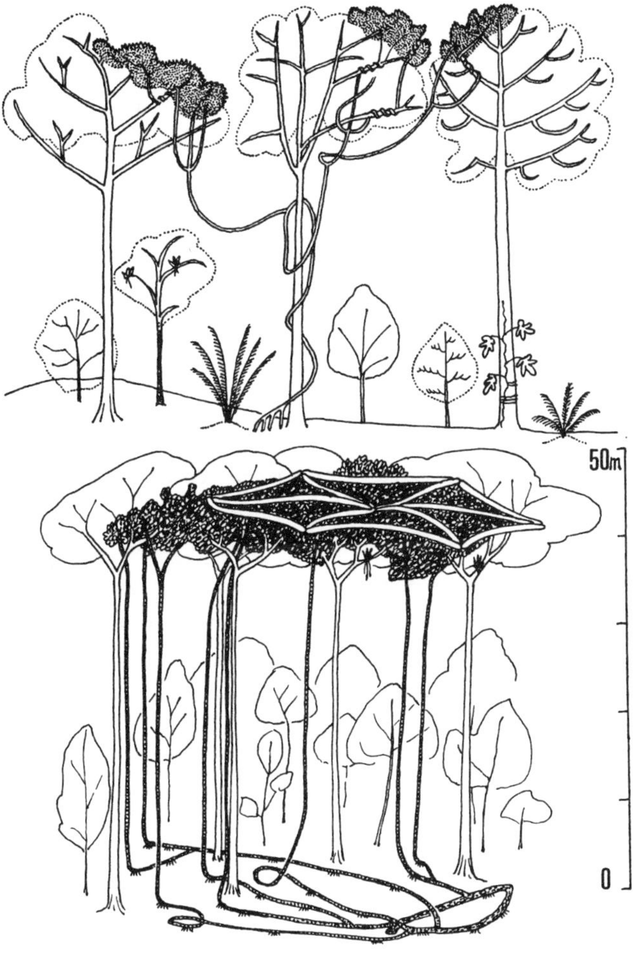

Die Glanzleistungen der Lianen
Oben: In Französisch-Guayana richtet sich die Liane *Odontadenia puncticulosa* aus der Gattung der Apocynazeen in den Kronen von drei benachbarten Bäumen ein. Nach Bordenave (1990). Unten: In Kamerun vereinigt die Liane der Art *Combretum* unter einem gemeinsamen Kronendach acht senkrechte Stiele von 40 Meter Höhe. Nach Caballé und anderen (1992).

Die Glanzleistungen der Lianen erstrecken sich – das werden wir später noch sehen – auch auf den Bereich der Biochemie; aber das ist ein ungeheures Forschungsgebiet, mit bedeutsamen theoretischen und praktischen Implikationen. Um uns dem Thema zu nähern, wie es sich gehört, sollten wir zunächst ein wenig Rückschau halten.

Biochemie, eine Untersuchung

Die auf den vorhergehenden Seiten vorgelegten Ergebnisse zeigen mehrere eigentümliche Tatsachen, die auf den ersten Blick nichts miteinander zu tun zu haben scheinen: Das Kronendach ist einer ultravioletten Strahlung ausgesetzt, die in den tropischen Breitengraden besonders intensiv ist; drei Viertel aller Insekten – wohlgemerkt die Pflanzenfresser – leben im Kronendach, und trotz dieser Konzentration in den oberen Stockwerken der Baumkronen macht sich der Druck der Pflanzenfresser im Unterholz am stärksten bemerkbar; die Lianen werden halb so oft attackiert wie die Bäume, obwohl man erwarten sollte, dass ihre Blätter, die stickstoffreicher sind als die der Bäume, für die Pflanzenfresser eine besonders begehrte Nahrung darstellen.

Diese Tatsachen machen mich neugierig. Ein Botaniker weiß, dass bestimmte Pflanzen biochemische Virtuosen sind und dass ihre biochemischen Ressourcen in Gestalt sekundärer Metaboliten[26] ihnen erlauben, Raubinsekten abzuwehren. Ebenso ist bekannt, dass diese »biochemischen Abwehrmechanismen« der Pflanzen kostbaren Molekülen entsprechen, die in der Medizin wichtige Anwendungsmöglichkeiten finden können. Wir wissen, dass hier ein großes Anwendungsfeld der Zukunft liegt.

Eine Durchsicht der Fachliteratur liefert mir eine Reihe ergänzender Informationen. Ich erfahre so, dass es zwei Arten von Waldpflanzen gibt, denen »biochemische Abwehrmechanismen« fehlen; einmal Pflanzen, die im Unterholz leben und nie von starker direkter Sonneneinstrahlung erreicht werden, zweitens handelt es sich um Pioniergehölze, die zwar viel Licht erhalten, aber die gesamte Energie, die ihnen zugeführt wird, in ein schnelles Wachstum investieren. In der wissenschaftlichen Literatur erfahre ich auch, dass die Lianen im Gegensatz zu den Pflanzen im Unterholz und Pioniergehölzen durch hoch entwickelte und verfeinerte biochemische Barrieren besonders gut geschützt sind; schließlich erfahre ich in mehreren experimentellen Arbeiten, dass zahlreiche Pflanzen im Fall eines Angriffs durch Pflanzenfresser – Insekten oder Säugetiere –, insbesondere aber viele Bäume, sofort damit reagieren, dass sie starke biochemische Abwehrmechanismen aktivieren, welche die Räuber vertreiben.

Die Bibliographie hält Überraschungen bereit. Dank Bruno Corbara, der gerade von einem postdoktoralen Studienaufenthalt in Japan zurückgekehrt ist, erhalte ich japanische Veröffentlichungen, die im Westen nur wenig bekannt sind und sich mit der Nutzung von Heilpflanzen durch ... Affen beschäftigen! Je nach Art der Krankheit, die sie befallen hat, wählen diese Tiere als Medikament die Blätter vom Fuß eines Baums oder die vom Wipfel. Haben sie demnach – vor uns! – begriffen, dass das Kronendach besondere medizinische Eigenschaften haben kann, die anders sind als die des Unterholzes? Diese »traditionelle Medizin« der Affen ist, wie ich glaube, das Stück, das diesem wissenschaftlichen Puzzle noch gefehlt hat. Heute scheint alles so weit geklärt zu sein, dass man in Bezug auf die chemische Schichtung des äquatorialen Regenwalds eine Hypothese formulieren könnte, aber – so lautet das Gesetz auf diesem Feld – diese Hypothese muss, wohlgemerkt, allen beobachteten Tatsachen Rechnung tragen und zu Vorhersagen führen.

Prüfen wir, ob das möglich ist.

Die Aktivierung biochemischer Abwehrmechanismen durch einen Baum im äquatorialen Regenwald erfolgt in zwei Etappen. Solange der Baum im Unterholz noch jung ist, befindet er sich in einer dunklen und besonders von ultravioletter Strahlung freien Umgebung. Die gesamte Energie, über die er verfügt, ist auf das Höhenwachstum orientiert; infolgedessen wird er nur wenig »chemische Abwehrmechanismen« haben und trotz der relativen Seltenheit Pflanzen fressender Insekten relativ vielen Attacken durch Raubinsekten ausgesetzt sein.

Die Erreichung des Kronendachs bedeutet für unseren Baum, dass er sich in einer neuen Umgebung ansiedelt, die weit brutaler ist und von der Intensität der Lichtstrahlen und der ultravioletten Strahlen ebenso beherrscht wird wie durch die starke Konzentration Pflanzen fressender Insekten. Seine ausladende Krone profitiert von einer verstärkten Photosynthese, während sein Höhenwachstum sehr viel langsamer wird, ja fast ganz aufhört. Somit ergibt sich ein ungeheurer Energieüberschuss, der nun für die Aktivierung »chemischer Abwehrmechanismen« genutzt wird, und zwar gegen ultraviolette Strahlung und Raubinsekten zugleich.

Was die Lianen betrifft, die wenig in ihre mechanische Widerstandsfähigkeit investieren und deren Blätter reich an Stickstoff sind, so laufen diese Gefahr, zum Gegenstand von Begehrlichkeiten zu werden. Somit wird verständlich, dass sie über starke biochemische Abwehrmechanismen verfügen.

Kann es sein, dass die Kronenregionen der äquatorialen Regenwälder bislang verkannte medizinische Ressourcen bergen, von denen sich aber vorhersagen lässt, dass sie riesig sein müssen, da sie mit der größten biologischen Vielfalt der Welt verbunden sind?[27] Muss die pharmazeutische Industrie von nun an nicht auf dieser Ebene nach neuen Molekülen suchen, die zur Entwicklung neuer Medikamente führen können?

Ich möchte dem Leser die intensive intellektuelle Erregung vermitteln, die mit dem Auftauchen einer neuen Idee Hand in Hand geht. Die unabweisbare Notwendigkeit, diese Idee zu prüfen, erweckt eine Kraft, von der ich gern Zeugnis ablegen möchte; an diesem Rausch der Forschungsarbeit möchte ich den Leser teilhaben lassen.

Sobald die Hypothese einmal aufgestellt ist, bleibt noch eine Menge zu tun: Man braucht eine Finanzierung für eine neue Expedition in die Kronenregionen; es muss ein vorläufiges Protokoll erstellt und eine Bodenmannschaft zusammengestellt werden, damit alles gelingt. Da ich selbst kein Biochemiker bin, musste ich mich auch der Zusammenarbeit mit einem spezialisierten Labor vergewissern. Ich hatte das Glück, die Hilfe von Guy F. Reinaud in Anspruch nehmen zu können, des Präsidenten und Generaldirektors von Pronatura International, der mir sein unvergleichliches Netz von Verbindungen in der Welt der pharmazeutischen Industrie zur Verfügung gestellt hat. Am 12. Oktober 1995 habe ich meine Hypothese im medizinischen Forschungszentrum von Glaxo-Wellcome in Stevenage (Großbritannien) formulieren können. Ich sprach vor einer Gruppe von Vertretern wichtiger Unternehmen der Pharmaindustrie und der Agrochemie, vor Vertretern von Hoechst, Bayer, Zeneca, Rhône-Poulenc Rorer, Smith Kline Beecham und Glaxo-Wellcome.[28] Man müsste noch eine Firma hinzufügen, die sich auf Parfüms und Aromen spezialisiert hat, Givaudan-Roure.

Dank der Finanzmacht, die dieses Auditorium darstellt, waren die notwendigen Gelder leicht zusammenzubekommen. So konnte im Jahr darauf in Französisch-Guayana am Standort Paracou eine neue Operation stattfinden. Für das biochemische Programm hatte ich mich der Unterstützung von Rick Cannell vergewissert, eines

Biochemikers im medizinischen Forschungszentrum von Stevenage, und der eines Freundes aus Montpellier, Moustapha Bouzel, Baumzüchter und Kletterer.

Der Projektplan, dem wir im Regenwald von Paracou gefolgt sind, sah das Sammeln von botanischen Proben – Blättern, Ästen, Rinde – im Kronendach vor, in den mittleren Stockwerken der Bäume und am Fuß, und zwar möglichst viele Proben von großen Bäumen, die bis ins Kronendach hinaufreichen; anschließend mussten diese Proben getrocknet und nach Europa gebracht werden, wo Mike Legg von der Firma Zeneca es übernahm, vergleichende biochemische Analysen anzustellen.

Paradoxerweise war das Sammeln von Proben im Kronendach der leichteste Teil dieses Programms, obwohl es in rund 40 Meter Höhe stattfand: Das Pontondreieck war das ideale Gerät für diese Art Arbeit; ich habe schon von einem Flug in Begleitung von Rick Cannell und Olivier Pascal berichtet. Die Bäume und Lianen, denen Proben entnommen wurden, waren vom Pontondreieck aus mit Hilfe von Sandsäcken gekennzeichnet worden, damit ihre Stämme im Unterholz auffindbar waren; diese Arbeit wird meist von Gilles übernommen, der es liebt, sich im Wald zu bewegen.

Der längste, die größte Sorgfalt erfordernde und sogar gefährlichste Teil der Arbeit war das Sammeln von Proben in mittlerer Höhe und am unteren Ende der Baumkronen, also in 30 bzw. 20 Meter Höhe über dem Boden. Diese Arbeit wurde von meinem Freund Moustapha übernommen, dem ein zweiter Kletterer zur Seite stand, Thierry Claude von ENGREF in Kourou. Auf dem Boden übernahmen Rick und ich das Verpacken der Proben, legten sie auf dem Blechdach unserer kleinen Kantine zum Trocknen in die Sonne und ordneten sie zur Identifikation in Herbarien. In der Zeit von Oktober bis Dezember 1996 wurden in Französisch-Guayana mehr als vierhundert Proben gesammelt.

In Europa nahm Mike Legg die Rehydratation der Proben vor, deren sekundäre Metaboliten anschließend mit Hilfe von Methanol extrahiert wurden; die Verdunstung der Extrakte führt zur Gewinnung fester Rückstände, deren Aktivität anschließend an verschiedenen Organismen getestet wird, die als schädlich gelten: an Insekten, krankheitserregenden Pilzen und Unkraut. Sollte der schädliche Organismus in seinem Wachstum beschränkt oder sogar vernichtet sein, ist hier der sekundäre Metabolit am Werk gewesen, der sich somit als potenziell nützlich erwiesen hat.

Die ersten Ergebnisse wurden mir von Mike Ende des Jahres 1997 zugeschickt.

Die ersten Ergebnisse

Schauplatz: Montpellier an einem Winterabend oben auf einem alten Turm im Arceaux-Viertel. Bei einer guten Flasche Rotwein mache ich mich mit Olivier mit lebhaftem Interesse an die Auswertung der Zahlenreihen, die soeben aus Großbritannien eingetroffen sind. Im Verlauf der Nacht beginnt die biochemische Schichtung des Regenwalds von Paracou, allmählich Gestalt anzunehmen.

Bei den Bäumen ist die mittlere Höhe der Baumkrone mit 73,65 Prozent positiver Testergebnisse bedeutend reicher an aktiven sekundären Metaboliten als der untere Teil derselben Baumkrone (26,35 Prozent). Was die Lianen mit 92 Prozent positiven Testergebnissen betrifft, bestätigt sich, dass diese Pflanzen von ganz besonderem biochemischen Interesse sind.

Von diesen vorläufigen Ergebnissen lässt sich sagen, dass sie noch nicht so klar sind, dass es möglich wäre, die Ausgangshypothese als vollständig nachgewiesen anzusehen; dennoch erlauben sie zu bestätigen, dass diese nicht falsch ist. Man sollte daran allerdings nicht die Wirkung des Rotweins sehen: Wir stehen vor einer Situation, der wir uns bei experimenteller Forschung oft gegenübersehen. Es drängt sich eine Notwendigkeit auf, nämlich bei Gelegenheit einer der nächsten Operationen mit dem Baumfloß das Ganze zu wiederholen, um Gewissheit zu haben.

Januar bis März 1999, Lager von La Makandé im Regenwald von Abeilles, Gabun. Diese Expedition war für mich besonders günstig, weil ich dort die Mitarbeit meines Freundes David W. Lee von der Internationalen Universität von Florida hatte (FIU); David wiederum war es gelungen, einen renommierten Biochemiker für unser Vorhaben zu interessieren, Kelsey R. Downum, den Präsidenten der FIU. Bis auf einige Details spielte sich das Vorhaben auf die gleiche Weise ab wie drei Jahre zuvor in Französisch-Guayana: Mit Hilfe des Pontondreiecks wurden die Proben in den Wipfeln verschiedener großer Baumarten gesammelt – darunter auch bei dem berühmten Okumé-Baum aus Gabun –, während andere Proben der gleichen Arten im Unterholz gesammelt wurden. Um die Prozedur zu erleichtern, wurden in mittlerer Höhe der Baumkronen keine Proben entnommen. Diesmal setzten wir die gewonnenen sekundären Metaboliten krankheitserregenden Bakterien aus, *Staphylococcus aureus*, *Bacillus subtilis*, *Enterococcus faecalis*, *Pseudomonas aeruginosa* und *Mycobacterium phlei*.

Sieg auf der ganzen Linie! Die Ergebnisse sind absolut eindeutig und stützen die Ausgangshypothese. David Lee schließt seinen Forschungsbericht wie folgt: »Bei jeder Art [Baumart] sind die sekundären Bestandteile der im Kronendach gesammelten Proben 4,4-mal häufiger und konzentrierter als die, die an jungen Bäumen im Unterholz [...] gesammelt worden sind. Diese auffällige Zunahme an Vielfalt und Konzentration der [sekundären] Bestandteile lässt vermuten, dass die Erforschung der biologisch aktiven Moleküle – das heißt die Suche nach neuen Medikamenten – sich auf die Kronenregion konzentrieren sollte.«

David und ich sind beide davon überzeugt, dass die Kronenregion der tropischen Regenwälder reich an kostbaren Substanzen ist: Pestiziden, Antibiotika, Herbiziden, Insekten abweisenden Mitteln, Pheromonen, Filtern gegen ultraviolette Strahlung, wundheilenden Substanzen etc.

Diese Informationen sind, wohlgemerkt, sowohl für die biochemische Forschung als auch für die pharmazeutische Industrie von Interesse. Völlig neu ist jedoch, dass sich hier die Interessen von Umweltschutzbewegungen mit denen der Industrie treffen. Sollte sich bestätigen, dass das Kronendach eine ungeheure biochemische Ressource darstellt, deren Erforschung kaum begonnen hat, darf man davon ausgehen, dass diese Forschungen zum Schutz der letzten Primärwälder in den Tropen beitragen werden. Aber wir sollten nicht zu schnell vorgehen, denn die Biochemie des Kronendachs bietet auch Zugang zu anderen Schätzen, die ganz anders sind als die, die für die Pharmazie von Interesse sind.

Parfüms und Aromastoffe

Die aktiven sekundären Metaboliten, von denen bis jetzt die Rede gewesen ist, haben in dem Baum, der sie hervorbringt, eine ganz bestimmte Rolle: Sie sollen Räuber entmutigen, Pflanzenfresser abwehren sowie Parasiten und Krankheitserreger vernichten. Wenn die Bäume sprechen könnten, wäre die Synthese dieser Substanzen von einem ganz klaren Befehl begleitet: »Lasst mich in Ruhe. Verschwindet!«

Aber das Leben eines Baums ist kein langer, ruhig dahinströmender Fluss, und es ist einfach, darin große Widersprüche nachzuweisen. Wenn er mit beständiger Wachsamkeit die Tiere abwehren muss, die seine Blätter begehren, muss der Baum auch wissen, wie er sie anlockt, wenn er sie braucht; und von Zeit zu Zeit braucht der Baum Tiere. Da er fest mit dem Boden verbunden ist, gibt es für ihn keine andere Lösung, als die Beweglichkeit von Tieren auszuleihen, um seine Blüten zu bestäuben und seine Samen zu verbreiten; der Wind ist in den äquatorialen Breiten nicht ausreichend; er ist vielmehr eine zweifelhafte Angelegenheit, die zum Beispiel von allen Seglern gefürchtet wird, die sich in diesen Regionen bewegen. Die Fortpflanzung des Baums und die Zukunft seiner Nachkommenschaft liegen somit, wie ich zu behaupten wage, in den Pfoten von Tieren.

Welchen? Für die Bestäubung von Blüten sind es überwiegend fliegende Insekten, Schmetterlinge, Fliegen, Halbflügler oder Bienen, seltener Käfer. Für die Verbreitung der Samen, die zur Voraussetzung hat, dass zuvor eine oft voluminöse Frucht gefressen wird, sind die entsprechenden Tiere beispielsweise Papageien, Tukane, Eichhörnchen, Affen oder Fledermäuse. Aber wenn es darum geht, Insekten oder Wirbeltiere anzulocken, besteht die beste Lösung darin, sie dadurch zu verführen, dass man ihnen Nahrung anbietet; die meist ausgehungerten Tiere sind dafür sehr empfänglich und eilen schnellstens herbei.

Was bedeutet für eine Blüte – Flieder, Jasmin, Jasminbaum oder eine *Albizzia* – die Tatsache, dass sie parfümiert ist? Dass sie in der sie umgebenden Atmosphäre eine flüchtige chemische Verbindung freisetzt, die eine einfache Botschaft verbreitet: »Lasst euch von diesem guten Duft in Versuchung führen, klettert bis zu seiner Quelle hinauf, dann werdet ihr dort eine (kleine) Belohnung in Form von Nektar finden!« Die Insekten verstehen diese duftende Botschaft und reagieren positiv darauf, aber da die Belohnung nur klein ist, genügt sie ihnen nicht: Sie haben immer noch Hunger. Mit Pollen beladen, fliegen sie von einer Blüte zur nächsten: Da die Kreuzbestäubung damit gesichert ist, kann man sagen, dass die Pflanze ihr Ziel erreicht hat.

Pfirsich, Kirsche, Mango, Litschi, Kaki, Banane, Orange oder Karambole: Warum ist eine reife Frucht oft fleischig, wohlduftend, angenehm gefärbt und mit einem köstlichen Aroma ausgestattet? Auch hier wieder ist die Botschaft einfach, und das Tier, das ständig auf Nahrungssuche ist, begreift sie mühelos: »Lass dich in Versuchung führen; ich weiß, dass du Hunger hast; na los doch, friss!« Das Tier frisst, schluckt die Samen herunter und legt sie kurze Zeit später mit seinen Exkrementen ab; damit hat auch die Pflanze ihr Ziel erreicht, da sich ihre geografische Reichweite erweitert hat.

Roman Kaiser, Kent Lombard und Olivier Perault sind die chemischen Experten und die »Nasen« der Parfümabteilung von Givaudan-Roure. Bei der Untersuchung des Kronendachs mit Hilfe des Pontondreiecks entdecken sie im Morgennebel völlig neue Blüten, die ich hier unmöglich alle nennen kann, ebenso wenig wie es mir möglich ist, angemessen zu beschreiben, was für wundervolle Düfte sie verströmen. Zu den besten Momenten dieser ersten Forschungsarbeiten zähle ich die Entdeckung einer *Lecythis* mit jadefarbenen Blüten im Wald von Criquet Voltaire in Französisch-Guayana; die Entdeckung einer *Hugonia*, einer großen Liane aus der Familie des Flachses, mit großartigen goldgelben Blütenständen im Wald von Abeilles in Gabun. Roman Kaiser und seine Mitarbeiter entschieden, die überwältigenden Düfte dieser Blüten, die bislang nur Insekten interessiert haben, den Parfümeuren und der Allgemeinheit zur Verfügung zu stellen. Patrick Süskind schildert in seinem Roman *Das Parfüm*, wie im achtzehnten Jahrhundert mit den duftenden Substanzen umgegangen wurde. Eine kalte Fettschicht wurde ausgebreitet, die man mit einer Lage Blüten bedeckte. Die »Nasen« von Givaudan-Roure haben dieses Verfahren inzwischen erheblich wirksamer und besser gestaltet.

Die Blüten werden heute in eine unten offene Glasglocke gelegt, die ihren Namen »headspace« ihrer Form verdankt, die einem menschlichen Kopf ähnelt. Mit Hilfe eines kleinen elektrischen Staubsaugers sorgt man dafür, dass die Glocke von einem aufsteigenden Luftstrom durchzogen wird, der oben durch eine geschmeidige Röhre entweicht. Ein Adsorptionsmittel, Porapak, wird beim Durchströmen der Röhre dazwischengeschaltet, damit die Moleküle der von den Blüten verströmten flüchtigen Substanzen aufgefangen werden. Nach etwa zwei Stunden enthält das Adsorptionsmittel 100 Mikrogramm Parfüm. Dieses wird anschließend in einem Lösungsmittel (Hexan-Aceton) ausgeschieden und in einer versiegelten Ampulle aufbewahrt. Nach der Rückkehr in die Forschungslabors von Givaudan-Roure in Zürich wird die Probe im flüchtigen Zustand durch Chromatografie, Massenspektrometrie und so weiter analysiert, damit man das Molekül identifizieren und seine dreidimensionale Struktur feststellen kann. Dieses Molekül wird anschließend synthetisiert und der Parfümindustrie zur Verfügung gestellt, die es in ausgeklügelte Mischungen integrieren will: Jetzt verlassen wir das Feld der Wissenschaft und betreten das Gebiet der Kunst. Das *New York Times Magazine* titelt unter dem Namen Marlise Simons: »Eau de Rain Forest; bei der Suche nach neuen Düften [...] nutzt eine internationale Gruppe von Parfümeuren eine einzigartige Kombination von Luftschiff und Floß, um das Kronendach von Gabun abzusuchen« (2. Mai 1999). Die industrielle Aufwertung des Kronendachs hat begonnen.

Diese Aufwertung bringt eine Funktionsübertragung mit sich, die ein Biologe einfach nur komisch finden kann; tatsächlich sind die Düfte der Blüten Signale, die für die befruchtenden Tiere gedacht sind und diesen das Vorhandensein einer verfügbaren Nahrungsquelle anzeigen. Zu Gunsten des Menschen haben diese Parfümeure diese Signale in eine lachhafte Mischung umgewandelt, die einst darauf abzielte, unangenehmen Körpergeruch zu überdecken, heute aber das Ziel verfolgt, zum einen Partner festzuhalten, seien es Sexualpartner oder solche auf dem gesellschaftlichen Parkett, zum andern, um sich selbst aufzuwerten, indem man sich ein extrem kostspieliges Produkt leistet. Der Biologe verlangt von dieser finanziellen Goldgrube nichts für sich, behält sich aber das Recht vor, darüber zu lächeln!

Die Tätigkeit von Givaudan-Roure beschränkt sich nicht auf die Suche nach Parfüms. Willi Grad, Klaus Gassenmeier, Yand Xiaogen und Dave Josephson sind Aromaexperten und Chemiker der Aromenabteilung dieses Unternehmens. Im Kronendach suchen sie nach fleischigen Früchten, die übrigens sehr zahlreich sind und in vollem Sonnenlicht in 40 oder 50 Meter Höhe über dem Erdboden reifen. Sie verkosten diese Früchte, was nicht ganz gefahrlos ist, da manche von ihnen für den Menschen giftig sein können; diejenigen, deren Geschmack ihnen gefällt, durchlaufen eine Prozedur, deren Technik an diejenigen erinnert, mit denen ihre Kollegen von der Parfüm-Abteilung arbeiten, um Aromen zu extrahieren: Headspace, Staubsauger, Porapak, versiegelte Ampullen.

Haben wir einen affenähnlichen Geschmack?

Die vom »Headspace« festgehaltenen flüchtigen Bestandteile stellen jedoch nur einen kleinen Teil des Fruchtaromas dar; die Extraktion muss sich also auch auf das Fruchtfleisch erstrecken, das zerkleinert, verrührt, desinfiziert, eingefroren und nach der Rückkehr analysiert werden muss. Auch hier wieder werden die als interessant angesehenen Moleküle anschließend synthetisiert.

Jüngsten Marktstudien zufolge ist das heutige Publikum auf neue Geschmacksnuancen sehr begierig, besonders auf die »exotischer Früchte«: Es ist also wahrscheinlich, dass Aromen des tropischen Kronendachs mit einigen Jahren Verzögerung in unseren Fruchtsäften, unseren Konfitüren und Joghurts auftauchen. Mich persönlich stört das nicht im Geringsten, ganz im Gegenteil, aber ich bin mir auch nicht weniger der Komik der Situation bewusst, denn wenn die Früchte des Kronendachs diese Aromen besitzen, liegt es daran, dass sie den Tieren gefallen, welche die Samen verbreiten; und die Tatsache, dass sie auch dem Menschen schmecken, sollte uns demütig machen! Liebe Feinschmecker, guten Appetit! Wenn Sie diese Joghurts lieben – ganz neue, gerade erst auf dem Markt! –, liegt es daran, dass Ihnen die gleichen Speisen schmecken wie einer ganzen Reihe von Tieren, Vögeln, Eichhörnchen, Affen oder Fledermäusen.

Bleibt noch nachzutragen, dass die Experten von Givaudan-Roure im Kronendach Forschungsarbeiten nachgehen, die äußerst verdienstvoll sind und ihnen die Anerkennung von Naturschützern einbringen sollte. Mit ihren Arbeiten über Aromen und Düfte demonstrieren sie wirklich – besser, als es andere Wissenschaftlergruppen könnten, vor allem da sie sich langfristig mit ihrem Thema beschäftigen –, welch ein ungeheures ökonomisches Kapital das äquatoriale Kronendach darstellt. Überdies lässt es sich sofort nutzbar machen und ist in der Lage, einen Markt von weltweiten Dimensionen zu interessieren.

Ist es nicht selten und unerwartet, dass ein großes multinationales Unternehmen und Umweltschützer übereinstimmende Interessen haben? Wir erleben so oft, dass Industrie und Ökologie sich in den Haaren liegen, ob es nun um Viehfutter geht, Atomkraftwerke, den Bau von Autostraßen, gentechnisch veränderte Organismen oder um eine Ölpest! Gibt diese Übereinstimmung der Interessen nicht ein wenig zum Optimismus Anlass? Sie verdient zumindest, dass wir sie ein wenig näher unter die Lupe nehmen.

So dargestellt, haben die Ergebnisse der Forschungsarbeiten uns ermöglicht, den Regenwald mit neuen Augen zu sehen. Die bedeutenden wirtschaftlichen Ressourcen liegen nicht in den Baumstämmen – in Gestalt kostbarer Hölzer –, sondern in den Baumkronen, nämlich in Gestalt einer ungeheuren Vielfalt von sekundären Metaboliten, die in der Pharmazie nutzbar sind, in Medizin, Chemie, Agrochemie, Kosmetologie, aber auch auf dem Gebiet der Parfüms und Lebensmittelaromen. Diese Ressourcen sind in der Lage, einen ungeheuren zusätzlichen Wert zu erzeugen, und besitzen eine wirtschaftliche Bedeutung, die der des Holzes weit überlegen ist – eines einfachen Materials, das im Großen und Ganzen in industriell angelegten Plantagen mühelos produziert werden kann.

Wird es uns gelingen, die Ausbeuter der Wälder zu überzeugen, dass sie sehr viel mehr Geld verdienen können, wenn sie die Moleküle des Kronendachs ausnutzen, als wenn sie das Holz vermarkten? Können wir das schaffen, bevor es zu spät ist?

Für den Augenblick begnüge ich mich damit, dieses Problem des Schutzes der tropischen Regenwälder anzusprechen. Ich werde später noch auf diese »naturnahe Lösung« zurückkommen. Sie wird ausführlich erörtert werden, weil es sich um eine grundlegende Besorgnis handelt, die dem Handeln all derer zugrunde liegt, die an den Arbeiten mit dem Baumfloß beteiligt sind.

Zunächst ist es wichtig zu erklären, wie unsere Technik zustande gekommen ist und wie die Forschergruppe zusammengefunden hat, die sie in die Tat umsetzt.

Die Geburt einer Idee (1974–1986)

1783. François Pilatre de Rozier und der Marquis von Arlandes fliegen als erste Menschen in einem Heißluftballon von Château de la Muette zur Butte aux Cailles.
»Ein Griesgram befragt einen eleganten alten Mann mit langen weißen Haaren: ›Wozu, Monsieur, können die Ballons dienen?‹ In seiner Freude über das Ereignis überlegt der Alte einen Augenblick und lächelt, bevor er erwidert: ›Monsieur, wozu kann das Kind dienen, das soeben geboren wurde?‹ Der alte Mann hieß Benjamin Franklin.«
Bernard Marck, Histoire de l'aviation

Wir sitzen auf umgestürzten Baumstämmen

Für mich beginnt die Geschichte der Erforschung der Kronenregionen in den tropischen Regenwäldern im Februar 1974. Ich unternahm damals eine Reise nach Französisch-Guayana in Gesellschaft einer Gruppe von sieben Studenten der Tropenbotanik von der Universität Montpellier. Unsere Basis war für zwei Wochen Saül, ein Dorf in der Mitte Französisch-Guayanas, das sich nur mit dem Flugzeug erreichen lässt. Jeden Morgen brachen wir auf, um in dem üppigen Primärwald, der das Dorf umgab, zu botanisieren. Wir zeichneten Bäume in verschiedenen Lebensaltern, versuchten ihr Wachstum zu verstehen seit dem Keimen im Halbschatten des Unterholzes bis zu ihrer vollen Blüte in 40 Meter Höhe, in dem starken Licht dessen, was wir seitdem »das Kronendach« nennen. Wie alle

Botaniker waren wir von den Epiphyten fasziniert. Leider waren sie im Unterholz selten. Von Zeit zu Zeit hatten wir das Glück, auf der Erde üppige Büschel von Epiphyten der Gattung Bromelien aufzusammeln, die aus großer Höhe von irgendeinem Baum heruntergefallen waren. Diese Pflanzen kamen im »Dach« sehr häufig vor, und wir brauchten unsere Ferngläser nur senkrecht in die Höhe zu richten, um Äste zu sehen, die buchstäblich mit Epiphyten übersät waren, mit Farnen, Araceen, Bromelien, Cyclanthaceen und Orchideen. Diese Teppiche aus Epiphyten, die mit Blüten bedeckt waren, lockten Schmetterlinge und Vögel an; eine so umfangreiche Fauna im Unterholz sahen wir selten. Sie erschien uns unauffällig und schmucklos, während uns die Fauna oben auf den Bäumen üppig, strahlend erschien, ja sogar zum Träumen einlud.

Im Verlauf eines Marsches auf dem Rundgang mit dem Namen »du Grand Bœuf Mort« (zum großen toten Ochsen), der uns wegen der unablässigen Höhenunterschiede des Weges stark ermüdete, beschlossen wir, uns ein wenig auszuruhen und uns auf umgestürzte Baumstämme zu setzen. Dabei kam uns die Idee, die sich uns allen aufdrängte, dass das Unterholz, in dem wir uns befanden, weder der schönste Ort des Waldes sei noch der für Biologen interessanteste, während das Kronendach in einigen Dutzend Meter Höhe über unseren Köpfen seine unerreichbare Pracht entfaltete.

»Wir sind in der Lage, auf dem Mond Steine zu sammeln, können aber hier oben nicht arbeiten?«, sagte einer von uns.

Zu dieser Zeit war der Mondflug der Apollo-Rakete allen noch frisch in Erinnerung.

»Aber wie soll man das anstellen? Mit einem Hubschrauber? Zu schnell, zu laut, zu gefährlich! Ein Heißluftballon wäre besser geeignet, nicht wahr?«

Diese Szene hat sich zwar vor fünfundzwanzig Jahren abgespielt, aber ich erinnere mich noch genau an ein bezeichnendes Detail:

Schon die Erwähnung eines Heißluftballons hatte genügt, um die ganze Gruppe loslachen zu lassen. Ich habe danach sehr oft feststellen können, dass schon die Vorstellung von einem Heißluftballon etwas an sich hat, was zum Lachen reizt, ein Ballon so etwas wie Sympathie auslöst, die er mit Jumbo, Babar oder Monstro dem Wal teilt: Er ist zu groß, um böse zu sein. Das soll keine Kritik an dieser Fröhlichkeit sein: Das »Ballonprojekt« wurde weder als besonders riskant noch besonders fantastisch angesehen; enthielt es nicht ein Körnchen Realismus?

Ich erinnere mich auch daran, dass das Gelächter urplötzlich erstarb: Eine Idee war geboren.

Französisch-Guayana, Februar 1974

Wir wohnten in der vorzüglichen Holzhütte von Pater Barbotin, dem selbst ernannten Bischof von Saül, wohin er nur gelegentlich kam, um Schmetterlinge zu sammeln. An dem fraglichen Abend hatten wir gerade unsere gesammelten Pflanzen in Herbarien gelegt. Ich weiß noch, dass ich ein lustiges Luftschiff zeichnete, das so etwas wie einen Wald überflog. Dieses Dokument, das vor allem meine totale Unwissenheit zeigte, was die Materie anging, die »leichter ist als Luft«, hing mehrere Jahre an der Wand der Hütte des Bischofs, und ich weiß nicht, was aus der Zeichnung geworden ist.

Nach der Rückkehr nach Montpellier wurde eine »Akte Heißluftballon« angelegt, und mehrere Studenten aus dem Labor meldeten sich freiwillig, um sich darum zu kümmern (zunächst Lyne Moriaux und Bertrand Sallée, dann Hubert de Foresta, Geneviève Michon und Jean-François Molino einige Jahre später); es wurden Kontakte zu Konstrukteuren von starren, mit Helium gefüllten Luftschiffen aufgenommen, wie sie jeder schon einmal gesehen hat, wenn sie für

Goodyear oder Fuji Reklame machen. Wir erkannten sehr schnell, dass der Preis dieser Geräte mit unseren Universitätsbudgets nicht vereinbar war.

Dann interessierte ich mich für einen anderen Weg, der sehr viel preiswerter war, nämlich den klassischen Heißluftballon. In Montpellier hatte niemand praktische Erfahrungen mit diesem Gerät, aber in Nîmes hatte Michel Carail große Erfahrung in der Handhabung seines Heißluftballons erworben. Die Idee, ihn zur Erforschung der Baumkronen einzusetzen, weckte sein Interesse.

Meine erste Fahrt fand am Sonntag, dem 1. November 1981 statt. Michel Carail lenkte die »Catisa«, seinen Ballon von 1840 Kubikmetern Inhalt. Es herrschte ruhiges und sonniges Wetter. Das unablässige Knallen von Jagdgewehren in der Nähe von Garrigues brachte den lenkenden Michel dazu, aus Vorsicht höher hinaufzusteigen. Wir senkten uns dann ins Tal von Gardon hinab. Das war ein vorzüglicher Ort, an dem Michel seinen Korb aus Rattan auf dem Dach in einem Wald voller Steineichen aufsetzte: Dort konnte ich in aller Ruhe einige Proben sammeln. Ich werde nie diesen Augenblick höchster Erregung vergessen; wenn ein Heißluftballon sich auf das Kronendach eines Waldes hinabsenken konnte, brauchte man diese Methode nur in die feuchten Tropen zu übertragen. Dann würde sich mit einer recht einfachen Technologie, die finanziell erschwinglich und »hausgemacht« war, für die wissenschaftliche Forschung eine neue Waldschicht erschließen, deren Bedeutung auf der Hand lag.

Um die Mittagszeit schwebten wir über den Amphitheatern von Nîmes reglos in der Luft, da völlige Windstille herrschte; die Messe war gerade zu Ende gegangen, und alle Gläubigen reckten die Hälse!

Als ich am nächsten Tag wieder im Labor war, sprach ich mit Hubert de Foresta über diese Fahrt, einem der Studenten, die sich am meisten für das »Ballonprojekt« interessiert hatten. Als er sah, dass man von der Gondel eines Heißluftballons aus oben in der Krone eines Baums botanische Proben entnehmen konnte, beschloss er, sich ganz diesem Projekt zu widmen. Zu dieser Zeit hatte Hubert schon einige Erfahrung mit dem Aufstieg in die Kronen tropischer Bäume, da er dies in Französisch-Guayana mit der Technik des Höhlenforscherseils getan hatte. Ich hingegen hatte erst im März 1982 auf Sumatra die Gelegenheit, diese Technik anzuwenden, um 35 Meter an einem Merantibaum hochzuklettern (von der Art *Shorea*, Gattung Dipterocarpaceen).

Die Zweihundertjahrfeier der bemannten Flüge

Die Hilfe Huberts hat sich als entscheidend erwiesen; wir hatten zunächst ein »Projekt Heißluftballon« entwickelt, das wir in der Hoffnung, finanzielle Unterstützung zu erhalten, mehreren Institutionen vorlegten: der Universität von Montpellier, der UNESCO, dem Regionalrat von Languedoc-Roussillon, der IRD (damals noch ORSTOM), CNRS, dem World Wildlife Fund sowie der National Geographic Society. Anschließend wohnten Hubert und ich den Feiern zum zweihundertsten Jahrestag der ersten bemannten Flüge in Annonay bei, der Wiege der Familie Montgolfier.

Dieser Tag, der 4. Juni 1983, war für das »Projekt Heißluftballon« sehr wichtig. In der Menge der Ballonfahrer, die damit beschäftigt waren, ihre Heißluftballons aufzupumpen, kannten wir niemanden. Ich stellte mich einem Mann von etwa sechzig Jahren vor, der sehr professionell und selbstsicher wirkte und eine Baseballmütze trug. Seine Antwort war herzlich:

»Sehr erfreut, ich heiße Maurice Chaize und bin Konstrukteur von Heißluftballons.«

»Kennen Sie zufällig einen Piloten, der es auf sich nehmen würde, in geringer Höhe über einem tropischen Regenwald zu fahren und seinen Heißluftballon von Zeit zu Zeit kurz aufsetzen zu lassen, damit wir Blüten sammeln können?«

»Aber sicher! Gehen Sie doch zu meinem Schwiegersohn Dany, das ist der Schnurrbärtige da hinten, der gerade seine Brenner ausprobiert. Er ist Spezialist für Fahrten unter schwierigen Bedingungen, und für ein wenig verrückte Projekte ist er immer zu haben!«

Das Gespräch mit Dany Cleyet-Marrel war an diesem Tag eher kurz. Hubert und ich hatten kaum Zeit, ihm zu erklären, worin unser Projekt eigentlich bestand, und unsere Adressen auszutauschen ... Dann fuhr er schon davon! Das Gespräch musste auf später verschoben werden; doch an diesem Tag begann die Zusammenarbeit mit Dany, die noch heute andauert, zwanzig Jahre danach.

Ein Thema hat sich in der Folgezeit als bedeutsam erwiesen. Heißluftballons hatten bis dahin nur dem Vergnügen, Prestigezwecken oder der Werbung gedient: Dany lag viel daran, eine praktische, unbezweifelbar nützliche Verwendungsmöglichkeit zu finden, und eine wissenschaftliche Anwendung gefiel ihm auf Anhieb.

Das Projekt Heissluftballon

Im Januar 1984 äußert sich der Biologie-Ausschuss des CNRS günstig über das »Projekt Heißluftballon«. Diese Unterstützung wird durch einen kleinen Kredit begleitet, der es Dany erlaubt, in Französisch-Guayana auf Erkundungsreise zu gehen. Ich befand mich zu dieser Zeit (im September 1984) schon dort, und zwar in Begleitung von Hubert. Dany zieht Erkundigungen über das Wetter der Region ein, und nachdem er wiederholt mit Helium gefüllte Luftballons hat aufsteigen lassen, kommt er zu dem Schluss, dass September der ideale Monat sei. Allerdings könne der Heißluftballon nur früh am Morgen fahren, bevor die atmosphärischen Turbulenzen der heißen Stunden einsetzten. Im Verlauf dieses Aufenthalts in Französisch-Guayana taucht eine Frage auf, die ihn seitdem nicht mehr loslässt: Wie soll man einen Heißluftballon in einem Land landen lassen, das fast vollständig mit Wald bedeckt ist?

1985 wurde für uns zu einem entscheidenden Jahr, dem der Begegnung mit dem lachenden Dritten – oder ist es der dritte Musketier? –, dem Erfinder des Baumfloßes; aber ich will den Dingen nicht vorgreifen. Im Mai befindet sich Dany auf Spitzbergen. Die Manöver, die er dort durchführte und bei denen er einen Heißluftballon und ein Schlauchboot kombinierte, lieferten ihm die Lösung für sein Problem in Französisch-Guayana.

Vom Packeis in die Kronenregion

Mai 1985, Isfjord, Spitzbergen; an Bord meines Heißluftballons versuche ich, diesen mehr als vierzig Kilometer breiten Meeresarm, der zum Teil vom Packeis befreit ist, zu überqueren. Der Wind ist schwach, und nach drei Stunden Fahrt sind meine Gasreserven praktisch erschöpft. Ich gehe bis zum Wasserspiegel hinunter, und eins der beiden Schlauchboote, die mir in geringer Entfer-nung folgen, begibt sich direkt unter den Korb, damit ich dort aufsetzen kann. Das andere Schlauchboot, das mit Gasflaschen gefüllt ist, schließt sich uns an. Die Gasflaschen werden schnell und ohne Schwierigkeiten ausgetauscht, und ich kann mit frischen Gasvorräten wieder aufsteigen.

Diese unbedeutende kleine Episode gibt mir eine Idee, die ich Francis nach meiner Rückkehr vorschlagen werde.

Seit ich 1984 mit ihm nach Französisch-Guayana gereist war, um dort eine Expedition zum Studium des tropischen Regenwalds in einem Heißluftballon vorzubereiten, verfolgte mich ein

Gedanke: Wie sollen wir, nachdem wir in der Luft sind und beim Streifen der Bäume ein paar Proben gesammelt haben, eine Stelle zum Aufsetzen finden? Immerhin sind 98 Prozent des Territoriums von Französisch-Guayana mit dichtem Wald bedeckt. Außerdem lässt sich unser Luftschiff, das den Launen des Winds ausgeliefert ist, nicht lenken.

Wir hatten uns überlegt, ob wir den Ballon auf den Waldpfaden als Fesselballon einsetzen könnten oder ob wir ihn dank des Vorhandenseins von Savannen am Waldrand frei treiben lassen sollten, aber keine dieser Ideen erscheint uns sehr begeisternd.

Da es möglich ist, auf einem Schlauchboot aufzusetzen, warum dann nicht den klassischen Korb des Heißluftballons durch ein riesiges Schlauchboot ersetzen, das es erlauben würde, auf den Bäumen aufzusetzen und erst am nächsten Tag abzufahren?

Gegen alle Erwartung setzt sich diese skurrile Idee durch. Nach einigen Rückschlägen, da viele Leute diese Idee für völlig übergeschnappt halten, nimmt sie einige Monate später dank der Begegnung mit Gilles dennoch Gestalt an. Er hat sich schon ein Gebilde ausgedacht, das auf den Bäumen schwebt. Außerdem beherrscht er die Technik der Konstruktion.

Danys transportable Start- und Landefläche und Gilles' schwebendes Spielzeug würden zu einem ungewöhnlichen fliegenden Labor werden, das am Ende Forschern und Wissenschaftlern den Zugang zum tropischen Kronendach ermöglichen wird.

D. Cleyet-Marrel

Statt des klassischen Korbs müsste ein Heißluftballon ein riesiges Schlauchboot tragen, das es möglich machen würde, auf den Bäumen aufzusetzen! Nach seiner Rückkehr von Spitzbergen legte Dany den Industriellen Brochier und Zodiac eine Idee vor, aber auch Botanikern der Universität Montpellier.

Im Juni hoben wir mit Roland Collion als Pilot seines Heißluftballons von der Place Bellecour in Lyon ab. Diese Fahrt endet in der Nähe von Vienne auf angenehme Weise in den Ästen eines Kirschbaums; um die botanische Berufung von Heißluftballons nachzuweisen, mache ich mich daran, eine Menge reifer Früchte zu ernten!

Im Oktober unternehmen Hubert, Geneviève und ich in der Nähe von Lyon zusammen mit Dany in dessen eigenem Heißluftballon eine sehr schöne Fahrt; während er den Ballon lenkt, erklärt uns Dany, dass für Ballonfahrer die zwei größten Gefahren Hochspannungsleitungen und ... Bäume seien! Die Erkenntnis, dass Heißluftballons sich unbedingt von Baumästen fern halten sollten, wenn man nicht Gefahr laufen will, sie zu zerfetzen, sollte den Unvorsichtigen zu denken geben, die so tun, als könnten sie damit das Kronendach der äquatorialen Regenwälder erforschen; doch ohne dass wir es wussten, war die Lösung des Problems schon nicht mehr fern. Tatsächlich schwebte sie schon über den Bäumen.

Eine U-Bahn-Karte für die tropische Kronenregion

Zu Beginn des Winters 1983 beschloss ich, in die USA zu reisen, um mich dort um die Finanzierung der Konstruktion des ersten Baumfloßes zu bemühen. Unter dem Arm hatte ich eine Präsentationsmappe in englischer Sprache. Meine Pariser Wohnung hatte ich für zwei Wochen gegen eine andere in der 86. Straße in New York vertauscht.

Tatsächlich kehrte ich mit leeren Händen zurück: keine Sponsoren, kein Geld. Doch einige Wochen nach meiner Rückkehr nach Paris fand ich das einzige greifbare Ergebnis dieser Reise: eine U-Bahn-Fahrkarte, auf der eine Telefonnummer in Frankreich und ein Name notiert waren. Im Laufe eines angenehmen Abends in der »Danceteria« hatte Oriane de Vallée, eine in New York lebende Freundin, sie mir gegeben und mir empfohlen, ihren Freund Michel Dudon anzurufen.

Wie sich herausstellte, lernte ich einen Architekten und Ballonfahrer aus Nantes kennen; wir fanden uns sympathisch, und mehr als ein Jahr später besuchte ich ihn zu Hause. Er sagte mir, er kenne einen anderen Ballonfahrer, der in Französisch-Guayana etwas Besonderes vorhabe: Er wolle zusammen mit einigen Wissenschaftlern in einem Heißluftballon den Regenwald überqueren. Es handelte sich um Dany Cleyet-Marrel, der mich wiederum auf Francis Hallé hinwies. Wir verabredeten uns in der Wohnung von Patrick Blanc in der Rue Campo-Formio, die eine Kombination aus Treibhaus und Zoo ist. Wir verstanden uns gut. Den Zeitpunkt der ersten Fahrt über dem Regenwald von Pilat setzten wir für einige Wochen später an, den November 1985. Francis und seine Mannschaft beschlossen hinzufliegen, um die Machbarkeit des Vorhabens zu beurteilen.

Wie geplant, sahen wir uns an einem schönen Herbsttag im Gebirgsmassiv von Pilat wieder. Das Baumfloß der ersten Generation war soeben auf dem Wald aufgesetzt worden; Francis und Dany kamen zu mir an Bord; dort oben entstand die Idee, den Heißluftballon mit dem Floß zusammenzukoppeln und dieses Gerät ein Jahr später in Französisch-Guayana auszuprobieren. Und genau dies geschah 1986 in Montsinéry.

Diese U-Bahn-Karte berechtigte also nicht nur zu einer Fahrt von der Grand Central Station zum Broadway, sondern war auch meine Eintrittskarte für die Kronenregion der tropischen Regenwälder.

G. Ebersolt

Dank Michel Dudon, dem Ballonfahrer und Architekturprofessor in Nantes, lernen Dany Cleyet-Marrel und Gilles Ebersolt sich kennen. Gilles arbeitet seit 1983 an einem von ihm erfundenen Gerät, das einen lustigen und zugleich sehr anregenden Namen trägt, nämlich Baumfloß. Am 1. November treffe ich mich mit Dany, Hubert und Geneviève in der Nähe von Saint-Chamond im Naturpark des Pilat, wo ein Hubschrauber auf den Wipfeln von Fichten eine dreieckige Plattform von 12 Meter Kantenlänge abgesetzt hat, die aus fünfzehn aufblasbaren Pontons besteht. Mit Hilfe einer sehr originellen Technik werden diese Pontons mit einem großmaschigen Netz aus Seilen verbunden, durch die einige Fichten in die Luft ragen. Das Hinaufklettern auf diese Plattform stellt kein Problem dar, das Besteigen des Netzes ist einfach, denn die Pontons sorgen für einige Bequemlichkeit, und so verbringen wir mehrere Stunden auf diesem interessanten Gerät. Obwohl sein Erfinder es als eine Art »Spielzeug« vorstellte, fiel es Dany und mir keineswegs schwer, ihn davon zu überzeugen, dass eine wissenschaftliche Nutzung sowohl möglich als auch wünschenswert sei.

Hier scheint es mir notwendig zu sein, ein wenig Abstand zu gewinnen: Wir befinden uns in der eigenartigen Situation, dass zwei Personen, ohne sich abzusprechen und sogar fast gleichzeitig, zwei äußerst originelle und zueinander passende Ideen haben. Während Dany eine mobile Start- und Landefläche vorschwebt, die von einem Heißluftballon transportiert wird, erfindet und baut Gilles ein »Baumfloß«, das mit einem Hubschrauber abgesetzt wird und auf dem Kronendach schwebt. Das ist zwar eigentümlich, aber keineswegs ein Einzelfall; die Wissenschaftsgeschichte kennt weitere Beispiele solcher Duplizitäten, etwa bei der Entdeckung der nichteuklidischen Geometrie, und aus der Technikgeschichte kennen wir es von der Erfindung des Telefons. Ideen schießen ebenso wie Pilze aus dem Boden, wenn sie ihre Zeit für gekommen halten.

Aus der Begegnung von Gilles und Dany sowie der Vereinigung ihrer Ideen und Träume ging ein ungewöhnliches Labor zur Erforschung der Tropenwälder hervor, das der besten Romane von Jules Verne würdig wäre. Doch ich möchte den Dingen nicht vorgreifen.

Seit Anfang 1986 arbeiten wir in der Gegend von Lyon mit Hilfe der finanziellen Unterstützung von Atochem und der von Gilles vermittelten Hilfe von Assigny und Elf-Antargaz an den Plänen zur Verwirklichung eines völlig neuen Geräts, das einen Heißluftballon als Transportgerät mit einem Baumfloß verbinden wird. Die Technik der Zusammensetzung von Pontons und Netzen, die von Gilles erfolgreich erprobt worden ist, wird ebenfalls erhalten bleiben. Dieses Floß wird es erlauben, das Entleeren des Heißluftballons vorzunehmen, ohne dass dieser mit den Baumkronen in Berührung kommt. Außerdem könnte es als Arbeitsplattform für die Wissenschaftler dienen. Dany, der Erfinder des Geräts, findet dort Gelegenheit, seine Ideen zu verwirklichen, die ihm bei seinen Arbeiten auf Spitzbergen gekommen sind. Er schickt mir vier Zeichnungen, die, aus heutiger Sicht betrachtet, zum Lachen reizen, vor allem wegen des abgebildeten Kronendachs, das auf diesen Bildern so eben und strapazierfähig ist wie eine Wiese.

Dany brachte in das Unternehmen seinen eigenen Heißluftballon ein, mit dem er 1983 die Sahara überquert hatte, einen vorzüglichen, bunten Heißluftballon von 3000 Kubikmeter Inhalt, den Maurice Chaize konstruiert hatte und der unter dem Kennzeichen F-GDZD registriert war. Der Korb wurde durch einen neuen Floß-Prototyp ersetzt; wir nehmen uns ein Ziel vor: Französisch-Guayana im September.

Am 23. Mai findet in Civrieux-d'Azergues der erste Start mit einer vorläufigen Version des Baumfloßes statt: acht Schenkel, 15 Meter

Das Baumfloß, wie es Dany Cleyet-Marrel sich Anfang des Jahres 1986 vorstellte. Das wirkliche Endprodukt kommt dieser Vision recht nahe, abgesehen von der Tatsache, dass das tropische Kronendach nicht so eben ist.

Durchmesser. Trotz des Regens ist der Versuch überzeugend; so wird es klappen. Gilles arbeitet schon an einer verbesserten Version, für die er im Juli in Montlouis-sur-Loire die aufblasbaren Elemente baut. Das Netz wird in Pontcharra-sur-Turdine gewebt, wo Dany und ich hinter der Notex-Fabrik am 5. September in Anwesenheit des Feldhüters eine erste Fahrt unternehmen.

Jetzt beginnen auch die Medien, an dem neuen Gerät Interesse zu zeigen, und am 16. September führen wir es in Heyrieux beim Château du Rajat in Anwesenheit von Journalisten und Sponsoren öffentlich vor. Louis Thaler, der Präsident der Universität Montpellier-II, ist ebenso anwesend wie Andrew Mitchell, der Autor des Buches *Enchanted canopy* (1986). Dany haben wir es zu verdanken, dass wir auch die Unterstützung eines höchst talentierten Filmemachers haben, Gérard Vienne, des Regisseurs von *La Griffe et la Dent* und *Peuple Singe*.

Am Abend des 25. September hat sich die ganze Mannschaft in Cayenne eingefunden, ebenso die ersten Wissenschaftler, der Entomologe Patrick Bleuzen und der Botaniker Patrick Blanc; weitere folgen in den nächsten Tagen; Claude Caratini, Palynologe in Pondichéry, sowie die britischen Botaniker Adrian Bell und Jennifer Hendy.

Jacques Dewatre, der Präfekt von Französisch-Guayana, bereitet uns einen hervorragenden Empfang, ebenso das IRD, das BRGM, die Stadtverwaltung von Cayenne und verschiedene örtliche Unternehmen; Monsieur Remondière, der Direktor des Raumfahrtzentrums von Französisch-Guayana, lädt uns ein, nach Kourou zu kommen. Es gebe, erklärte er uns, eine Solidarität unter allem, was fliege, ob nun Ariane-Rakete oder Heißluftballon, und er sei folglich entschlossen, uns zu helfen: mit Fahrzeugen, Karten, der Unterbringung im Hotel des Roches, solange wir den richtigen Standort im Gelände noch nicht gewählt haben.

Diese Wahl ist nicht leicht; es sind mehrere Erkundungsfahrten zwischen Cayenne und Mana nötig, bevor wir in der Nähe von Montsinéry einen Wald ausmachen, dessen Kronendach uns relativ einladend erscheint, da es von der Dorothée-Savanne unterbrochen ist, die den Zugang erleichtern wird. Eine Nachprüfung am Boden bestätigt die Richtigkeit dieser Wahl: Der Wald ist schön, wenn auch nicht sehr hoch, und in der Savanne ist ein Sägewerk bereit, uns Planken und weiteres Material zur Verfügung zu stellen, das wir für unsere Arbeit brauchen werden. Einige Kilometer von dort, an der Bucht Crique Couleuvre, entdecken wir einen günstigen Standort für den Aufbau des Lagers; es besteht nur aus ein paar Hütten mit Lehmfußboden, die mit Plastikplanen gedeckt sind, und wird am 7. Oktober von uns bezogen. Vom nächsten Tag an beginnen wir in der Dorothée-Savanne mit dem Bau des Baumfloßes.

Die Pontons werden mit Hilfe einer kleinen Elektropumpe aufgeblasen, und wir sehen, wie sie langsam quer durch die Savanne rollen. Kenneth Brower, ein kalifornischer Journalist, der für die Zeitschrift *Omni* arbeitet, vergleicht das »mit riesigen Chamäleonszungen, die sich im Schneckentempo entrollen«. Für Ken, der bei seinen Formulierungen immer einfallsreicher wird, ist das fahrbereite Baumfloß »ein riesiger Asterisk in dem grünen Text der Savanne«, und seine Form, die tatsächlich sehr eigentümlich ist, lässt ihn an »ein Malteserkreuz denken, das dabei ist, sich durch Zellteilung aufzulösen«. Eins steht jedenfalls fest: Ken bereut es nicht, Oakland verlassen zu haben, und die Tropen tun ihm gut.

Am 12. findet ein erster Startversuch statt, der von allen Zuschauern als »bewegend« bezeichnet wird.

Das entscheidende Ereignis findet am 13. Oktober um sieben Uhr morgens statt. Kaum sind wir aufgestiegen, als eine leichte Brise aus dem Osten Dany und mich in Richtung des an die Dorothée-Savanne angrenzenden Wald treibt; das so fotogene goldgelbe Netz hindert uns daran, das Kronendach klar zu sehen und dessen Topografie zu beurteilen.

Dany steht auf der Brücke und wahrt zwischen den Stößen des Brenners und der Öffnung des Fallschirms einen sachkundigen Gleichmut. Seit der Savanne bewundert Ken die ruhige Haltung unseres Piloten, die er als überirdisch bewertet: »... hinten mit seinem Sicherheitsgurt befestigt, die Hand auf der Fernbedienung für die Brenner, blickt er wie ein Seemann in die Höhe, der seinen riesigen bunten Spinnaker im Auge behält [...]. Abgesehen von der großen gallischen Nase«, sagt Ken, »könnte er ein polynesischer Gott sein, der mit einem Segelboot vom Himmel abgestiegen ist, um uns Menschen in die Geheimnisse der Navigation einzuweihen [...]. Ich empfinde plötzlich ein tiefes Gefühl von Vertrauen in die Möglichkeiten dieses Floßes.«

Leider ist dieser Optimismus vielleicht etwas voreilig. Während der Fahrt, bei der ich rittlings auf einem Ponton sitze, bemühe ich mich, durch unser Goldnetz hindurch »bis auf den Grund« zu sehen und die Festigkeit dieses seltsamen Riffs abzuschätzen, über das wir hinwegsegeln und auf dem wir landen sollen.

Nachdem wir die halbrunden Baumkronen bei angenehmer Geschwindigkeit wahrgenommen haben, probieren wir um sieben Uhr fünfzehn unsere erste »Landung« auf einem Baum.

Diese in luftfahrttechnischer Hinsicht mustergültige erste Landung einer Plattform, die auf den Bäumen schweben soll, verwandelte sich durch die Schuld des Botanikers leider ebenso schnell in einen Misserfolg. Ich bekenne mich schuldig: Die Wahl dieser so einladend wirkenden Baumkronen, die an hübsche grüne Kissen erinnern, war objektiv ein Fehler. Nach etwa fünfzehn Minuten Fahrt waren wir noch immer nicht weit genug von unserem Startpunkt entfernt, der Dorothée-Savanne: Diese Bäume waren »Morototos«,[29] das heißt schnell wachsende Pioniergehölze mit einem sehr biegsamen Holz; außerdem waren wir auf etwas gelandet, das wir einen Sekundärwald nennen, der lebenskräftig nachgewachsen ist und sich dort ansiedelt, wo der schöne Primärwald zerstört ist, oder aber – wie es in der Dorothée-Savanne der Fall ist – auf Flächen, die der Primärwald gerade zu erobern beginnt.

So wie der kleine Prinz sich jeden Morgen nach dem Aufstehen zwingt, die Baobab-Setzlinge auszureißen, hätte ich jeden Morgen die Morototos ausreißen müssen. Ich liebe es auch nicht, einen moralisierenden Ton anzuschlagen, aber die Gefahr der Morototos entspricht weitgehend der der Baobabs, und die sich für denjenigen ergebenden Gefahren, der sich zu allem Überfluss noch in einen Sekundärwald verirrt, sind so beträchtlich, dass ich wenigstens dieses eine Mal meine Zurückhaltung aufgebe und in allem Ernst verkünde:

Landen Sie nie auf Morototos!

Unsere haben nur fünfundvierzig Minuten gehalten: die Zeit, die nötig war, um die Hülle des Heißluftballons zu leeren und sie zum Schutz vor den UV-Strahlen zusammenzufalten. Die zentrale Plattform zeigt von diesem Augenblick eine Besorgnis erregende Schlagseite, und wir bemerken, dass sie nicht auf festem Untergrund ruht. Dany hat sich nach hinten vorgewagt, um die Kamera von Gérard Vienne abzustellen, die noch immer läuft; man hört ein Knacken, gefolgt von dem trockenen Geräusch eines zerbrechenden Morototo, und infolge des Absinkens der hinteren Partie geht Dany über Bord. Wir befinden uns in achtzehn Meter Höhe. Meine Angst hielt jedoch nur kurz an: Ich höre ihn lachen; er hat seinen Sicherheitsgurt anbehalten und klettert ohne Mühe an Bord.

Alain Devèze, ein Filmemacher des CNRS, hat die Szene gefilmt; diese Szene taucht anschließend noch in weiteren Filmen auf, so dass die Zuschauer glauben könnten, ein Sturz über Bord sei ein banaler Zwischenfall und gehöre irgendwie dazu!

Von diesem Augenblick an wird die gesamte hintere Partie unbenutzbar, und die zentrale Plattform aus Karbon neigt sich beklagenswert nach unten. Am Nachmittag sammeln wir ein paar Pflanzen- und Insektenproben von den beiden vorderen Dreiecken aus, die waagerecht auf den Ästen eines Baums der Art Inga liegen, der zur Gattung der Mimosen gehört. Abends beim Essen wird lebhaft diskutiert, und wir stellen uns verschiedene Lösungen vor, wie wir unser Floß wieder flottmachen können.

Am nächsten Tag wird das Gerät mit Hilfe von Flaschenzügen, die wir auf den Nachbarbäumen befestigt haben, teilweise wieder in eine waagerechte Lage gebracht, und damit eröffnen sich optimistischere Aussichten; es scheint möglich zu sein, dass wir das Floß mit eigenen Mitteln ohne Hilfe von außen flottbekommen.

Aber die Morototos sind trotzdem noch da und entschlossen, uns Schaden zuzufügen, und am Abend gibt es ausgesprochen schlechte Neuigkeiten. Die Bäume brechen und neigen sich weiter. Jetzt ist offenkundig, dass wir einen Hubschrauber brauchen werden, um von diesem bösen Ort wegzukommen. »Das Ganze«, so Ken Brower, »lässt einen, wenn auch in einem pyrotechnisch kleineren Maßstab, an einen dieser ersten Misserfolge zu Beginn des Raumfahrtprogramms der NASA denken.«

Am folgenden Tag, dem 15. Oktober, fahren Dany, Gérard und ich nach Cayenne, um dort einen Hubschrauber aufzutreiben; doch es ist ein Feiertag, und die Behörden sind geschlossen. Somit können wir erst am Tag darauf unser Problem dem Hauptmann vortragen, der die örtliche Militärbehörde leitet, das COMIL. Er ist höflich, aber ausweichend und sagt, er habe diesen Zwischenfall übrigens kommen sehen. »In Französisch-Guayana«, sagt er uns, »ist der Baum der schlimmste Feind des Soldaten … Wenn man die Nacht im Wald verbringt, sollte man seine Hängematte niemals zwischen zwei Bäumen aufhängen; sie fallen einem auf den Kopf.«

Ich ziehe es vor, für den Moment nicht über diese Ansicht zu diskutieren. Ob der Hauptmann uns mit einem Hubschrauber aushelfen könne? Der Befehl dazu muss aus Paris kommen. Er ist übrigens der Meinung, dass die Wissenschaftler reichlich anspruchsvoll sind: »Ich muss alles, was ich habe, dafür hergeben, um ORSTOM, dem CNRS und wer weiß wem noch zu helfen.« Kurz, wir kommen nicht von der Stelle.

In der Präfektur steckt die Sekretärin des zuständigen Verwaltungsbeamten ihrem Vorgesetzten geschickt meine Karte zu, und man fordert uns auf, mittags wiederzukommen, denn dann werde der kommandierende General des Militärbezirks Antillen-Französisch-Guayana ankommen.

Punkt zwölf Uhr mittags empfängt uns der General, der eine weiße Uniform mit vielen Auszeichnungen trägt, im Büro des Präfekten und sichert uns die Unterstützung der Armee zu. Ein Trupp werde einen Erkundungsflug unternehmen, und es werde alles sehr schnell vonstatten gehen.

Gerettet von den Luftstreitkräften

Tatsächlich kommen schon an diesem Nachmittag zwei Hubschrauberpiloten in unser Lager an der Crique Couleuvre, um sich darüber Klarheit zu verschaffen, was sie tun müssen: Sie sagen zu, uns am nächsten Tag eine Antwort zu geben. Tatsächlich stimmt das COMIL am Freitag, 17. Oktober, einer Rettungsoperation zu, die am Montag um neun Uhr morgens mit einem Puma-Hubschrauber stattfinden soll. Ein unterer Dienstgrad lässt mich unterschreiben, dass ich im Falle eines Unfalls mit dem Hubschrauber den Staat von allen Schadensersatzansprüchen freistelle. Außerdem verkündet er mir, dass eine zweite Hilfsaktion der Armee bezahlt werden müsse.

In dieser Zeit benutzen die Wissenschaftler weiterhin die vordere Hälfte des Floßes, um von dort Proben zu sammeln und Beobachtungen zu machen; einige verbringen dort die Nacht, weil sie Insekten sammeln wollen. Gilles und Patrick Bleuzen befestigen Seile am Baumfloß nach den Anordnungen von Major Domingo, dem Piloten des Puma-Hubschraubers. Sie bereiten außerdem 50 Meter Seil zum Heben vor.

Am 20. Oktober um neun Uhr befinden wir uns alle in der Dorothée-Savanne, als der Puma-Hubschrauber landet. Das Manöver ist schnell bewältigt: Der Hubschrauber nimmt unser Seil an Bord, hebt ab, lässt das hintere Ende des Seils fallen, das Patrick Bleuzen an unseren Tauen befestigt; er befestigt den Schäkel und lässt sich auf den Erdboden herab. Dann sehen wir, wie das Floß langsam abhebt, wobei es schlaff bleibt wie auf den Bäumen. Zusammen mit der zentralen senkrechten Plattform wird es anschließend in der Savanne abgesetzt, wo alles ohne jede Schwierigkeit wieder hergerichtet wird. Beim Floß gibt es so gut wie keine Schäden: vier Löcher in den Netzen und ein elf Meter langer Kratzer an einem der Pontons. Das Manöver hat eine Viertelstunde gedauert.

Beim Wald sind die Schäden schwerwiegender; die Bäume wurden durch die Windstöße der Rotoren des Hubschraubers entlaubt, und zahlreiche Äste brachen ab – eine viel sagende Antwort an alle, die uns fragten, warum wir keinen Hubschrauber eingesetzt hätten statt eines Geräts, das »leichter ist als Luft«.

Der Puma-Hubschrauber dreht anschließend über unserem Lager ein paar Runden, wobei er totes Laub herabregnen lässt, das John zuvor um die Hütten herum zusammengeharkt hat!

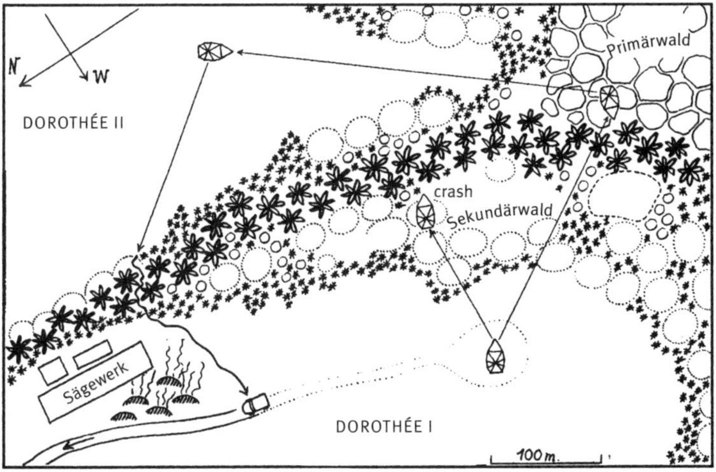

Zwischen den Savannen Dorothée I und Dorothée II sehen wir einen schmalen Streifen Sekundärwald, der hauptsächlich aus Fächerpalmen und Morototos besteht. Ein erster Landeversuch dort endete mit einem Misserfolg. Einige Tage später erfolgte im Primärwald die zweite Landung, die von Erfolg gekrönt war.

Montsinéry, Französisch-Guayana, 1986

Am Nachmittag ermöglicht mir ein Flug in einem Ultraleichtflugzeug mit Bruno Bugnon, den Wald zu erkunden, auf dem wir am nächsten Tag aufsetzen wollen. Es ist ein mittelprächtiger Wald, weder sehr schlecht noch sehr gut, und der Test müsste demnach brauchbar sein. Ich versuche, mit Hilfe eines Kompasses einen Plan zu skizzieren.

Am Abend kommen Major Domingo und die Hubschrauberbesatzung ins Lager an der Bucht Crique Couleuvre, um mit uns Champagner zu trinken; wir finden einander sympathisch und essen zusammen. Es ist die richtige Gelegenheit zu einer Konfrontation zweier zutiefst unterschiedlicher Philosophien; diese Erkundung des Kronendachs der tropischen Regenwälder kommt ihnen gefährlich und nutzlos vor; doch der Champagner hindert uns daran, unsere Philosophie zu erklären, und die Soldaten, sie zu verstehen ...

Am 21. Oktober 1986 gegen fünf Uhr fünfzehn befinden wir uns alle in der Dorothée-Savanne. Der Aufstieg ist mühelos; als wir uns in fünf Meter Höhe befinden, ruft uns einer von unten zu: »Keine Morototos!«

Eine sanfte und recht langsame Fahrt bei leicht unruhigem Wind bringt uns in unmittelbare Nähe des schönen Parkia-Baums, den wir gestern entdeckt haben, doch dann entfernen wir uns im letzten Moment: Dany und mir wird klar, dass wir ein Luftschiff brauchen und keinen Heißluftballon mehr, wenn wir das Kronendach der tropischen Regenwälder künftig mit Hilfe von Geräten erkunden wollen, die leichter sind als Luft.

Eine Metapher aus der Seefahrt

Beim Navigieren des Baumfloßes hat uns ein Bild nie verlassen, nämlich das von einem großen Segelboot, das der Passatwind antreibt: die bewegende Langsamkeit des Starts wie bei einem Schiff, bei dem es »Leinen los!« heißt, dann die Ruhe einer leichten Brise in der Sonne, gelegentlich nur gestört durch das Fauchen der Brenner; Bewegungen der Auslaufleinen und der Taurollen, die Falls ähneln. Ich habe es mir auf einem gold glänzenden Netz, das an das Trampolin eines Trimarans erinnert, bequem gemacht und sage mir, dass Winden auf dem Cockpit nötig wären, das die zentrale Plattform aus Karbonfaser bildet. Dany und ich haben uns mit den gleichen Sicherheitsgurten angeschnallt, die man auch auf einem Segelboot braucht, wenn man die Fock am Bug eines Hochseeseglers gegen einen Spinnaker austauschen will.

Die anderen folgen uns am Boden; im Unterholz zu laufen, stellt keine besondere Schwierigkeit dar, weil es sich um einen schönen

Regenwald handelt; es ist einfach, uns nicht aus den Augen zu verlieren, weil das Baumfloß gelbe Lichtreflexe auf den Boden wirft. Ken Brower hat das Gefühl, »ein Kind zu sein, das in einem Film von Spielberg quer durch den Wald läuft«.

Nachdem wir mehrere Bäume gestreift haben, senken wir uns gleich hinter der von Palmen gesäumten Bucht auf ein Kronendach, das guten Halt bietet, aber nicht groß genug ist: Das vordere Dreieck neigt sich gefährlich zur Bucht hinunter.

Ich durchschneide irrtümlich die hintere Steuerbordleine, doch das hat zum Glück keine unangenehmen Folgen; wir sind gut positioniert. Jedenfalls hat unser Schlepptau nicht funktioniert – wahrscheinlich ist es zu kurz. Infolgedessen war unsere Fahrt unruhig, mit der überraschenden Folge, dass wir im Gegenwind aufgesetzt haben, so dass das Vorderteil auf den Startpunkt zeigt. Es wird einiges an Mühe erfordern, die Hülle herunterzulassen, aber schließlich ist sie geleert und festgemacht wie ein gewaltiger Spinnaker. Dafür gelingt es uns nicht, sie in ihre Schutzhülle zu zwängen, und so begnügen wir uns damit, sie mit Planen zuzudecken, um sie vor der UV-Strahlung zu schützen.

Das Baumfloß bedeckt rund zehn Bäume des Primärwaldes, darunter Annonaceen und Vochysiaceen, und der Gegensatz zu unserem ersten Landeversuch ist spektakulär. Wir befinden uns in 29 Meter Höhe. Die Baumkronen um uns herum sind schön und voller Blüten. Ein aufdringlicher moschusartiger Duft hüllt uns ein. Mein erster Fang ist ein wunderschöner blauer Rüsselkäfer; ein Libellenschwarm fliegt um das Floß herum. Wir haben Durst! Wir lassen ein Seil zum Boden hinunter, und die anderen befestigen gut gekühlten Orangensaft daran.

Um die Mittagszeit, als der Passatwind aufkommt, knackt und wiegt sich alles sanft, wie die Takelage eines »alten Kahns«, der an einem ungewohnten Kai in einem fremden Hafen vertäut ist.

Am Abend herrscht im Lager eine euphorische Stimmung: Das Baumfloß schwebt auf dem Regenwald von Französisch-Guayana, und der Punsch hat den Geschmack von Sieg.

Wir beginnen, an Bord zu leben

Das Floß bleibt vier Tage lang an Ort und Stelle liegen, und die biologische Erkundung nimmt Gestalt an: Wir sammeln Pflanzen, Insekten und Luftplankton. Wir haben uns sogar an eine nächtliche Jagd gewagt, die uns im Gedächtnis bleiben wird.

Gegen zehn Uhr abends brechen wir zum Floß auf, Gilles, Patrick Bleuzen und ich. Im Kronendach erkennen wir schon unsere leuchtende Falle, und vom Erdboden aus genießen wir den seltsamen Anblick des Baumfloßes, das als großer dunkler Stern auf erleuchtetem Laub erscheint. Der waagerechte Tropenmond lässt den Tau auf der Brücke glitzern. Wir befinden uns jetzt in Höhe der zu stark geneigten Mittelplattform und sind einsatzbereit. Patrick macht sich auf die Jagd nach Insekten, während die Trompete von Gilles und seine Seemannslieder uns dabei helfen, gegen den Schlaf anzukämpfen. Später hüllen wir uns in unsere Schutzplanen ein und betrachten den Jakobsstab, die drei in gerader Linie stehenden Sterne am Gürtel des Orion, der in der grenzenlosen Pracht der Tropennacht am Himmel prangt.

Unser erstes nächtliches Camping auf einem Kronendach beginnt recht gemütlich ... bis zur Ankunft ganzer Wolken von Moskitos, die von den benachbarten Savannen gekommen sind; glücklicherweise haben wir Imkerschleier, denn sonst wären wir gezwungen, den Rückzug anzutreten. Das Surren dieser Tausende von Moskitos macht es schwierig einzuschlafen; hinzu kommen noch die Luftfeuchtigkeit und, vor allem gegen Morgen, der Nebel. Die Nacht auf dem Baumfloß? »Es ist so«, sagt Gilles, »als würde man auf einem Scheuerlappen schlafen.« Was nichts daran ändert, dass die Nacht dort oben ein unvergessliches Erlebnis ist und dass es uns nie an Kandidaten mangeln wird.

Ich überlasse Ken Brower die Mühe, dieses großartige Schauspiel anschaulich zu machen: »Die Kronen der großen Bäume umgaben uns wie Brecher, die mitten im Ansturm angehalten worden sind; es waren die ersten Wogen eines grünen Ozeans, der sich nach Süden über die Ebene von Französisch-Guayana hinaus bis zum Amazonasbecken erstreckt. Auf diesem erstarrten Meer setzte das Baumfloß, kaum hatte es den Hafen verlassen, seine unbewegliche Fahrt fort.«

Während dieses zweiten Aufenthalts in den Baumwipfeln klettern mehr als fünfundzwanzig Personen auf das Floß und umrunden seine ganze Fläche; da nichts gebrochen ist, müssen wir zugeben, dass dieses Kronendach solider ist als das erste.

Da die Landung auf dem Primärwald erfolgreich gewesen ist, verstärkt sich von Tag zu Tag immer mehr der Eindruck, dass diese großen Bäume wirklich fähig sind, das Floß und seine Besatzung zu tragen. Dies trägt ebenso wie der Beginn der biologischen Erforschung des Kronendachs dazu bei, uns Zuversicht zu vermitteln. Also ein wirklicher Erfolg, dieses Baumfloß? Es wäre verfrüht, das zu bestätigen, da es noch eine entscheidende Probe zu bestehen gilt: den Start von den Baumkronen. Was nützt es, ein schwebendes Gebilde auf dem Wald abzusetzen, wenn wir aus eigener Kraft nicht in der Lage sind, es wieder in Bewegung zu setzen und auf den Erdboden zurückzubringen? Was mich betrifft, spüre ich wirkliche Besorgnis in mir aufsteigen angesichts eines Unternehmens, für das es bisher kein Beispiel gab: Man muss einen Heißluftballon von 3000 Kubikmeter Inhalt im Kronendach eines Regenwalds aufblasen, ihn dann dazu einsetzen, eine Last von 350 Kilo Gewicht zu heben und diese schließlich ein paar hundert Meter weiter wieder abzusetzen. Dany macht zum Glück nicht den Eindruck, als würde ihn das aus der Ruhe bringen.

Am 25. Oktober befinden wir uns bei Tagesanbruch alle unter dem Floß. Dany, Patrick Bleuzen und ich klettern hinauf; der Ventilator ist gestern hinaufgebracht worden, und das Aufblasen wird sofort in Angriff genommen. Die durch das Netz ragenden Zweige werden mit Plastiksäcken bedeckt, bevor wir die Hülle ausbreiten. Der Ventilator wird in Gang gesetzt. Patrick und ein Fotograf postieren sich als Beobachter in den benachbarten Bäumen; Dany und ich sind jetzt allein auf der Plattform.

Der entscheidende Test

Die Hülle beginnt sich aufzurichten; leider wird die hintere Backbordleine mitgezogen: Sie hat sich verfangen, und wir können nichts tun, um sie zu lösen. Sie scheuert an der Hülle, die schließlich reißt und auf einer Länge von einem Meter aufplatzt. Das Loch kommt mir riesig vor, aber Dany scheint nicht beunruhigt zu sein, denn er setzt den Brenner in Gang. Der Ballon bleibt lange Zeit aufgerichtet: Der Ventilator und die leeren Gasflaschen müssen hinuntergelassen werden, dann müssen volle Gasflaschen heraufgezogen werden. Ferner müssen wir die Plastiksäcke beseitigen und die Äste beschneiden, bei denen die Gefahr besteht, dass sie sich im Netz verhaken. Das alles kostet uns zwei Stunden.

Gegen sieben Uhr dreißig beginnt der Abflug. Das Netz verhält sich perfekt, aber für einen kurzen Moment hat sich der hintere Teil unter den aufragenden Ästen auf der Steuerbordseite festgeklemmt. Indem ich an dem großen *Xylopia* (Annonacee) vorn an der Backbordseite ziehe, gelingt es mir, uns ein wenig vorwärts zu bringen, und schließlich entwindet sich unser Floß dem aufragenden Ast und löst sich. Das Floß gewinnt sofort an Höhe, denn Dany hat sich genötigt gesehen, kräftig einzuheizen, und jetzt muss er den Fallschirm öffnen, um den Aufstieg zu bremsen. Unten am Boden wird allen nach dieser langen Wartezeit klar, dass es geschafft ist – wir steigen tatsächlich auf.

Einige Minuten danach verlässt das Baumfloß den Wald, überquert die Reihe der Morototos, und Dany setzt es sanft auf der zweiten Dorothée-Savanne auf, die voller *Catasetum* ist, diesen großen Orchideen mit ziegelroten Blüten. Der einzige Fehler: Wir befinden uns auf einem schrecklichen Wespennest, und die anderen müssen das Floß mit der Hand wegziehen, damit wir aussteigen können. Glückwünsche, Umarmungen, Fotos und eine Jubelstimmung. Unser Prototyp hat soeben den Beweis für seine Manövrierfähigkeit geliefert, seine außergewöhnliche Robustheit. Außerdem hat er gezeigt, dass er der Aufgabe gewachsen ist, für die er entworfen worden ist. Gilles und Dany, der Architekt und der Pilot, verdienen, dass man den Hut vor ihnen zieht!

Hier machen sich zwei wichtige Merkmale der Floßmannschaft bemerkbar, die sich in mehr als fünfzehn Jahren gemeinsam verbrachter Abenteuer nie geändert haben: der Sinn für Humor und die Fähigkeit, sich über den Erfolg zu freuen.

Wir schreiben den 25. Oktober. Von einem Tag auf den anderen ist die Regenzeit gekommen, was es unmöglich macht, eine dritte Landung zu planen; dennoch zwingt uns nichts, sofort nach Europa zurückzukehren. Wir sind der Ansicht, wir hätten es sehr wohl verdient – zumindest haben wir selbst diesen Eindruck –, dass wir unserer fliegenden Ausrüstung in den wenigen Tagen, die uns noch bleiben, einen rein spielerischen Verwendungszweck geben dürfen. Die Idee, das Baumfloß auf einem Fluss abzusetzen, stößt auf einhelligen Beifall, und so machen wir uns unverzüglich an die Aufgabe, in der Nachbarschaft eine Wasserfläche zu suchen, die für dieses Vorhaben geeignet ist.

Die Crique Couleuvre ist viel zu schmal, der Fluss Pont des Cascades ist zu schlammig und strömt zwischen zwei Mangrovenhainen dahin; in Montsinéry ist der Fluss zwar schön, aber schlecht auf den Nordostpassat ausgerichtet. Schließlich, am 26. Oktober, kehrt Dany von der Brücke über den Comté-Fluss zurück. Er ist begeistert von diesem Standort, der sich für unser Vorhaben, das Floß auf dem Wasser abzusetzen, auf bewundernswerte Weise eignete.

Gelächter im Regen

In der Savanne Dorothée II wird der Ballon von neuem gefüllt, um die Ladung leichter zu machen. Dann wird das Floß über die Savanne bis zur Reihe der Fächerpalmen gezogen. Anschließend wird es zerlegt. Die Einzelteile werden zusammengerollt und von uns auf dem Rücken durch den schmalen Waldstreifen transportiert; das Tragen im Schlamm inmitten der Palmenstämme und der großen Balourous ist nicht leicht, aber wir sind stark motiviert. Die Leitung des Sägewerks FRG stellt uns einen Lastwagen zur Verfügung. Und vom 28. abends an ist das Floß vor der Brücke über den Comté-Fluss einsatzbereit. Wir haben es zusammengesetzt und aufgepumpt. Auf dem Parkplatz am Flussufer wirkt es riesig. Das Unternehmen ist für den nächsten Tag bei Tagesanbruch festgesetzt.

Am 29. befinden wir uns alle schon auf der Brücke über dem Comté, kaum dass der Tag angebrochen ist; es ist noch grau und neblig, und wir spüren, dass der Regen nicht weit ist.

Der Ballon wird aufgeblasen, bis zur Straße getragen und dann auf der Metallbrücke abgesetzt, deren Bolzen ein Loch in unser gelbes Netz reißen. Mit Dany und Gilles an Bord hebt der Ballon im Morgennebel ab, fährt einige Augenblicke über dem Fluss, und als es zu regnen beginnt, wird das Floß sanft auf dem Comté aufge-

Francis mit einer *Cordia nodosa*. Petit-Saut, 1989.

▲ Anbringen von Insektenfallen vom Baumfloß aus. Gilles und Laurent. Paracou, 1996.

▶ Auf dem Kronendach eines Primärwalds kann man ohne Moskitonetz schlafen. Patrick und Olivier in Petit-Saut, 1996.

▲ Aité Lo Ajavon und Jürgen Kesselmeier (Max-Planck-Institut) fangen gasförmige Emissionen der Bäume ein. Akok in Kamerun, 1991.

◀ Georges Koch (Stanford University) studiert die »Mittagsdepression«. Akok in Kamerun, 1991.

◀ Festhalten des Dufts einer Blüte in einem »Headspace«-Behälter.
Paracou, 1996.

Daniel Barthélémy klettert zu dem Baumfloß hoch, das auf einem großen Parkia-Baum ruht. Akok in Kamerun, 1991. ▸

◂ Markierung der Parzelle 16 mit Hilfe von heliumgefüllten Ballons. Paracou, 1996.

▾ Einen Wald mit einem unbeschädigten Kronendach erkennt man daran, dass er von oben wie eine Ansammlung von Broccolis aussieht.

Francis mit einer *Cordia nodosa*. Petit-Saut, 1989.

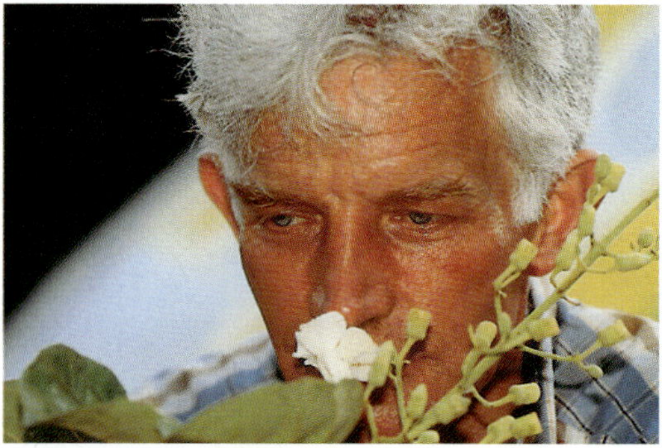

◂ Der Chemiker Roman Kaiser. Paracou, 1996.

◂ Der Botaniker Frans Breteler. Am Makandé-Fluss, 1999.

◂ Der Entomologe Henri Pierre Aberlenc in Petit-Saut, 1989.

▲ Patrick beobachtet vierzig Meter über dem Erdboden, wie eine Clusia wächst. Petit-Saut, 1989.

◂ Die Entomologen sortieren ihre Proben und präparieren ihre Sammlungen in der arbeitsintensiven Stimmung des Labors am Makandé-Fluss, 1999.

▾ Der Inhalt einer Insektenfalle.

▲ Anbringen von Insektenfallen vom Baumfloß aus. Gilles und Laurent. Paracou, 1996.

▸ Auf dem Kronendach eines Primärwalds kann man ohne Moskitonetz schlafen. Patrick und Olivier in Petit-Saut, 1996.

◂ Kronenschüchternheit bei einzelnen Wipfeln von Vochysiaceen. Paracou, 1996.
▾ Große Liane im Unterholz. Akok in Kamerun, 1991.

Alexandra und Jean-Louis Tripp dreißig Meter über dem Erdboden in dem Icos-Käfig, der zwischen den Ästen eines Okumébaums festgeklemmt ist.

Die Kronenkugel bewegt sich an ihrem Seil entlang.
Beide Aufnahmen am Makandé-Fluss, 1999.

setzt. Eine starke Ebbeströmung zieht es flussabwärts, und von der Brücke aus hören wir schon bald nichts mehr außer dem Fauchen des Brenners, das sich hinter der Biegung des Waldes entfernt.

Wir müssen die Verfolgung in einem Motorboot aufnehmen, damit die ganze Mannschaft auf dem Floß Platz findet: Hubert, Geneviève, Dany, Gilles, Adrian, Jennyfer und Francis. Das Absenken der Hülle war nicht einfach, und sie landet im Wasser unter dem Floß, was, aus meinem Blickwinkel betrachtet, die Ähnlichkeit mit einem Spinnaker noch mehr verstärkt. Schließlich sind alle wohlbehalten an Bord, und auf dem Floß kommt es zu einer denkwürdigen Szene: Alles lacht aus vollem Hals und wird klatschnass, während das Floß weiter flussabwärts treibt. Unterdessen wird der Regen immer stärker. Das graue Wasser des Comté-Flusses ist mit rosafarbenen Blütenkelchen einer Lecythidaceenart übersät, die nach Rosen duften; die Vegetation der Uferböschungen besteht überwiegend aus den großen weißen Blüten des Kakaostrauchs und den grünen Blütenstände der Mangroven. Wir nähern uns der Flussmündung; treibt unser von so vielen seemännischen Konnotationen begleitetes Floß seiner wahren Bestimmung entgegen, dem Meer? Unterdessen tanzt die Mannschaft vor Freude auf den Kunststoffnetzen. Ein Einbaum muss uns den ganzen Morgen schleppen, da wir jetzt die Strömung gegen uns haben, bis wir die Brücke über den Comté wiedersehen.

An diesem Abend finden sich bei einem Aperitif im Hotel des Roches in Kourou rund fünfzig Personen und der Direktor des Raumfahrtzentrums von Französisch-Guayana, Monsieur Remondière, der uns ebenfalls die Ehre seiner Anwesenheit gibt, zu einem Gespräch über unsere Technik der Erforschung des Kronendachs zusammen; aber in den Tropen ist selbst in ernsten Momenten der Spaß nie weit entfernt: An diesem Abend wird Kourou von der »Schmetterlingskrankheit« bedroht, einer schmerzhaften Allergie, die durch die winzigen Chitinschuppen einer Nachtfalterart ausgelöst wird (Ilesia urticans). In der Stadt hat man die Straßenlaternen gelöscht; das Hotel des Roches ist hermetisch abgeschlossen, und vor den geschlossenen Fenstern drängen sich Schwärme dicker grauer Nachtfalter, die von den Lampen angezogen werden.

Mag dieses Unternehmen von 1986 die Wissenschaft auch nicht sehr vorangebracht haben, es hat zumindest ein wichtiges Ergebnis gehabt: Jetzt ist bewiesen, dass ein Heißluftballon eine weiche und leichte Plattform auf dem Kronendach eines tropischen Regenwalds absetzen kann, dass diese sich einige Tage lang dort oben halten kann und dass sich mehrere Personen gleichzeitig dort aufhalten können. Dieses Ergebnis hat unsere Glaubwürdigkeit erhöht und würde es somit künftig erleichtern, bei Wissenschaftlern und Sponsoren Gehör zu finden.

Heartopia – die Geburt einer Technik (1987–1989)

»... und dann sind wir zusammen eine Armee auf den Bäumen und bringen die Erde und ihre Bewohner zur Räson.«
Italo Calvino, Der Baron auf den Bäumen

Die Japaner interessieren sich für das Floss

An dieser Stelle möchte ich den Medien meinen Dank aussprechen, ohne die dieses erste Experiment auf dem Kronendach eines tropischen Regenwaldes folgenlos geblieben wäre. Später fiel mein Urteil über die Wirkung der Medien deutlich nuancierter aus; aber um diese Zeit, Ende 1986, konnten wir uns zu der Tätigkeit der Journalisten und Filmemacher nur beglückwünschen. Zahlreiche Artikel der Tageszeitungen in Frankreich, Großbritannien und den USA haben dieses Ereignis nicht nur wissenschaftlichen Einrichtungen, sondern auch der Öffentlichkeit ganz allgemein zur Kenntnis gebracht; doch es ist ein Film, der sich auf unsere Zukunft am stärksten ausgewirkt hat.

Unter den Bewohnern des Lagers an der Crique Couleuvre befand sich auch ein Wissenschaftsfilmer, Alain Devèze; mit recht bescheidenen Mitteln und unter gelegentlich schwierigen Bedingungen hatte er für den CNRS einen kurzen Dokumentarfilm mit dem Titel *Das Baumfloß* (Oktober 1987) gedreht. Es ist dieser Film, den Vertreter von Dentsu, einer sehr großen japanischen Kommunikationsfirma, sahen – und wie es scheint, hat er sie beeindruckt. Ein freundlicher Artikel von Ken Brower in der Zeitschrift *Omni* in den USA mit dem Titel »Out on a limb« (April 1987) hatte zuvor ihre Aufmerksamkeit erregt.

Das Unternehmen Dentsu mit Sitz in Tokio war soeben damit beauftragt worden, die für 1990 vorgesehene Weltausstellung in Osaka vorzubereiten, die unter dem Thema »Der Mensch, die Gärten, die Pflanzen und die Natur« stehen sollte. Das Unternehmen war folglich auf der Suche nach Ideen und Bildern, von denen angenommen werden konnte, dass sie Besucher aus der ganzen Welt nach Osaka locken konnten.

Ende Oktober 1987 gab Dentsu Tokio uns gegenüber sein Interesse an dem Baumfloß zu erkennen, und für Dany, Gilles und mich war diese Verbindung die Erlösung. Bei uns standen die Dinge nämlich schlecht; eine Bitte um eine Finanzierungshilfe war vom Forschungsministerium abgelehnt worden, und Elf-Antargaz hatte soeben angekündigt, die Finanzierung unserer nächsten Expedition zu kürzen, die für Gabun vorgesehen war. Die Kürzungen waren so einschneidend, dass dieses Unternehmen annulliert werden musste. Angesichts dieser Lage war der Gedanke, vielleicht einen japanischen Sponsor zu gewinnen, sehr reizvoll; und das verdankten wir dem Artikel von Ken Brower und dem Film von Alain Devèze, die ihre Rolle als Kommunikatoren im internationalen Maßstab auf bewundernswerte Weise gespielt haben.

IMAX, Sushi und Sake

Die Japaner fördern ihr Projekt nach Kräften. Gegen Ende 1987 treffen wir eine Delegation von Dentsu im Hotel Normandy im Opéra-Viertel in Paris, und die ersten Gespräche kommen in Gang. Aufgrund eines Treffens pro Monat und unter Zuhilfenahme von Sake und Sushi halten sie noch einen großen Teil des Jahres 1988 an. Unsere Gesprächspartner, die Herren Tanabé, Okumura, Yoshinaga und Tsushiya, möchten für die Weltausstellung von Osaka einen IMAX-Film realisieren, der unser Baumfloß in Brasilien oder Peru über dem Regenwald Amazoniens in Aktion zeigt. Unsererseits bitten wir um die Konstruktion eines Heißluftzeppelins und eines neuen Floßes mit einer Fläche von 600 Quadratmetern. Die Gespräche sind herzlich, aber hart, und die beiden Dolmetscherinnen, die Damen Yumiko Kasé und Junko Kishi, haben eine schwierige Aufgabe. Yumiko, die Tochter des Trainers der französischen Judomannschaft, ist in beiden Kulturen zu Hause.

Die Unterzeichnung einer vorläufigen Vereinbarung Mitte April erlaubt es, die Finanzierung in Gang zu bringen, und am 9. Mai stellt uns Dentsu – an dem Tag, an dem Gilles sein Abschlussdiplom als Architekt erhält – die ersten Gelder zur Verfügung. Diese erlauben es uns, die Konstruktion des neuen Geräts zu beauftragen. Das Luftschiff wird in England bestellt, in der Fabrik Thunder and Colt in Oswestry. Dany nimmt es auf sich, die Farben der Hülle auszuwählen und die gesamte Konstruktion zu überwachen.

Die Floßbesatzung ist pragmatisch: Weil das Geld angekommen ist, hat es für uns den Anschein, als hätten die Gespräche ihr Ziel erreicht. Die Führung von Dentsu jedoch, die weit formalistischer denkt, wünscht die Unterzeichnung eines Vertrags mit der Gesellschaft des Baumfloßes, deren Präsident ich bin; so unterzeichne ich am 26. Oktober 1988 in Tokio den Vertrag mit Dentsu Prox. Damit verpflichte ich mich, die notwendigen Genehmigungen einzuholen, damit das Unternehmen im brasilianischen Teil Amazoniens mit Beginn des Monats Juli 1989 stattfinden kann. Ich war schon mehrmals in diesem Land und hatte vorzügliche Erinnerungen daran bewahrt.

Wie könnte ich vorhersehen, dass dieses Engagement mir einen der schlimmsten Zusammenstöße mit der Bürokratie bescheren würde, die ich bis dahin erlebt habe?

Vom Heißluftballon zum Zeppelin

Während der Expedition von 1986 hat sich gezeigt, dass man auch mit einem Heißluftballon auf einem Baum landen kann. Wir hatten aber sehr schnell erkannt, dass dieser nicht unseren Bedürfnissen entsprach. Tatsächlich: Während das Absetzen des Floßes große Genauigkeit erfordert, lässt sich ein Heißluftballon nicht lenken. Er fährt je nach Windverhältnissen und mit der gleichen Geschwindigkeit wie der Wind.

Die Lösung lag auf der Hand: Wir brauchten ein Luftschiff. Ein mit Helium gefüllter Zeppelin wurde sofort verworfen: zu teuer, zu ungenau, was die Regelung der Fahrhöhe betrifft, und außerdem hätte das Aufnehmen und Absetzen des Floßes uns gezwungen, das Äquivalent von 800 Kilo Baumfloß mit Wasser als Ballast mitzuführen und später abzulassen.

Blieb nur noch ein mit Heißluft gefülltes Luftschiff. Aber heiße Luft trägt schlecht, und die Morgentemperaturen in den feuchten Tropen liegen um die 20 Grad Celsius, und somit brauchten wir ein erheblich größeres Luftschiff, als je zuvor konstruiert worden war.

Allein die Engländer hatten schon Heißluft-Zeppeline gebaut: Doch dabei handelte es sich um kleine Luftschiffe, die an Volumen weit weniger enthielten, als wir benötigten. Da ich keinerlei Erfahrung besaß, was Konstruktion und Bau betraf, sah ich mich genötigt, mich auf sie zu verlassen. Somit vertraute ich ihnen die gesamte Herstellung vom ersten Entwurf bis zur Fertigstellung an. Der Auftrag, ein Luftschiff von 7500 Kubikmetern zu bauen, ging somit an Thunder and Colt (Oswestry, Shropshire, Großbritannien).

Sechs Monate später machte der Werkspilot die erste Fahrt. Nach einem folkloristisch gestalteten Aufpumpen hob das Luftschiff ab, um eine kleine Rundfahrt im Gelände zu machen; der

Zeppelin war noch nicht prall gefüllt, sondern eher formlos und ähnelte eher einer alten Socke als einem dieser mythischen Zeppeline, von denen ich so oft geträumt hatte. Der Pilot versuchte, eine Drehung zu machen, aber die Steuerung blieb ohne Wirkung, und das Luftschiff entfernte sich immer weiter vom Gelände, ohne dass es dem Piloten gelang umzukehren; in der Ferne versperrte eine riesige Stromleitung den Horizont, was die Tragik der Situation noch verstärkte.

Ich war am Boden geblieben, um das Luftschiff besser beobachten zu können. Ich war sehr besorgt und befürchtete, mich in ein namenloses Abenteuer gestürzt zu haben. Zum Glück konnte der Fahrer eine Windstille in Bodennähe ausnutzen, und so gelang es ihm, wieder aufzusetzen. Für die Moral befriedigender war eine zweite Fahrt. Dabei wurde das Luftschiff wie ein Fesselballon befestigt, und dabei zeigte sich, dass es genügend Kraft besaß, um das Baumfloß zu heben.

Nach dieser denkwürdigen Fahrt wurde das Wetter sehr schlecht, und da der Beginn der Expedition immer näher rückte, beschloss ich, Oswestry mit einer Freigabeurkunde des Herstellers zu verlassen, ohne neue Tests zu machen.

Da ich keinerlei Erfahrung mit dem Steuern von Luftschiffen hatte, trat ich nach der Rückkehr nach Frankreich an meinen Freund Michel Brédy heran, den Piloten eines kleineren Luftschiffs (1500 Kubikmeter) von vollkommen anderer Konzeption; dank des gnädigen Wetters konnten wir im Aerodrom von Frontenas im Beaujolais mehrere Fahrten verwirklichen. Die ersten Erfahrungen brachten mich dazu, zusammen mit Jean Drouault zahlreiche Veränderungen vorzunehmen, was Gleichgewicht und »Stampfbewegungen«, die Kraft der Brenner, die Luftdruckregulierung der Hülle und des Leitwerks sowie die Elektrizität und die Einstellung des Motors betraf.

Von Fahrt zu Fahrt, von einer Veränderung zur nächsten, verbesserten sich die Leistungen unseres Luftschiffs immer mehr, bis es endlich so weit war, dass es seine Mission im tropischen Regenwald erfüllen konnte.

Dank der Erfahrung, die wir bei zahlreichen Fahrten bei vorhergehenden wissenschaftlichen Expeditionen gewonnen hatten, hatten wir 1992/93 den Bau einer neuen Hülle von 8500 Kubikmetern in Auftrag gegeben. Dieses Luftschiff war leistungsfähiger und perfekt auf unsere Bedürfnisse zugeschnitten.

Dennoch bleibt in jedem Augenblick höchste Wachsamkeit notwendig. Wir können uns nicht die kleinste Panne erlauben, denn diese könnte sowohl für die Männer als auch für das Material verhängnisvoll sein: Da wir uns in einem dichten Regenwald niederlassen wollen, haben wir die absolute Verpflichtung, zum Startpunkt zurückzukehren. So hilft mir nach jeder Fahrt der unvergleichliche Mechaniker Jean Drouault dabei, zahlreiche Feinabstimmungen vorzunehmen, damit die Fahrt am nächsten Tag in aller Ruhe absolviert werden kann.

So kam es, dass wir mit einem äußerst einfachen Gerät, dem Heißluftballon, anfingen und am Ende zu einem Gerät gelangten, das hinsichtlich der Konstruktion, des Betriebs, der Steuerung und des Unterhalts weit komplizierter ist, nämlich dem mit Heißluft gefüllten Luftschiff.

D. Cleyet-Marrel

Brasilia – wir sitzen in der Falle

Bei der Regierung in Brasilia hatten wir weder an der Vorbereitung der Unterlagen noch an den persönlichen Kontakten gespart, wie es sich in einem lateinamerikanischen Land gehört. Unsere Anträge auf eine Fahrgenehmigung waren beim CNPq registriert worden, dem brasilianischen Gegenstück zum CNRS. Der französische Umweltminister Brice Lalonde und sein Berater Haroun Tazieff hatten mir ihre Unterstützung meiner Vorstöße bei der brasilianischen Verwaltung zugesichert. Ein brasilianischer Kollege, Angelo dos Santos, hatte bei dem Verantwortlichen des CNPq für unsere Angelegenheit, Guilherme Brandão, zu unseren Gunsten interveniert. Alles schien geregelt zu sein, damit wir zu gegebener Zeit Forschungs- und Fahrgenehmigungen erhielten, die wir unbedingt brauchten.

Zu unserem Pech hatten sich die traditionell freundschaftlichen Beziehungen zwischen Frankreich und Brasilien im Verlauf des Jahres 1989 nach und nach verschlechtert. Dem waren mehrere Zwischenfälle vorausgegangen. Der erste war der Empfang des Popsängers Sting und des Indiohäuptlings Raoni durch Präsident Mitterrand im Elyséepalast. Beide waren Gegner der brasilianischen Politik in Amazonien; unsere japanischen Partner hatten mir dann mitgeteilt, dass dies dem Präsidenten Sarney missfallen habe und dass die Ausstellung unserer Visa in Gefahr gerate. So sah ich mich plötzlich in einen Kamikazeflieger verwandelt ...

Wir bewahrten gleichwohl unseren ganzen Optimismus, umso mehr, als es Gilles gelungen war, dank der Mithilfe von Monsieur Vibert die Konstruktion des neuen Floßes im PTS-Werk in Le Blanc in der Nähe von Chateauroux zu vollenden, ferner weil ich von der Europäischen Gemeinschaft eine Unterstützung von umgerechnet etwa 220000 DM zur Finanzierung unserer wissenschaftlichen Mannschaft erhalten sollte, während im Werk von Thunder and Colt die offizielle Fertigstellung unseres Luftschiffs angekündigt wurde. Im Mai 1989 sahen wir in Oswestry unsere japanischen Partner wieder, die der ersten Fahrt beiwohnen wollten.

Zweiter franko-brasilianischer Zwischenfall: Bei der Konferenz in Den Haag äußerte die Europäische Gemeinschaft den Wunsch, dass Amazonien der brasilianischen Oberhoheit entzogen werden und zu einem »internationalen Territorium« gemacht werden solle, um so den Schutz der Region besser zu gewährleisten. Wir waren weder über die europäische Forderung noch über die Reaktion der Brasilianer informiert, aber die traurigen Konsequenzen machten sich deutlich bemerkbar, sobald wir in Brasilien ankamen.

Die Abreise steht kurz bevor. Der CNPq lässt uns über die französische Botschaft wissen, dass einfache Touristenvisa genügten, um einzureisen, dass wir aber deren Umwandlung in Forschungsvisa abwarten müssten, bevor sich unser Zeppelin in die Luft erheben dürfte. Anfang Juli treffen wir in Brasilien ein und begeben uns dann nach Manaus. Um den Unterlagen in den zuständigen Ministerien zu folgen, fliege ich nach Brasilia, dem Sitz der brasilianischen Bundesregierung, wo ich mit Hilfe der französischen Botschaft meine Gespräche mit Guilherme Brandão von CNPq beginne.

Dritter Zwischenfall: Während der Feiern zum zweihundertsten Jahrestag der Französischen Revolution in Paris fühlt sich der brasilianische Staatspräsident Sarney schlecht empfangen. Man hat ihn bei einem Staatsbankett am Tisch der Staatschefs der Entwicklungsländer untergebracht, während er es vorgezogen hätte, bei den Industriestaaten zu speisen; diesmal ist der Zwischenfall diplomatischer Natur. In Brasilia sind die Gespräche im Innenministerium, das unter dem Namen Itamaraty besser bekannt ist, trotz aller Bemühungen verschiedener brasilianischer Wissenschaftler, die sich zu unseren Gunsten einsetzen, völlig festgefahren.

Jubel am Rio Cuieiras

In Amazonien scheint die Situation besser zu sein. Das Lager am Rio Cuieiras, einem Nebenfluss des Rio Negro, das von Manaus acht Stunden mit dem Boot stromaufwärts liegt, steht vor der Fertigstellung; die Beziehungen zu den »Indios« der Region und den Mitgliedern der Mannschaft sind gut. Die Wissenschaftler begeistern sich immer wieder über die Schönheit des Standorts. Der Regenwald ist üppig mit großen Bäumen voller Epiphyten, und auch die Fauna ist reich: Brüllaffen, Süßwasserdelfine und Faultiere.

Das Lager selbst ist praktisch und zugleich bemerkenswert schön; es umfasst eine riesige Hütte von 50 Meter Länge, die zum Fluss hin weitgehend offen ist, eine durch eine Terrasse verlängerte Küche, eine Krankenstation, eine Werkstatt und Hangars für das Material, einen Start- und Landeplatz für das Luftschiff sowie zwei Boote, die Flora-Fauna 1 und 2, die auf dem schwarzen Wasser des Rio Cuieiras dümpeln; das Wasser wirkt zunächst ein wenig Besorgnis erregend, aber man kann herrlich darin baden. Die Nächte sind kühl und frei von Moskitos, und am frühen Morgen ist es meist leicht neblig und sehr ruhig: ideale Bedingungen. Lange Zeit später rief Dany die magische Erinnerung an eine nächtliche Bootsfahrt auf dem Cuieiras in mir wach: »Das schwarze Wasser ist derartig glatt, dass der Himmel sich darin spiegelt und einen Schwindelgefühle befallen: Der Einbaum ist zu einem Raumfahrzeug geworden, das unter den Sternen dahinschwebt.« Das Lager am Rio Cuieiras hat allem Anschein nach viel Charme.

Das Itamaraty besitzt davon weniger: Die Ausstellung unserer Visa habe sich »verzögert«, ebenso unsere Fahrgenehmigung. Alles wird von der Saden blockiert, einem Sicherheitsdienst, der dem Staatschef nahe steht und von der Armee geleitet wird. Zum Glück ist Odile gekommen, und zu zweit werden die Räume in der Botschaft bewohnbarer; wir können dort sogar herzhaft lachen.

Vierter Zwischenfall: Brice Lalonde, der französische Umweltminister, kündigt sein Erscheinen am Rio Cuieiras zur offiziellen Eröffnung unserer Expedition an ... die er auf den 19. August festsetzt. Sein Brief wird vom Itamaraty als arrogant angesehen.

Im Lager am Rio Cuieiras begeht die Floßbesatzung einen objektiven Fehler. Sie beginnt nämlich mit den Fahrten, bevor sie von der Bundesregierung die dazu erforderliche Genehmigung erhalten hat. Tatsächlich sind die japanischen Filmemacher unter Leitung von Yoshihide Okumura sehr ungeduldig, endlich mit den Dreharbeiten zu ihrem Film beginnen zu können. Sie haben sich eine IMAX-Kamera gemietet, und die Kosten für diese riesige Maschine belaufen sich, wie ich glaube, auf mehrere tausend US-Dollar pro Tag: Da wird ihr Wunsch, die Sache zu beschleunigen, nur zu verständlich. Im Übrigen gehört ihnen das Luftschiff, da sie dessen Bau finanziert haben. Sie haben es sogar auf einen hybriden Namen getauft, der auf das Herz und auf die Utopie zugleich Bezug nimmt: *Heartopia*.

Das Pech von Heartopia

Die Jungefernfahrt findet am 5. August statt; Dany und Jean sitzen am Steuer, die Fahrgäste sind Sylvia Bahri, Gilles und Yoshihide. Diese Fahrt wird als »begeisternd« bezeichnet. Am Abend des 5. findet übrigens eine zweite Fahrt statt. Die täglichen Fahrten gehen bis zum 10. August weiter, was es Yoshihide erlaubt, einen guten Teil seiner Dreharbeiten mit der IMAX-Kamera zu bewältigen, bevor er mit seiner Mannschaft nach Manaus zurückkehrt.

Am 8. August werde ich in Brasilia zur Saden-Behörde zitiert. In einem sehr komfortablen Salon, in dem sanfte Musik aus Lautsprechern rieselt, in dem von hübschen Hostessen kühle Getränke gereicht werden, werde ich von Oberst Euclimar Lima da Silva empfangen. Dieser hält mir einen langen Vortrag darüber, wie ausländische Wissenschaftler sich in Brasilien zu betragen hätten. Da ich nicht weiß, dass die Fahrten schon begonnen haben, versichere ich ihn unserer Entschlossenheit, uns in den Grenzen der striktesten

Legalität zu halten; da gibt er mir grünes Licht: Ich bin berechtigt, Brasilia zu verlassen und mich zum Lager am Rio Cuieiras zu begeben, um dort das Eintreffen der Visa abzuwarten. Mein Kollege, der Ökologe Angelo dos Santos, der dem Gespräch beigewohnt hat, tröstet mich. »Es ist alles geregelt«, sagte er mir, als wir das Gebäude der Saden verließen.

Aus dem Abstand einiger Jahre scheint mir diese gute Nachricht eine höchst prosaische Interpretation zu rechtfertigen: Die Kommunikation unter den Militärs im Amazonasgebiet schien ein wenig langsam zu sein, denn unsere Fahrten waren schon seit dem 5. August bekannt, während Oberst Euclimar mich in Brasilia erst am 8. empfing.

Wie dem auch sei: Nach diesem Monat mit lästigen bürokratischen Vorstößen entdecke ich das Lager am Rio Cuieiras und richte mich dort staunend ein, ohne zu wissen, dass mein Aufenthalt dort nicht länger dauern wird als ... drei Stunden. Nach einem zu kurzen Ausflug in den Regenwald, bei dem ich die Epiphyten bewundere, vor allem die Orchideen, bringt uns eine Meldung über Funk schlechte Neuigkeiten: Unser Lager läuft Gefahr, von der Armee im Amazonasgebiet geschlossen zu werden. Mit Dany kehre ich auf der Stelle im Hubschrauber nach Manaus zurück, um die Verhandlungen wieder aufzunehmen; aber nichts wird das Verhängnis aufhalten.

Unser Lager wird von der Armee geschlossen

Schon am nächsten Tag, dem 11. August, wird unser Lager zweimal von Hubschraubern der Armee besucht. Major Delphino erteilt uns den Befehl, das Lager in kürzester Zeit zu räumen; dennoch ist Delphino ein guter Teufel, und als er sieht, dass wir allem Anschein nach niemandem etwas Böses antun, entspannt er die Atmosphäre, indem er uns verkündet, unsere Genehmigungen müssten schon sehr bald eintreffen; aber wir haben diese Neigung der Brasilianer schon erkannt, niemals »não« zu sagen: Es macht ihnen Freude, anderen Freude zu machen, und niemand – Delphino nicht mehr als jeder andere – liebt es, derjenige zu sein, der anderen Probleme bringt.

Am 12. führen wir im Hotel Anaconda in Manaus ein ausführliches Gespräch mit der japanischen Mannschaft; mit Yoshihide Okumura verstehe ich mich bestens, und wir beschließen gemeinsam, uns nach Französisch-Guayana zurückzuziehen, falls man uns hier noch weiter warten lässt.

Am 13. kehrt der größte Teil der Mannschaft auf ausdrücklichen Befehl der Militärs vom Rio Cuieiras zurück. Nach acht Stunden Bootsfahrt verdienen sie mit Recht den Spitznamen »boat people«. Sie sind recht und schlecht in verschiedenen kleinen Hotels und bei Charles Belchieur untergebracht, einem Mitarbeiter des früheren Gouverneurs von Amazonien, Gilberto Mestrinho. Charles ist einer der seltenen brasilianischen Beamten, die energisch unsere Interessen vertreten; er ist großzügig, scheut kein Risiko, und die ganze Mannschaft des Baumfloßes ist ihm dankbar.

Am 14. kommen weitere schlechte Nachrichten vom Itamaraty in Brasilia. Man hat unsere Ausweisung verfügt: Man gibt uns bis zum Ende des Monats Zeit, Brasilien zu verlassen, während unser Material bis auf weiteres im Land bleiben muss. Doch auch die Beamten des Itamaraty lieben es nicht, »não« zu sagen, und so wickeln sie diese unangenehme Neuigkeit in Watte: Unsere Ausweisung sei nur vorläufig, der Dialog mit dem Itamaraty sei nicht unterbrochen, und ich hätte das Recht, wieder nach Brasilia zu fliegen.

Am 15. gibt uns die französische Botschaft Anweisung, Brasilien zu verlassen; dem Wissenschaftsattaché, der mir diese Nachricht überbringt, ist die Angst in der Stimme deutlich anzumerken. Zusammen mit Dany und Charles werde ich mich bei Major Leomil entschuldigen, dem Luftwaffenkommandanten von Amazonien.

Am 16. setzen wir alles auf eine Karte und suchen den früheren Gouverneur von Amazonien auf, Gilberto Mestrinho. Er weiß Bescheid; was wir tun, interessiert ihn, und er verspricht, uns bei einer Kontaktaufnahme mit einem engen Berater des Präsidenten Sarney zu helfen. Wir gehen aber davon aus, dass er nichts unternommen hat.

Am 17. beginnen wir damit, die Forscher finanziell zu entschädigen, die umsonst hergekommen sind, und Kommandant Delphino erscheint, um das Lager am Rio Cuieiras zu inspizieren, diesmal aber mit einem Wasserflugzeug.

Am 18. bekräftigt die französische Botschaft in Brasilia ihre Forderung, wir müssten Brasilien verlassen. Der Wissenschaftsattaché und sogar der Botschafter haben Angst, doch es ist eine etwas abstoßende Angst, denn sie machen sich nicht unseretwegen Sorgen, sondern fürchten für sich selbst!

Scheitern in Manaus

Das Haus von Charles Belchieur ist schrecklich überbelegt und in einem derart unordentlichen Zustand, dass man den Eindruck hat, einen Schiffbruch mitzuerleben. Tatsächlich ist es auch einer ... Quer am Fußende unseres Betts liegt ein Parasitologe mit einem verletzten Fuß; im Lauf des Tages erscheinen noch andere, um abwechselnd in diesem Bett zu schlafen. Das Zimmer riecht stickig, und am Abend wird es unerträglich heiß. Charles und seine Gattin Harineide bleiben unerschütterlich liebenswürdig und gastfreundlich. Der Hund Patou und die beiden Wellensittiche Elisabeth und Lionel – der Leser wird später die Wahl dieser Namen verstehen – werden unsere wichtigste Ablenkung, vielleicht die einzige. Wir klammern uns an kleinste Vergnügungen, an Hoffnungen, die immer schwächer werden, an Entscheidungen von Leuten, die in immer größerer Entfernung sitzen.

Die Spaziergänge, die Odile und ich im Viertel des Parque 10 in Manaus machen, sind vergnüglich, aber auch sehr traurig, weil sie uns das Ausmaß der Unterentwicklung erkennen lassen. Unbebautes Gelände, halbfertige Häuser, riesige Werbeplakate multinationaler Konzerne, große Schlaglöcher in der Straße, Abfallhaufen. Straßenjungen spielen in den überquellenden Rinnsteinen; man denkt an die Stadt der Freude. »Ich kann die Brasilianer nur bedauern«, sagt Odile, »dieses große Luftschiff hätte sie zum Träumen gebracht, und in dieser ganzen Scheiße hätten sie das auch nötig gehabt ...«

Bei Charles und Harineide wird es in einer Atmosphäre tropischer Lähmung immer schwieriger, zu schreiben oder auch nur nachzudenken; wir leben im Rhythmus des Telefons, des Gewitters, der abendlichen Caipirinhas, der durch die Luft fliegenden Regenwaldvögel ... In der Rue Parque 10 versuchen dubiose Journalisten, für die lokalen Tageszeitungen Fotos der Ausgewiesenen zu machen. Als einer von uns den Mülleimer aus dem Haus von Charles trägt, wird unwissentlich ein Foto von ihm geschossen. Am nächsten Tag druckt die lokale Presse dieses Bild mit der Unterschrift: »Die französischen Forscher führen botanische Proben illegal aus Brasilien aus.«

Medien und Militärs können tun, was sie wollen, sie werden es dennoch nicht schaffen, in uns eine Abneigung gegen Brasilien zu wecken. Bei Anbruch der Nacht gehen wir in die Gartenbar des Hotels Timoneiro, um uns zu entspannen. Das Strohdach lässt den Wind aus dem nahe gelegenen Regenwald hindurchstreichen; sanfte Beleuchtung, Sambamusik, köstliche Amazonasfische, die »à l'escabèche« gegart sind und deren Gräten aussehen wie Lammkoteletts: unvergessliche Abende in den Tropen, wie man sie sich erträumt. Im Grunde sind wir trotz aller Schwierigkeiten alle »brasileiros de coracão« (Brasilianer im Herzen) und werden es auch bleiben.

Im Lager am Rio Cuieiras ist die Armee Amazoniens erschienen, um unser Material zu versiegeln; man erklärt uns, dass es nicht darum gehe, es in Brasilien zurückzuhalten, sondern allein darum, Diebstähle zu verhindern. Von Seiten dieser Militärs ist übrigens keinerlei Animosität zu spüren, und sie autorisieren drei Mitglieder unserer Mannschaft, im Lager zu bleiben, um die Einrichtungen und das Material zu bewachen. Sie verleben dort ruhige Tage. Da sie weiterhin gelassen bleiben können, ist es ihnen auch möglich, selbst die kleinlichsten Anordnungen zu befolgen. Eines Abends meldet sich Jean Drouault voller Freude über Funk: »Wisst ihr was? Wir haben die Parker-Schrauben wiedergefunden!« Dieser Ausdruck lässt uns laut auflachen; er wird uns auf ewig im Gedächtnis bleiben. Es ist beruhigend zu sehen, dass der große Regenwald und das blitzende Wasser des Flusses unsere Freunde die traurigen Streitereien in der Stadt vergessen lassen und vor Verzweiflung bewahren.

Am 19. unternehmen Gilles und Dany einen letzten Versuch. Elisabeth Jospin, die Gattin des französischen Bildungsministers, hielt sich zu dieser Zeit in Manaus auf, und wir hatten oft Gelegenheit, sie zu treffen. Sie gibt Gilles und Dany den dringenden Rat, sich an Paris zu wenden; ihr Mann werde ihnen dabei helfen, ein Gespräch mit dem Ministerpräsidenten zu erreichen.

Am 20. kommen sie in Paris an, werden aber weder von Michel Rocard noch auch nur von Lionel Jospin empfangen. Sie treffen den Kabinettschef des Ministerpräsidenten, Jean-Louis Bianco, der ihnen nicht verheimlicht, dass die französische Regierung nicht die Absicht habe, sich wegen der Expedition, die gerade in Brasilien stattfinde, mit diesem Land zu streiten: Höheren Orts ziehe man es vor, dahingehend einzugreifen, dass das Projekt in Französisch-Guayana verwirklicht werde.

Unsere Mannschaft kehrt also nach Frankreich zurück; die einen wollen sich mit den Verwaltungsfragen des Vorhabens beschäftigen, andere Anfang September nach Cayenne fliegen. Die ersten Kontakte sind gut: In Französisch-Guayana hat man unser Unternehmen von 1986 noch in allerbester Erinnerung.

Ein Treffen in Belém do Para

Am Rio Cuieiras wird das Material auf Schleppkähne geladen und nach Manaus gebracht, wo Charles Belchieur alles auf ein Schiff umladen lässt. Dieses bringt es in das flussabwärts am Amazonas gelegene Belém do Para. Ein schwieriges Problem bleibt: wie wir dieses Material, das aus drei Containern besteht, auf dem Seeweg von Belém nach Cayenne bringen sollen. Diese Angelegenheit muss zügig abgewickelt werden, aber unter seltsam abenteuerlichen Bedingungen.

Am 29. September kehrt Dany nach Belém zurück, wo er Yoshihide Okumura wiedersieht. Dieser beruhigt ihn; er hat sich um den Seetransport gekümmert und ein nach Französisch-Guayana abgehendes Schiff gefunden; er hat es zwar noch nicht gesehen, aber es werde schon alles gut gehen.

Ein Irrtum; es ist ein verrotteter Seelenverkäufer, der soeben wegen Drogenschmuggels beschlagnahmt worden ist. Lange Zeit später wird mir Dany erzählen, dass er da von Depressionen befallen worden sei: Ausgerechnet auf dieses Wrack müsse er das Material bringen. Am liebsten wäre es ihm, der Kahn würde im Meer versinken, und man würde nicht mehr davon sprechen ...

Zum Glück hebt sich die Moral wieder. Mit Hilfe von Charles Belchieur – immer dieser Mann! – findet Dany ein sehr großes Frachtschiff, das die südamerikanischen Küsten befährt, die *Maripasoula*. Aber am 16. und 17. September hat der Zyklon Hugo die Antillen heimgesucht; die *Maripasoula* wird also nicht nach Cayenne auslaufen, sondern nach Pointe-à-Pitre, wo Hilfe gebraucht wird. Der Kapitän, ein Franzose, ist zwar einverstanden, einen Abstecher nach Cayenne zu machen, aber der Befehl dazu müsse aus Paris kommen.

Gilles, mit dem man telefonisch Verbindung aufgenommen hat, erreicht mit Hilfe von Jean-Louis Bianco, dass Befehl gegeben wird, die *Maripasoula* umzuleiten. Jedenfalls muss die Umladung auf See erfolgen, damit das Schiff sich nicht verspätet. Am 27. September kommt Gilles in Französisch-Guayana an, besorgt einen Schleppkahn und organisiert das Rendezvous auf hoher See.

Das Umladen vor Kourou

Am 28. begibt sich Dany in Belém mit dem Material an Bord der *Maripasoula*; die Ankunft vor dem Delta des Kourou-Flusses ist für den nächsten Tag vorgesehen. Und wenn Gilles zum vereinbarten Zeitpunkt nicht da ist? Man stelle sich Dany in Pointe-à-Pitre vor, wie er mit drei Containern im Arm allein dasitzt ...

Aber am 29. ist der Schleppkahn da, mit Gilles an Bord. Das Umladen findet bei stürmischer See statt, und das Material wird im Kourou-Delta entladen, bevor die Lastwagen des Raumfahrtzentrums von Französisch-Guayana es nach Petit-Saut bringen

Dort, am künftigen Standort des Staudamms der EDF, 5°4' nördlicher Breite, wird die Expedition von 1989 stattfinden. Ein wissenschaftliches Unternehmen, an dem von September bis November fünfzig Forscher und Studenten aus zehn Nationen teilnehmen.

Schon am frühen Morgen des 5. Oktober setzt Dany das Baumfloß mit wundervoller Präzision an einem Standort ab, den wir

»Die drei Bäume« getauft haben. In Gesellschaft von Monsieur Albizu, einem der Bauleiter des Staudamms, beobachte ich das Manöver von einer Wegbiegung aus, die eine großartige Aussicht bietet; während die Funkzentrale merkwürdige Dialoge sendet, sehen wir Gilles, der auf seiner Plattform auf und ab geht.

Die Japaner reisen am 11. Oktober zufrieden ab, nachdem sie den für die Weltausstellung von Osaka bestimmten IMAX-Film fertiggestellt haben. Bevor er Petit-Saut verlässt, kalligraphiert Yoshihide Okumura für mich eine Kolumne mit bezaubernden Schriftzeichen, eine Art Haiku, das sich so übersetzen ließe: »Aus dem tropischen Regenwald – ich wische mir den Schlamm von der Kleidung – bevor ich meinen Flug in den Himmel fortsetze.«

Ein Angehöriger der japanischen Mannschaft wird in der Folgezeit an unseren Expeditionen teilnehmen, unser Freund »Setsu«. Sein richtiger Name ist Hiroshika Setsumasa. Er spricht ein Französisch mit tunesischem Akzent, ist ein begabter Fotograf und hat einen Sinn für Humor – und auch für Scherze –, der uns alle erfreut.

Nach zwölf Tagen Arbeit auf dem Kronendach wird der Standort der drei Bäume am 17. Oktober aufgegeben. An diesem Tag beobachtet eine Menschenmenge das Manöver von der Wegbiegung aus: Filmemacher, Staudammarbeiter, Mitglieder unserer Mannschaft, neugierige Passanten, insgesamt rund fünfzig Personen. Das Festmachen des Luftschiffs am Baumfloß klappt vollendet, und Beifall begleitet das Abheben des Floßes, während die Gespräche über Funk zeigen, dass das Manöver in aller Ruhe stattfindet und dass die Mannschaft bester Laune ist. Dany weint dem Lager am Rio Cuieiras keine Träne mehr nach, Gilles sagt, es sei leicht gewesen, und François fügt hinzu, dass es auch viel Spaß gemacht habe. Diese Mission von 1989 beginnt unter den besten Vorzeichen.

Brasilien wird durch vier höchst unterschiedliche Persönlichkeiten vertreten sein: zwei Studentinnen, die militante Umweltschützerinnen sind. Sie wollten, dass wir das Luftschiff umtaufen und ihm den Namen ... Chico Mendès geben; ferner eine angesehene Herpetologin des Museums Goeldi in Belém, Dr. Teresa Cristina Sauer de Avila Pires, deren Schlafzimmer sich Tag um Tag mit den abgezogenen Häuten von Eidechsen, Schlangen, Fröschen etc. füllt; schließlich durch unseren Freund Charles Belchieur, der drei Tage mit uns verbracht hat und den wir in seiner schönen weißen Fliegerkombination oft haben lenken lassen.

Here every day is history-making

Dieser Satz, der einem berühmten australischen Umweltforscher des CSIRO zugeschrieben wird, Dr. Andrew N. Gillison, ist eine anschauliche Darstellung dessen, was die Floßbesatzung im Jahre 1989 getan hat. Sie hat es verstanden, sich Konzepte auszudenken und gleichzeitig immer wieder zu improvisieren. Das Ergebnis ist, dass in Petit-Saut eine wichtige technische Neuerung das Licht der Welt erblickt hat, das Pontondreieck. Auf Bitten erst der Entomologen und dann der Botaniker konstruiert Gilles ein Dreieck aus aufblasbaren Pontons, das mit einem Netz und Gurten für die Füße versehen ist. Dieses Dreieck hängt rund zehn Meter unterhalb der Gondel des Luftschiffs. Zunächst prüft Gilles die Stabilität. Vom Boden aus sehen wir ihn im Trapez hängen wie auf einem Katamaran des Typs Hobie Cat. Am 6. November sammelt Gilles mit Hilfe des »Botanikerdreiecks« die ersten Blüten und Früchte.

Das Pontondreieck

Da ich wusste, dass unser brasilianisches Lager am Flussufer lag (am Rio Cuieiras), entschloss ich mich, sechs kleine Kunststoffnetze herzustellen, die im Maßstab 1:2 denen des Baumfloßes ähnlich waren. Es war möglich, sie an einer alten Partie aufblasbarer Schläuche zu befestigen, Überbleibseln des Baumfloßes von 1985 und 1986. Ich stellte mir dieses Gebilde auf dem Wasser vor, wo es als Badeplatz für unsere Mannschaft dienen konnte. So würden wir gegen Unterwassertiere geschützt sein, von denen wir vermuten konnten, dass sie dort lebten.

Die Wirklichkeit sah ganz anders aus, wie wir gleich sehen werden. Zunächst badeten wir direkt im Rio Cuieiras, das war einfacher. Schließlich haben wir den Rio Cuieiras schneller verlassen, als wir vorhersehen konnten.

In Französisch-Guayana, am vorgesehenen Standort von Petit-Saut, habe ich den Entomologen vorgeschlagen, dieses Gebilde zu einer Pyramide zu machen und im unteren Teil ein Netz anzubringen. Diese Vorrichtung barg in ihrer Mitte eine Falle, die aufs Kronendach abgeworfen werden sollte, um so Insekten zu fangen. In Wahrheit erwies sich die Vorrichtung als recht unbrauchbar: Sie verhedderte sich im Kronendach und wurde somit von unserem Luftschiff aus unsichtbar (und damit unzugänglich). Nachdem ich mir zunächst gedacht hatte, einen Freiwilligen von der Gondel des Luftschiffs hinabzulassen (zu gefährlich), schlug ich vor, an derselben Stelle ein leichtes Dreieck von sechs Meter Seitenlänge aus aufblasbaren Schläuchen unterzubringen, das von Netzen bedeckt sein sollte. Der Freiwillige würde dort Platz nehmen und mühelos alles befestigen und sammeln können, was er wollte, da er nicht mehr den beengten Raumverhältnissen der Luftschiffgondel ausgesetzt war.

Das Ergebnis erwies sich als sehr überzeugend, und die Botaniker begriffen sofort, wie wichtig die Vorrichtung für das Sammeln reichlicher und ausgewählter Proben sein würde. Das Pontondreieck ist somit aus der Vereinigung eines Badefloßes mit einem Träger für eine Falle entstanden, die im Kronendach verborgen war.

Dieses Werkzeug hat sich als höchst wirksam und als gute Ergänzung unserer sonstigen Ausrüstung erwiesen. Wir haben diese Idee also mit einem neuen Dreieck von neun Meter Seitenlänge verwirklicht, wobei wir die alten aufblasbaren Schläuche des Baumfloßes von 1986 wiederverwendeten.

Diese Geschichte zeigt sehr schön, dass die Umfunktionierung eines Gegenstands bei der Erfindung neuer Bedürfnisse ein wichtiger Faktor bleibt.

G. Ebersolt

Vergrößert, unter der Gondel stabil angebracht, mit Rettungsleinen ausgerüstet und von drei Personen genutzt, wurde dieses »Dreieck« schließlich zu einem unserer besseren Geräte zur Erforschung des Kronendachs und ganz gewiss das beliebteste; es wurde im Verlauf der nachfolgenden Expeditionen von Hunderten von Biologen benutzt. Dieses Baumfloß galt als ideales Instrument zur schnellen Bewertung der biologischen Vielfalt im tropischen Regenwald, vor allem was Bäume, Lianen und Insekten betrifft.

Die wissenschaftlichen Ergebnisse von 1989 sind in einem Expeditionsbericht aufgeführt: *Biologie d'une canopée de forêt équatoriale* (März 1999), einem Werk, zu dem siebenundvierzig Autoren Beiträge geschrieben haben und das der französische Umweltminister Brice Lalonde mit einem Vorwort versehen hat. Doch hier ist nicht der Platz, von Wissenschaft zu sprechen; nach dem brasilianischen Debakel mussten wir wieder lachen lernen. Petit-Saut war sehr lustig, ja sogar komisch; ich nehme es jedenfalls mit einiger Bangigkeit auf mich, ein paar Episoden zu erzählen, von denen ich glaube, dass sie nicht ihren ganzen Reiz verlieren, wenn man sie aus dem Zusammenhang herausnimmt.

Ein Ornithologe, Dr. Beloiseau, glaubte aufs Wort, dass man niemals durch die Netze des Baumfloßes pinkeln dürfe, da der Urin den Kunststoff verbrennen könne: Er müsse daher seine natürlichen Bedürfnisse durch ein langes Rohr erledigen. Ein Zoologe aus Kyoto, Dr. Koh-Shi-Ma, bastelte aus 70-Millimeter-Film seiner IMAX-Kamera ein Tischtennisnetz zusammen: Das sei, erklärte er, das teuerste Netz der Welt. H. P. Aberlenc, unser Entomologe, zögert nicht, während des Essens auf dem Tisch zu tanzen, um Insekten anzulocken, die sich in den Balken versteckt haben.

H. P. ist ein vor Einfallsreichtum übersprudelnder Tüftler. Nichts kann ihm widerstehen: Ein einfacher Kleiderhaken wird unter seinen Händen so umfunktioniert, dass man daran eine Reihe von Insektenfallen untereinander befestigen kann; mangels einer Schnur genügt ihm ein Schnürsenkel. Das Abflussrohr eines Waschbeckens erhält die aufwertende Bezeichnung eines »Rahmens für eine Insektenfalle«. Wenn bei einem Tüftlerwettbewerb überzeugende Ergebnisse herauskommen, nennen wir das »eine Hapetrie«.

Als er mich eines Morgens aus der Gondel absteigen sieht, sagt mir H. P.: »Man könnte glauben, dass dem Forschungsinstrument eines verrückten Wissenschaftlers nichts weiter fehlt als die Trichter.« Ich kann dir aber versichern, H. P.: Wir haben sogar Trichter!

Ein etwas steifer und sehr kurzsichtiger Botaniker, Professor Fruitcharnu, hält die von unseren immer zu Späßen aufgelegten australischen Kollegen über dem Floß angebrachten großen Osterglocken aus zitronengelbem Kunststoff für echte Blüten: Ganz aufgeregt putzt der Professor seine Brille und ordnet diese Blüten als Blüten einer Lecythidaceenart der Gattung Eschweilera ein. Jean-Louis Tripp, ein Zeichner von Comics, möchte das, was das Baumfloß am Boden darstellt, dazu nutzen, den Standort als »Place de l'Etoile« (auf dem in Paris der Triumphbogen steht) zu bezeichnen; von da an tragen die radialen Achsen die Namen von Avenuen, die peripheren Wülste werden zu den nach französischen Marschällen genannten Boulevards, und die Mannlöcher werden zu Metrostationen. Aus dem Kronendach hören wir in der Folgezeit über Funk eigenartige Sätze: »In der Avenue Foch gibt es ein Problem. Gilles, sieh mal nach, warum es in der Avenue Foch so kneift ...« Eines Morgens, als der Nebel sich lichtet, sagt ein Angestellter auf der Staudammbaustelle namens Stanley zu uns: »Dieses Gerät ist eine Augenweide; es ist die reine Lebensfreude ...« Und jetzt möchte ich Ihnen noch vom Besuch Brice Lalondes erzählen.

Der Zwischenfall am Freitag, dem Dreizehnten

Dieser Besuch des Umweltministers war eine großartige und lustige Angelegenheit. Im Morgengrauen des 13. November, als wir gerade dabei sind, das Luftschiff aufzublasen, landet ein Hubschrauber, aus dem Gendarmen, Soldaten und Männer des polizeilichen Sicherheitsdienstes herauskommen, dann landet ein zweiter, aus dem Beamte der Präfektur und ein Team von Radio France Outremer aussteigen, schließlich ein dritter mit dem Minister, seiner Gattin, seinem Kabinettschef und seinen Leibwächtern.

Ich führe Brice Lalonde, der an der Fahrt teilnehmen soll, um das Luftschiff herum; wir hören das erste Fauchen der Brenner, dann den Motor, was uns Vergnügen macht, da Dany einige Probleme mit dem Stottern des Anlassers hatte. Wir gehen wieder zur Gondel, um den Minister mit Sicherheitsgurten auszustatten, damit wir ihn gefahrlos auf dem Baumfloß absetzen können. Da ich damit beschäftigt bin, die Gurte festzuzurren, höre ich nicht die dumpfe Explosion am Heck des Luftschiffs und sehe auch nicht, wie der Zeppelin einen von der Gondel ausgehenden Satz von etwa einem

Meter macht; es genügt jedoch ein Blick, um zu erkennen, dass *Heartopia* heute nicht fliegen wird. Das Heck des Zeppelins sinkt urplötzlich in sich zusammen, und aus einem riesigen, zehn Meter langen Riss entweicht heiße Luft, die von der Heckspitze bis zum vertikalen Leitwerk strömt. Dany stürzt herbei, verscheucht die Journalisten und die Neugierigen und begibt sich in die Hülle, um den Riss zu schließen, als ginge es darum, Vorhänge zuzuziehen. Später dachten wir über diesen Zwischenfall nach, der sich glücklicherweise am Boden ereignete und nicht in der Luft! Im Augenblick müssen wir jedoch unsere Besucher beschäftigen, und wir beschließen, die gesamte Ministerdelegation zu einem Waldspaziergang mitzunehmen, damit sie dort das Baumfloß sehen können.

Der Erste, der den Aufstieg schafft, ist Monsieur Fabre, der den Präfekten vertritt, gefolgt vom Minister – der bemerkenswert gut klettert, wenn man bedenkt, dass es sein erster Versuch ist – und dem Kameramann von RFO und dessen Team. Oben auf der Plattform heißt Gilles alle auf dem Kronendach willkommen, und der Minister zeigt sich zufrieden und tut so, als hätte er seine verhinderte Fahrt vergessen. Ein Detail, das man nicht erfinden kann: Wir haben Freitag, den 13. November.

Eine äquatoriale Version von Courteline

Nach dem Frühstück bittet Brice Lalonde um einen weiteren Waldspaziergang, und unter einem mit Philodendren bewachsenen Felsvorsprung hält er vor Journalisten, Forschern und Besuchern eine Art Pressekonferenz ab; ich erinnere mich an eine recht interessante Ansprache, in der von dem bedrohten Regenwald die Rede war, von internationalen Prioritäten, von Vorkämpfern für den tropischen Regenwald und ... Finanzierungsquellen; es kam mir vor, als erlebte ich eine Szene aus einem Theaterstück von Courteline mit.

Auf der Startplane sind alle Spuren beseitigt: *Heartopia* ist ein kleiner, unauffälliger Haufen, der von einer Plane bedeckt ist; Dany ist mit seiner Nähmaschine beschäftigt. Der Riss von heute Morgen findet seine Erklärung: In Oswestry hat der Konstrukteur im Heck des Luftschiffs eine Reihe von Öffnungen für das Abpumpen von Luft eingebaut. Diese sind an einem Riemen befestigt, der nicht ganz um das Luftschiff herumreicht; dort, wo dieser unvollständige Riemen endet, ist die Hülle starken Spannungen ausgesetzt, die zu diesem gewaltigen Riss geführt haben. Was wäre geschehen, wenn das während der Fahrt passiert wäre? Nichts Ernstes, sagt Dany. Aber er schafft es nicht, uns den Gedanken aus dem Kopf zu vertreiben, dass eine Landung im Katastrophenfall mit einem Minister an Bord ... ein totales Chaos ausgelöst hätte!

In unser Gästebuch trägt der Minister zurückhaltend ein: »Ich danke Ihnen für den Anschauungsunterricht.«

Petit-Saut war, wie wir gesehen haben, der Ort, an dem das Pontondreieck erfunden wurde, das in der Folgezeit von allen unseren Geräten zur Erforschung des Kronendachs von den Biologen das begehrteste war. Um diese Darstellung der »Geburt einer Technik« abzuschließen, möchte ich noch zwei weitere Geräte vorstellen, den Icos-Käfig und die Kronenkugel.

Alle beide sind erstmalig 1999 am Standort La Makandé im Regenwald von Abeilles in Gabun in Dienst gestellt worden (0°20' südlicher Breite).

Icos, ein Käfig für Ornithologen

Das Icos[30] wird von Gilles, seinem Erfinder, als eine bewegliche Kapsel definiert, dazu gedacht, zwischen die Hauptäste eines hoch aufragenden Baums geklemmt zu werden. Der Käfig hat die Form eines Ikosaeders, eines Zwanzigflächners, und besteht aus dreißig

Stäben aus Hartkunststoff und Aluminium. Von seinen zwanzig Flächen bildet jede ein gleichseitiges Dreieck; das Ganze hat zwölf Spitzen, bildet eine Art Kugel von 3,2 Meter Durchmesser und wiegt 40 Kilo. Auf der oberen Spitze ist eine Art Terrasse angebracht, unten ein Mannloch, an dem ein Zugangsseil befestigt ist. Eine dünne, versetzbare Regenplane und Hängematten vervollständigen die Ausrüstung, die für eine Besatzung von zwei Personen gedacht ist.

4. Februar 1999: Nachdem der Icos-Käfig durch das Luftschiff vom Lager herantransportiert worden ist, wird er zwischen die Äste eines großen Okumebaums geklemmt, 33 Meter über dem Erdboden am Ufer des Makandé-Flusses. Anschließend wird der Käfig festgemacht und an den Hauptästen des ihn tragenden Baums sorgfältig festgezurrt; nachdem das feste Zugangsseil und die inneren Ausrüstungsgegenstände untergebracht sind, können die Besuche beginnen: Vom 4. Februar bis zum 16. März werden es sechzig davon sein. Rund fünfzehn Übernachtungen sind vorgesehen.

Der Icos-Käfig

An diesem Dezembermorgen an der Crique Voltaire im Süden von Saint-Laurent in Französisch-Guayana war es fast kalt. Dieses Ende unserer Expedition war nicht fesselnd. Und das, obwohl wir in dem Hotel, einem antiken, umgebauten Fort, sehr gut aufgenommen worden waren. Diesmal waren unsere Dienste einer Gruppe von Parfümeuren vorbehalten, und allein das Pontondreieck und das Luftschiff fanden bei dieser kleinen Expedition (mit nur fünfzehn Tagen Operationszeit) Verwendung.

Diesmal war ich an der Reihe, für die Sicherheit des Dreiecks zu sorgen, und ich verdiene mir meinen Posten, nachdem ich zum x-ten Mal die Hülle des Luftschiffs auseinander und wieder zusammengefaltet hatte. Eine Obliegenheit, eine Verpflichtung. Ich

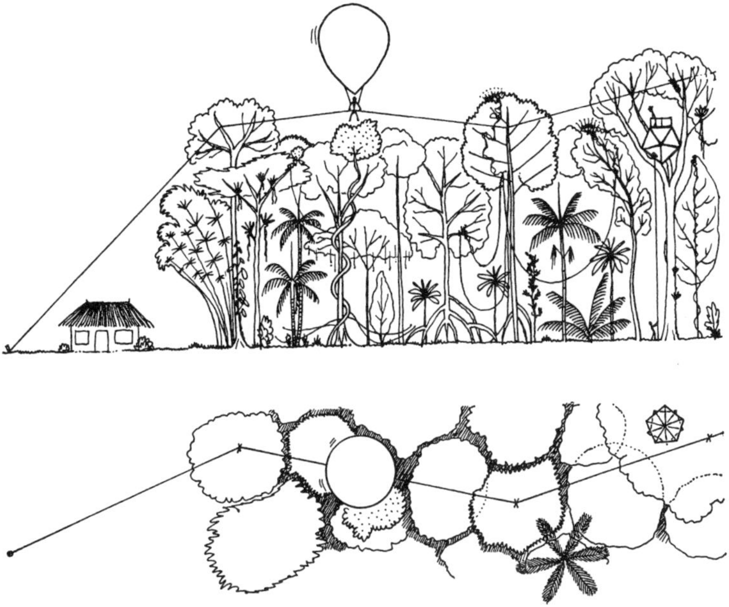

Der Icos-Käfig und die Kronenkugel
Die Kronenkugel wird hier bei der Fahrt über das Kronendach mit ihrem Leitseil dargestellt; unten im Profil und oben in Seitenansicht. Rechts, in einem großen Baum, der Icos-Käfig mit seinem Zugangsseil.

muss mich auf die Pontons des Dreiecks setzen und das Kronendach erneut überqueren. Um zehn Uhr die Blüten, dann eine schnelle Flucht auf den hinteren Wulst, denn die Schlingen sind von einer Liane eingeklemmt; ich komme meinen Pflichten ohne Begeisterung nach und habe nur eins im Kopf: Ich wünsche mir einen Kaffee, ein Butterbrot, um dann in meiner Hängematte zu dösen.

Ich blicke ins Leere und beobachte den unter mir dahinziehenden Regenwald aus den Augenwinkeln. Schöne, großkronige

Bäume, ein »offenes« Kronendach, und das alles wird von Lianen und Wasserläufen durchzogen und hat eine reliefartige Oberfläche. Sehr nett, aber die reine Hölle für den, der wie ich das Floß aufsetzen soll.

Glücklicherweise stand dieses anspruchsvolle Manöver nicht auf unserem Programm. Diese Tatsache freut mich fast, und ich werde wieder wach, indem ich mir die folgende Frage stelle: Falls es wirklich nötig wäre, etwas in einem derart unberechenbaren Wald wie diesem zu unternehmen, wie sähe die Lösung aus? Was für ein Objekt könnte man in dieser Umgebung anbringen und zu welchem Zweck?

Der hoch aufragende Baum erscheint sofort als die Stütze, die man besetzen müsste. Beim Schweben auf dem Kronendach – wie es das Baumfloß tut – ist man schon in der Lage, dass man alles andere überragt (und damit aus dem Meer aufgetaucht ist). Indem man in einem ohnehin schon das Kronendach überragenden Baum Halt sucht, nimmt man eine beherrschende Stellung ein, die für eine beobachtende Arbeit ideal geeignet ist. Doch nicht nur dafür: Dorthin kann man sich auch zurückziehen, mit Freunden einen Drink nehmen oder eine aufregende Nacht verbringen.

Es drängt sich also die äußere Gestalt eines beherrschenden Gegenstands auf, der dafür geeignet ist, sich an einem hoch aufragenden Baum festzuklammern. Eine erste Idee kommt mir in den Sinn: die Weihnachtskugeln, die hübsch am Weihnachtsbaum hängen. Man könnte die Vorrichtung auf den tropischen Maßstab übertragen und die Kugeln mit guten Sicherungen ausstatten. Das Aufhängen scheint mir jedoch wegen des Fehlens einer Unterlage (man denke etwa an starke Winde) ungünstig zu sein, denn es hätte eine unerträgliche Seekrankheit zur Folge. Ich entscheide mich also für eine andere Art der Befestigung, die unendlich viel zuverlässiger ist: das Festklemmen. Vollkommen stabil. Baum und Käfig scheinen fest miteinander verbunden zu sein, als wollten sie von den ungeheuren Anstrengungen Zeugnis ablegen, die der Benutzer angesichts dieses schief zwischen seine Führungsschienen gequetschten Kastens aufbieten muss. Dieses neue Gerät wird also zwischen die Äste eines besonders hohen Baums eingeklemmt sein. Die Kugelform bietet sich für eine variable Positionierung auf den stützenden Ästen an.

Dann bleibt noch, die Rundung und die Funktion der Geräts zu bestimmen. Ich schlage das Prinzip des Käfigs vor, dessen Gitterstäbe die Stabilität sichern und dessen Innenraum einem Ornithologen für die Beobachtungsphase Platz bietet. Damit wäre ein neuer Standort für Wissenschaftler gefunden: das Eingesperrtsein in einem Käfig, was die Beobachtung eines Vogels in Freiheit möglich macht.

Die Fahrt des Pontondreiecks geht zu Ende. Die Parfümeure sind ein wenig enttäuscht: immer die gleichen Blüten. Aber meine Ausbeute ist gut: Mich erwartet jetzt mehr als ein Jahr Arbeit. Dank Jean Krikorian wird die Konstruktion des Icos-Käfigs von der Hilfe des Technikums Claude-Lebois in Saint-Chamond profitieren.

G. Ebersolt

Der Icos-Käfig wird noch durch das Hinzufügen stabiler Planken verbessert werden, die den Einsatz von Teleskopen ermöglichen, damit die Ornithologen noch bessere Arbeitsbedingungen vorfinden.

Das zweite Forschungsgerät im Kronendach, das 1999 in Gabun das Licht der Welt erblickt hat, ist die Kronenkugel, das Werk von Dany.

Es handelt sich um einen mit Helium gefüllten Ballon von 180 Kubikmeter Fassungsvermögen und sechs Meter Durchmesser, der in der Lage ist, eine Person zu tragen. Diese sitzt auf einem um 360 Grad drehbaren Sitz wie in einem Sessellift. Vor der Fahrt der Kugel wird vom Luftschiff aus, beginnend im Basislager, auf dem Kronendach ein starkes Seil befestigt, das bis zu einem Kilometer lang sein kann und über feste Punkte an den hohen Baumkronen führt.

Unter Aufsicht Danys, des Erfinders und Konstrukteurs der Kugel, richtet sich der Passagier auf der Gondel ein. Bei sich hat er ein UKW-Funkgerät, leichtes Material für das Sammeln, die Fallen und die Beobachtung, für das Aufnehmen von Daten oder Bildern sowie Ballast in Gestalt von Wasserflaschen. Indem er auf diesen Ballast im Verhältnis zu den Auftriebskräften des Heliums in der Kugel setzt, erreicht Dany, dass das Gewicht des Ganzen gleich null wird. Es genügt also, wenn der Passagier leicht am Seil zieht, um sich an ihm entlangzubewegen. Er hat somit einen Kilometer Kronendach zur Verfügung; Karabinerhaken ermöglichen es, die Befestigungspunkte an den über das Kronendach hinausragenden Baumwipfeln zu überwinden, ohne sich darin zu verhaken.

Die einzige Einschränkung ist, dass man sich während der Fortbewegung auf dem Wald keinen heftigen Winden aussetzen darf, aber zum Glück erlaubt es die hohe Sitzposition des Passagiers, Regenschauer mühelos schon von weitem zu erkennen. Es hat sich gezeigt, dass die Nachmittage in diesen Breitengraden oft gewittrig sind, und so vermeidet man, die Kugel zwischen zwölf und achtzehn Uhr zu benutzen; vielmehr sind die Vormittage günstig, und die Nächte erlauben meist perfekte Fahrten.

Meine erste Fahrt in der Nacht zum 2. März 1999 werde ich wohl nie vergessen. Einige Zeilen in meinem Logbuch werden genügen, um die Atmosphäre wiederzugeben: »Fahrt in der Kronenkugel, damit ich den Vollmond ausnutzen kann. Großartiges Wetter, Ruhe, berauschende Blumendüfte und ein vielstimmiges Konzert im Kronendach. Ich finde, dass das Gerät sehr leicht zu handhaben ist; es ist wie ein Traum. Ich glaube, dies ist der Höhepunkt meines Aufenthalts auf dem Kronendach in Gabun.«

Die Magie der Fahrten mit der Kugel hat etwas mit dem Kronendach selbst zu tun, aber auch damit, dass man kein Motorengeräusch hört und dass man allein fährt, ohne dass man einen Pilotenschein braucht. Wenn man nach der Häufigkeit der Fahrten urteilt – im Jahr 1999 ist die Kugel an 35 Tagen 81-mal gefahren –, sind viele dieser Magie erlegen. Wir stehen übrigens erst am Anfang; da sich erwiesen hat, dass sowohl der Icos-Käfig als auch die Kugel zuverlässige Systeme sind, arbeiten wir im Augenblick an Vorhaben, um sie zu verbessern und die beiden miteinander zu kombinieren. Nichts spricht dagegen, dass ein etwas umfangreicherer Icos-Käfig Besatzungen von bis zu drei Personen aufnehmen könnte, und das unter (einigermaßen) komfortablen Bedingungen. Statt eines einzigen Seils könnte das Luftschiff auf dem Kronendach ein ganzes Netz von Seilen installieren, was es dem Passagier der Kugel erlauben würde, seinen Weg selbst zu bestimmen. Warum könnte das Besteigen der Kugel nicht von einem Icos-Käfig aus erfolgen, in dem der Passagier wiederum Hilfe und Material finden und wo er seine Daten oder Proben bearbeiten oder sich erfrischen könnte etc.?

Das Kronendach für alle? Wie man sieht, ist diese Vorstellung schon nicht mehr fern.

Jetzt ist der Moment gekommen, um den notwendigen Rückblick vorzunehmen, einen Gesamtüberblick über dieses Abenteuer des Baumfloßes zu gewinnen und zu überlegen, was in den kommenden Jahren aus all dem werden könnte.

Rückblick und Zukunftsprojekte

»Cosimo aber betrachtete die Welt vom Baum aus: Alles, was man von dort oben sah, war andersartig.«
Italo Calvino, Der Baron auf den Bäumen

Die Erforscher des Lebens

Der Beruf des Naturforschers war im achtzehnten und neunzehnten Jahrhundert gefährlich, aber auch schön. Man konnte nicht sicher sein, ob man aus fernen Ländern zurückkehren würde, aber zumindest reiste man mit einer gewissen Wertschätzung und genoss zudem den Beistand der Verwaltung und die Hilfe der Regierung. Diese ausgedehnten Expeditionen in ferne Länder waren wissenschaftlich sorgfältig vorbereitet. Jedes abfahrbereite Schiff nahm einen Stab von Wissenschaftlern an Bord, Astronomen und Physiker, Geografen und Naturforscher, nicht zu vergessen den Arzt, den Geistlichen, den Maler und den Zeichner.

Es ist die Akademie der Wissenschaften, die Jussieu und La Condamine 1735 nach Peru schickt: eine abenteuerliche Reise, von der sie Kurare, Chinin, den Kokastrauch und den Kautschukbaum mitbringen; zehn Jahre später segelt Pierre Poivre auf einem Schiff, das die Auslandsmission gechartert hat, zu den Sundainseln. Seine religiöse Berufung hat er definitiv verloren, aber als er die Inseln mit den indonesischen Kräutern und Gewürzen kennen lernt, wird er Botaniker. Bei der Entdeckung des Südpazifiks im Jahr 1768 hat James Cook die Naturforscher Banks und Solander an Bord. Dies ist auch das Jahr, in dem Bougainville sich bei einer Reise um die Welt, bei der Tahiti entdeckt wurde, von dem Botaniker Commerson begleiten lässt. 1785 ist Lapérouse an der Reihe, sich aufs Meer hinauszubegeben. Er wird von einer Gruppe von Wissenschaftlern begleitet, darunter dem Mathematiker Monge und dem Botaniker Martinière. Bonaparte vergewissert sich der Dienste des Zoologen Geoffroy Saint-Hilaire, als er 1798 zu der Ägypten-Expedition aufbricht, und im Jahr darauf unternehmen Humboldt und Bonpland in Lateinamerika eine naturwissenschaftliche Forschungsreise, die für Humboldt fünf Jahre dauerte und für Bonpland ... siebenundfünfzig Jahre. 1831 ist es Kapitän FitzRoy, der Darwin zu einer fünf Jahre dauernden Weltumsegelung mitnimmt, an deren wissenschaftlicher Ausbeute sich heute noch, nach mehr als hundertfünfzig Jahren, unsere zeitgenössische Biologie ausrichtet. Es war, da gibt es keinen Zweifel, die große Zeit der Naturforscher und derer, die sich ihr trotz aller Gefahren widmeten – ein beneidenswertes Schicksal. »Nach ihrer Rückkehr wurden die Forschungsergebnisse nicht geheim gehalten, sondern zum Wohle aller verbreitet. Die Öffentlichkeit interessierte sich leidenschaftlich dafür. Man verschlang die hinreißenden Berichte der Forschungsreisenden, die das Paradies von Inseln beschrieben, die aus dem unendlichen blauen Meer auftauchten, mit Palmen, Stränden und warmherzigen Menschen, mit liebenswürdigen Frauen und dem tiefen Schmerz im Augenblick der Abreise.«[31]

Wohlgemerkt gab es auch bei diesen Forschungsreisen der vergangenen Jahrhunderte schon zweifelhafte Aspekte; ihnen lag oft ein politisches Kalkül zugrunde, sie kündeten schon von künftigen kolonialen Annexionen und beteiligten sich an dem Konkurrenzkampf der großen Mächte der Zeit. Was wird im einundzwanzigsten Jahrhundert aus der Erforschung alles Lebenden werden?

Seit dem Ende des neunzehnten Jahrhunderts verändert sich der Stil der Forschungsarbeit. Die Weltkarte ist seit langer Zeit fertig, und der technische Fortschritt ermöglicht neue Ambitionen. Die Naturforscher richten ihre Aufmerksamkeit auf Ziele, die immer schwerer zu erreichen sind und gelegentlich an die Grenzen der menschlichen Leistungsfähigkeit gehen. Norbert Casteret erforscht Höhlen und macht die Höhlenforschung populär, während Théodore Monod zum unbestrittenen Spezialisten für die Wüstenzonen der Erde wird. Paul-Emile Victor stürzt sich auf das Packeis am Nordpol und die Gletscher des Südpols; Jean-Louis Etienne löst ihn ab, aber unter noch härteren Bedingungen, weil er allein arbeitet. Auguste Piccard und später Jean-Jacques Cousteau setzen bei ihrer Arbeit technische Lösungen ein, die es ermöglichen, eine sehr alte Herausforderung anzunehmen, das Leben des Menschen im Meer; die Techniken werden immer perfekter, und die Tiefen der Meere werden erobert. Sir Edmund Hillary und sein Sherpa Tensing besteigen den Mount Everest, während Haroun Tazieff die vulkanischen Gipfel in Angriff nimmt, von denen Felsbrocken in geschmolzenem Zustand herunterströmen wie Schokoladenguss auf Windbeuteln. Auguste Piccard gibt – wieder er – den Anstoß zu Weltraumflügen, und die Geschichte wird den Namen Juri Gagarins im Gedächtnis behalten, der 1961 der Erste einer langen Reihe von Astronauten ist; 1969 landet der erste Mensch auf dem Mond.

Die Zwiespältigkeit der beiden vorhergehenden Jahrhunderte wird jedoch nicht verschwinden, sondern nur noch größer werden. Die Wissenschaft bleibt die offizielle Motivation von Forschungsreisenden, aber es gibt auch ein Einvernehmen, manchmal auch Zugeständnisse, wenn es zu Verbindungen mit Medien, Öffentlichkeit, Sport, Politik, Nationalismus oder Waffenindustrie kommt.

In jüngster Zeit leistet man einer Art Niedergang Vorschub, oder man versucht, sich gegenseitig zu überbieten. Somit weicht die Forschung allmählich der Ausbeutung. Man verfolgt zunehmend unerreichbare Ziele unter Bedingungen, die immer unvernünftiger werden: Man begibt sich im Winter allein ins Hochgebirge, überquert den Pazifik allein in einem Ruderboot, segelt als Einhandsegler um die Welt, wenn man die Vierzig schon längst überschritten hat, schwimmt allein über den Atlantik, taucht ohne Atmungsgerät hundert Meter tief usw. Ich muss gestehen, dass mir das keine sonderliche Bewunderung abnötigt; James Cook, Jean-François de Lapérouse oder Louis Antoine de Bougainville hätten das vermutlich absurd und nutzlos gefunden.

Wie P.-E. Victor sagt, geht es heute weit mehr um eine Erforschung seiner selbst als um eine Erforschung der Welt: »Wir wollten uns auf die Probe stellen. Sehen, ob wir zu dem fähig waren, was wir uns vorgenommen hatten. Wir wollten an unsere Grenzen gelangen [...]. Ich wollte sehen, wie weit meine körperliche Leistungsfähigkeit und meine Moral reichen, und einen Sieg über den Mann erringen, der ich wirklich bin – über den Mann, der ich zu sein glaubte.« Somit ist der Naturforscher für sich selbst zu einer »terra incognita« geworden.

Das Leben tritt in den Hintergrund

Wenn der Zugang zu neuen Forschungsgebieten für unsere heutigen Forschungsreisenden schwierig ist, ist er es aber auch für die meisten anderen Lebewesen: Man denke nur an Feuer speiende Vulkane, an Gletscher und schneebedeckte Gipfel, an tiefe Höhlen, in denen permanente Dunkelheit herrscht, an die Sahara oder die Wüste Gobi, an tiefste Meeresgräben, die einem unvorstellbaren Druck ausgesetzt sind, an ewiges Eis, das in etwas erstarrt ist, was

Fridtjof Nansen »die weiße Stille« nennt, »in der Schönheit und Tod einander berühren«. Nichts von all dem ist dem Leben sehr förderlich. Die seltenen Lebensformen, die man dort findet, überraschen uns durch ihre hohe Spezialisierung – Eisbären und Kaiserpinguine; Wüstenpflanzen, die in drei Wochen keimen, blühen und sterben können; blinde Fische und pigmentlose Insekten; Würmer und Bakterien siedeln sich in einer lebensfeindlichen Umwelt an – aber keines dieser extremen Milieus kann auf unserem Planeten als eine Wiege des Lebens angesehen werden; dies sind feindselige Räume, in denen gelegentlich einigen hyperspezialisierten Lebewesen das Überleben gelingt. Vulkane, Mond, Weltraum – dies sind völlig lebensfeindliche Räume, in denen es kein Leben gibt.

Welch ein Gegensatz zwischen unseren Forschern des zwanzigsten Jahrhunderts und denen der vorhergehenden Jahrhunderte! Die Zeitgenossen bevorzugen die Schwierigkeit der Forschung, am liebsten in Regionen, in denen man nur selten Leben findet oder überhaupt nicht, während der Forschungsreisende des achtzehnten und neunzehnten Jahrhunderts die Aufgabe hatte, eine Bestandsaufnahme des Lebens anzufertigen, und er suchte es dort, wo es seinen höchsten Entwicklungsstand erreicht hatte. Banks bei der Entdeckung der Botany Bay, Humboldt am Orinoco, Wallace auf dem Amazonas, Darwin in der Mata Atlantica Brasiliens oder auf den Galapagosinseln – sie alle begeisterten sich am Schauspiel des Lebens in den tropischen Regenwäldern, in denen die Naturgeschichte, wie man sie damals nannte, ihre größte Pracht entfaltete.

Ist diese Epoche endgültig abgelaufen? Hat das Leben all die, welche die Welt umreisen, nichts mehr zu lehren? Wo hat das Abenteuer des Baumfloßes in dieser kurzen Geschichte der Erforschung des Lebenden seinen Platz?

Dieses Abenteuer knüpft in mehrfacher Hinsicht an eine Tradition des neunzehnten Jahrhunderts an.

Die biologische Vielfalt ist unser Forschungsgegenstand, und wir suchen sie dort, wo sie weltweit am größten ist, im Kronendach der äquatorialen Primärwälder. Wie im neunzehnten Jahrhundert umfasst die Expedition eine große Zahl von Wissenschaftlern, von Entomologen und Botanikern, Physiologen und Virologen, und auch hier wollen wir den Arzt und den Maler nicht übergehen; allein den Geistlichen haben wir vergessen ...

Wir laufen keine Gefahr, uns massakrieren zu lassen wie Cook oder Schiffbruch zu erleiden wie Lapérouse, aber die Gefahren sind doch höchst real, nämlich zwischen den Seilen, die manchmal reißen, und gelegentlich einstürzenden Bäumen. Nicht zu vergessen unbekannte »Arbo-Viren«.[32] Niemand unter uns ist auf persönliche Höchstleistungen aus; wir sind nicht gekommen, um unsere Grenzen auszuloten, sondern um der wissenschaftlichen Forschung ein neues und voller Zukunftsmöglichkeiten steckendes Gebiet zu erschließen, und zwar mit einem Höchstmaß an Sicherheit und, falls möglich, einer guten Lebensqualität.

Die dabei benutzte Technologie – Heißluftballon, Heliumballon, Heißluftzeppelin, Hütten in den Bäumen, Aufbauten von Segelschiffen – lässt durchaus an das neunzehnte Jahrhundert denken. »Es sind die einfache Technologie und die einfachen Ideen, welche sich durch Vernunft auszeichnen. Nichts Futuristisches, nichts Größenwahnsinniges; die Einfachheit hat immer Vorrang gehabt, und aus diesem Grund funktioniert es auch«, sagt Gilles Clément.

Maritime Erinnerungen tauchen vor meinem inneren Auge auf, das neunzehnte Jahrhundert, das goldene Zeitalter der Segelschiffe. Monatelang von der Familie getrennt zu sein, nur um eine Arbeit voller Abenteuer in einer fernen Weltgegend zu erledigen; ein Leben in Einsamkeit in einem Lager mit einer Mannschaft, die schnell so funktioniert wie ein eingespieltes Gespann. Man gewöhnt sich an, vor Tagesanbruch aufzustehen, in feuchte Kleidung zu schlüpfen, im Lichtschein einer Lampe seinen Kaffee zu trinken. Taue anholen, das Segel brassen, Bändsel verknoten, Seilschlingen anbringen, Schäkel verschließen; in der Hitze am Äquator unter einem Zeltdach den Tag auf der Brücke verbringen oder in Stiefeln und Ölzeug dort bei strömenden Regen schlafen. Der einzige armselige Trost sind ein Fläschchen Rum und Sicherheitsgurte, damit man nicht Gefahr läuft, über Bord zu fallen.

Die Arbeit ist gewiss interessant, und wir spüren alle, dass sie auch wichtig ist; das verhindert aber nicht, dass man leicht das Ziel des Unternehmens aus den Augen verliert, wenn man Tag für Tag im gleichen Trott weitermachen und Tag und Nacht Regen, Insekten und Schlamm ertragen muss. Ich kann mir vorstellen, dass die Matrosen auf der *Boudeuse*, der *Beagle* oder der *Astrolabe* eher ihre verschimmelten Kekse und die Verwaltung des Spiekervorrats im Kopf hatten als die Weltumsegelung und deren historische Bedeutung.

Das Abenteuer des Baumfloßes hat aber wohlgemerkt nicht nur Anklänge an die Vergangenheit. Dieses Unternehmen ist ebenso typisch für die heutige Zeit, und das nicht nur durch die zahlreichen Ausrüstungsgegenstände, die auf dem neuesten Stand der Technik sind, etwa das differentiale GPS-Satellitenortungssystem, die Verwendung von Datenbanken, Satellitentelefon, Internet etc. Dies alles sind Dinge, die uns im Übrigen auch äußerst nützlich sind.

Die Naturgeschichte des Sponsors …

Was an unserer Zeit gut ist, ist die Rolle, die Sponsoren und Medien spielen; außerdem die Tatsache, dass die Forschungsreisen, die zur Zeit von Lapérouse vom Staat in Auftrag gegeben wurden, heute zunehmend von einer privaten Finanzierung abhängig sind.

Das Verhalten des Sponsors ist bis heute kaum erforscht worden. Da ich Gelegenheit gehabt habe, ihn mehrmals aus nächster Nähe und in seinem natürlichen Habitat zu beobachten – in komfortablen Büros, die oft in den Bürotürmen des Pariser Stadtteils La Défense untergebracht waren –, halte ich es für nützlich, hier die Hauptelemente der Naturgeschichte des Sponsors darzulegen, einer Art, der man sich nur unter großen Schwierigkeiten nähern kann. Der direkte Vorfahr des Sponsors, der Mäzen, ist eine inzwischen vollständig ausgestorbene Art, von der wir nur durch die Arbeiten von Paläontologen Kenntnis haben. Er verlangte für seine Wohltaten keinerlei Gegenleistung, was aus nahe liegenden Gründen ein in der heutigen Welt unangemessenes Verhalten darstellt. Mit dem Sponsor verhält es sich wie folgt: Ob er nun im Erdölgeschäft tätig ist oder Schönheitsprodukte verkauft, Büromaterial oder Medikamente, Kunststoffe oder Parfüms, ein Sponsor ist nur dann bereit, uns zu helfen, wenn das auch bekannt wird. Seine »Abteilung Öffentlichkeitsarbeit«, kurz die Werbefritzen seines Unternehmens, vergewissern sich folglich, dass wir auf den aufblasbaren Pontons und an der Gondel des Luftschiffs »Logos« anbringen, die eher sichtbar als ästhetisch sind; im Übrigen trommeln diese Werbeleute auch die Medien zusammen: Journalisten, Fotografen, Fernseh- oder Filmteams – oder alle auf einmal! –, damit die Bilder der Logos, die sozusagen immer »im Brennpunkt des Geschehens« zu finden sind, in der ganzen Welt verbreitet werden, was der einzige gültige Maßstab für Werbeleute mit Selbstachtung ist. Nebenbei bemerkt, wird man auch hier wieder einen Verweis auf die christliche Seefahrt bemerken: Heutzutage tragen die großen Hochseesegler, die an großen Regatten teilnehmen, die Logos von Immobiliengesellschaften, Versicherungsunternehmen oder Pastetenfabriken. Riesige Logos übrigens, denn Zurückhaltung gehört nicht zu den Gewohnheiten dieser Art, des Sponsors.

Hoffen wir, dass diese Medienaktionen dazu beitragen, die Verkäufe anzuregen, damit die Aktionäre träumen können, oder dazu beitragen, das Image der Unternehmen, die uns finanzieren, »grün zu machen«.

Ich habe Gelegenheit gehabt zu sagen, wie bestimmte Medienaktionen für uns äußerst nützlich gewesen sind und dass die Medien gelegentlich eine wesentliche Rolle bei der Entwicklung unserer Projekte gespielt haben. Aber leider ist die Situation nicht immer so günstig; die Medien können manchmal auch ein eigenartiges Verhalten an den Tag legen, das es verdient, besser bekannt zu werden, und sei es nur, damit man sich dagegen wappnen kann. Das Studium der Medien ist keine leichte Sache, denn wie jeder weiß, kann diese Art durchaus unkontrollierbar sein. Gehen wir also behutsam vor.

… und die Ethologie der Medien

Wir stehen hier nicht vor einer bedrohten, sondern vor einer jungen, ehrgeizigen und bestens ausgerüsteten Art. Die Medien gehören zur heutigen Oberschicht und sind gegenwärtig in voller Expansion begriffen wie die Dinosaurier in der Trias. Sie breiten sich einer Dynamik zufolge aus, die man als krakenhaftes Wachstum bezeichnen könnte. Sie sind wahre Tyrannosaurier der heutigen Zeit und unterwerfen sich die Mehrzahl der sie umgebenden Arten, darunter auch Entscheidungsträger und Politiker.

Der Fall

13. Oktober 1986. – Montsinéry, Französisch-Guayana. Dany geht auf dem Floß über Bord, mitgezogen durch das Umsinken eines Morototo. Da er mit Sicherheitsgurten ausgerüstet ist, klettert er ohne jede Schwierigkeit wieder an Bord.

Die Bilder von Danys Sturz, den Alain Devèze, ein Filmemacher beim CNRS, gefilmt hat, kleben an uns wie ein schweißdurchtränktes T-Shirt. Die verschiedenen Filme, in denen diese Sequenz untergebracht worden ist – infolge von Verhandlungen, wie ich annehme –, haben die Allgemeinheit glauben lassen, dass es häufig, ja sogar gewohnheitsmäßig zu solchen Zwischenfällen kommt.

Wir sind den Medien, die es uns ermöglicht haben, einen großen Teil unserer Arbeiten zu finanzieren, großen Dank schuldig; sie haben aber auch viel dazu beigetragen, irreführende Gemeinplätze zu verbreiten, beispielsweise was die Häufigkeit unserer Expeditionen betrifft.

Da sie einige unserer Filme bei verschiedenen Gelegenheiten gesehen haben, stellen viele sich vor, dass sich das Baumfloß permanent auf dem Kronendach befindet und ich mich für den Rest meines Lebens in den tropischen Regenwald zurückgezogen habe.

Die Wirklichkeit sieht anders aus. In der Zeit der Entbehrungen (in den Jahren 1992 bis 1996) musste ich gegen die Ratten kämpfen, die sich vorgenommen hatten, das ganze Baumfloß mit Haut und Haaren zu verschlingen, das in einer Scheune im tiefsten Limousin gelagert war.

Glücklicherweise waren die Ratten am Ende des PVC überdrüssig, und Pronatura trat auf den Plan, um uns bei der Suche nach Sponsoren unter die Arme zu greifen.

G. Ebersolt

Unwahrheiten machen den Medien oft keine Angst. Nach unserer Expedition von 1999 in Gabun fühle ich mich angegriffen, als ich in *Paris Match* lese, dass »Arbo-Viren« Viren seien, die von … Bäumen übertragen würden. Ich bemühe mich, das Wissen um Bäume zu fördern, und ein Journalist wagt es zu schreiben, dass diese vermutlich Virenerkrankungen auf den Menschen übertragen können. Ich hoffe, dass ihn eine Fichte mit der Tropengrippe ansteckt!

Es ist aufschlussreich, das Verhalten eines Fernsehteams zu beobachten, wenn es in einem unserer Waldlager ankommt. In der Mehrzahl aller Fälle sind diese Leute zahlreich, hoch motiviert, bewundernswert ausgerüstet und verfügen über ein üppiges Budget – über dessen Kargheit sie sich trotzdem unaufhörlich beklagen. Es fehlt ihnen weder an Mitteln noch an Personal, um Forscher bei der Arbeit zu filmen, während diese sich meist mit den mageren Geldern ihrer Labors herumschlagen müssen; man finanziert kaum noch die, die etwas tun, sondern die, die nur zeigen, was man tut!

Eins fehlt den Medienleuten jedoch: Zeit. Sie müssen unbedingt in achtundvierzig Stunden die Bilder von Aktivitäten »herunterkurbeln«, für deren Planung wir meist einen Monat brauchen. Sie tun so, als verstünden sie nicht, dass die Unmöglichkeit, das Wetter vom nächsten Tag vorherzusehen, die experimentelle Natur unserer Arbeiten oder einfach nur die Zufälle des Lebens in den Tropen Verzögerungen mit sich bringen können; Verzögerungen können sich nämlich sehr schnell in Katastrophen verwandeln. Ich füge hinzu, dass diese Leute im Allgemeinen gut ausgebildet, entschlossen und schlau sind, sich bei Fehlschlägen aber mit viel Geschick aus der Affäre zu ziehen verstehen.

Wenn der Film schließlich fertig ist, wird er beim Publikum meist gut aufgenommen, und das ist für den Sponsor, der ihn in Auftrag gegeben hat, offenkundig das Einzige, was zählt. Leider hat derselbe Film oft auch unerwünschte Nebenwirkungen; die öffentlichen Körperschaften, deren Aufgabe es ist, die wissenschaftliche Forschung zu finanzieren, sind in unserem Land traditionell zaghaft. Sie haben meist eine schreckliche Angst vor den Medien, die weder an ihrer Kultur noch an ihren Traditionen teilhaben – oder noch nicht teilhaben.

Diese öffentlichen Körperschaften betrachten uns von oben herab, als wären wir Verirrte, die mit den Medien unter einer Decke stecken und infolgedessen nicht fähig sind, etwas Brauchbares zur Förderung der Wissenschaften beizutragen; dies nehmen sie dann zum Vorwand, unsere Forderungen abzulehnen und die Finanzierung zu verweigern, die wir so nötig brauchen. Das erlaubt es diesen öffentlichen Körperschaften, ein Bild von sich zu bewahren, das über jeden Verdacht erhaben ist – mangels eines dynamischen Images. Was die Mannschaft des Baumfloßes betrifft, sieht es sich dadurch erneut gezwungen, an private Sponsoren heranzutreten – und somit die Medien zu akzeptieren, die zu den Sponsoren dazugehören; und damit schließt sich der Kreis. Jedenfalls betone ich nach wie vor die nützliche Rolle der Medien. Ihnen ist es zu verdanken, dass das Baumfloß dem breiten Publikum bekannt ist; man informiert sich darüber, diskutiert in der Öffentlichkeit: Warum ist es so wichtig, die tropischen Regenwälder zu retten? Was ist das Kronendach überhaupt? Ist es so schön, wie man behauptet? Was enthält das Kronendach an interessanten Dingen? All das erleichtert uns die Suche nach Hilfsgeldern; heute finden wir sie leichter als vor zehn Jahren.

Die Erforschung des Kronendachs unterscheidet sich noch in einem weiteren Punkt von den Forschungsreisen des neunzehnten Jahrhunderts: Die Studienobjekte verschwinden heute nämlich unter unseren Augen.

Es ist fünf Minuten vor zwölf

Weder der Weltraum, der Mond, das Packeis, die heißen Wüsten in den Tropen, die Höhlen und Vulkane noch die Meeresgräben oder das Meer selbst, das den größten Teil unseres Planeten bedeckt, sehen sich in ihrer Existenz bedroht.

Der Zugang zu diesen fernen Gegenden, für die zeitgenössische Forscher eine Vorliebe haben, ist zwar schwierig, doch dafür ist deren Zukunft gesichert: Man ist sich darin einig, dass kein Mensch daran denkt, sie zu zerstören; selbst wenn man wollte, könnte niemand das schaffen. Die wahre Bedrohung ist die Verschmutzung und nicht das Verschwinden.

Bei den tropischen Regenwäldern sieht die Situation ganz anders aus, da der Mensch die Mittel besitzt, sie zu zerstören, und wie ich es zuvor schon gesagt habe, schreckt er auch nicht davor zurück. Es lässt sich vorhersehen, dass in den allerersten Jahren des einundzwanzigsten Jahrhunderts die tropischen Primärwälder – also ihr Kronendach – tatsächlich verschwunden sein oder, so die günstigere Hypothese, durch triste Sekundärwälder ersetzt sein werden. Auf Sekundärwäldern darf man aber keinesfalls landen: Man erinnere sich an die Morototos!

Unter diesen Bedingungen wird klar, warum Wissenschaftler, die sich für das Kronendach der Primärwälder interessieren, von einem immer stärkeren Gefühl der Dringlichkeit getrieben werden.

Das Kronendach ist ein in sowohl topografischer als auch biologischer Hinsicht äußerst komplexes Gebilde. Es fehlt an klaren begrifflichen Modellen ebenso wie an Datenmaterial. Das Kronendach stellt uns vor bedeutende ökologische und ökonomische Probleme, und überdies ist der Zugang zu ihm wirklich schwierig. Fügen wir noch hinzu, dass es in seiner Existenz bedroht ist, während wir noch daran arbeiten, uns die zu seiner Erforschung notwendigen Werkzeuge vorzustellen und zu bauen. Zum Glück sind die bisher unternommenen Anstrengungen nicht vergeblich gewesen; inzwischen verfügen wir über ein größeres Wissen um das Kronendach, was für all jene neue Wege eröffnet, die der Abholzung der Wälder in den feuchten Tropen Einhalt gebieten wollen, um die letzten zusammenhängenden großen Primärwälder zu retten.

Der Zusammenhang zwischen dem Wissen über das Kronendach und der Erhaltung der Wälder ist keineswegs klassisch, sondern eine neue Idee. Die Frage ist schon angeschnitten worden, verdient es aber, hier etwas ausführlicher erörtert zu werden. Heute sieht die Lage wie folgt aus:

Das Kronendach der tropischen Primärwälder ist eine ungeheure, bis jetzt aber noch kaum erforschte Naturreserve. Der Regenwald enthält Rohstoffe, die bei industriellen Spitzenprodukten Verwendung finden könnten, ferner in Pharmazie und Medizin, in Chemie, Agrochemie, in der Dermatologie und in der Kosmetikindustrie, aber auch bei der Herstellung von Parfüms und Lebensmittelaromen etc.[33]

Die genannten Bereiche locken fortgeschrittene Technologien an, die in der Lage sind, einen ungeheuren Mehrwert zu erzeugen. Insgesamt hätten sie eine ökonomische Bedeutung, die der reinen Ausbeutung des Waldes weit überlegen ist. Holz ist insgesamt gesehen ein einfaches Produkt, das sich in industriell arbeitenden Plantagen leicht produzieren lässt, und zwar sowohl in gemäßigten wie tropischen Klimazonen.

Wir müssen uns zwischen Vergangenheit und Zukunft entscheiden

Wenn man einem Primärwald Holz entnimmt, verdammt man ihn damit zunächst zur biologischen Verarmung und dann zum Verschwinden. Es ist höchste Zeit, dass dies als archaische Tätigkeit aus kolonialer Zeit begriffen wird. Im Grunde unterscheidet sie sich nicht von der Landrodung durch Mönche im Europa des zwölften Jahrhunderts. Mit den ökologischen Anforderungen unserer modernen Gesellschaften ist dieses einfache Abholzen unvereinbar. Jetzt liegt es an uns, zwischen Vergangenheit und Zukunft zu wählen.

Kohlengruben und Webereien haben der Elektronik und der Informationstechnologie Platz gemacht; es ist höchste Zeit, dass eine intelligente Nutzung der biochemischen Ressourcen des Kronendachs den reinen Holzeinschlag in den Primärwäldern der Tropen ersetzt. Diese Tätigkeit dient nur noch der Entnahme von Holzvorräten und ist außerdem auf mangelnden Ideenaustausch in Weltgegenden zurückzuführen, in denen die Informationsfreiheit erst noch Fortschritte machen muss.

Die Kronendach-Lösung

Die Kronendach-Lösung besteht also einmal darin, dass der Holzeinschlag in den Primärwäldern nach und nach aufgegeben wird, um durch Holz aus Plantagen ersetzt zu werden, zum anderen müssen die biochemischen Ressourcen des Kronendachs aufgewertet werden.

Das ist eine rentable Aufwertung, woran nicht zu zweifeln ist. Sie ist für Spitzentechnologien reizvoll, weil sie Wirtschaftssektoren der Zukunft betrifft. Überdies ist sie imstande, eine Fülle segensreicher Nebeneffekte auszulösen. Darauf gründet sich im Übrigen mein Optimismus; ich glaube, dass die Kronendach-Lösung ihren Weg machen wird, weil ich mir keine Industriegesellschaft vorstellen kann, die sich nicht für die Möglichkeit interessiert, ihre Gewinne zu steigern.

Unter den rund zwanzig sehr großen Holzunternehmen, die sich gegenwärtig die letzten Primärwälder teilen, muss man einige finden, die genug Format haben, um auf diesem Weg voranzugehen. Wenn sich diese Firmen mit der pharmazeutischen Industrie zusammentun, sich neu orientieren und, von einem Rohstoff ausgehend, zu dem sie einen bevorzugten Zugang haben, ihre Tätigkeit auf die biochemische Nutzbarmachung des Kronendachs ausrichten, bekämen sie Zugang zu einem industriellen Spitzensektor. Sie würden damit zwei Fliegen mit einer Klappe schlagen, nämlich nicht nur ihren Gewinn erhöhen, sondern auch ihr Image in den Augen der Öffentlichkeit verbessern.

Mögliche Einwände kommen mir in den Sinn: Wird eine Nutzung des Kronendachs für den Regenwald nicht genauso schädlich und zerstörerisch sein wie die Abholzung? Ich glaube, dass man in dieser Hinsicht beruhigt sein kann. Die Entnahme von Material zur biochemischen Nutzung findet in der Krone des Baums statt, inmitten seines Vorrats an jungen Meristemen.[34] Damit ist eine schnelle Erneuerung sichergestellt. Es ist möglich und wahrscheinlich sogar leicht, eine nachhaltige Nutzung der biochemischen Ressourcen des Kronendachs zu erreichen. Ein interessantes Modell gibt es schon: Das so genannte canopy-farming, das an der Landwirtschaftsuniversität von Wageningen auf Anregung von Professor R.A.A. Oldeman ins Leben gerufen worden ist. Dabei handelt es sich um eine technisch hoch komplizierte industriemäßige Erzeugung kostbarer Pflanzen im Kronendach der tropischen Regenwälder, womit man sich die besonderen Bedingungen zunutze macht, die dort herrschen. Diese Pflanzen dienen verschiedenen Zwecken. Es können Zierpflanzen sein, medizinische Heilkräuter, Pflanzen mit anregenden Bestandteilen. Die Produkte erhalten ein Etikett als umweltfreundlich, womit bezeugt wird, dass der Regenwald geschützt bleibt, was den kommerziellen Wert noch erhöht; diese »Landwirtschaft im Kronendach« scheint wirtschaftlich sehr lohnend zu sein.

Ein weiterer Einwand: Werden die Industriellen nicht so vorgehen, nachdem sie ein paar Kilo Blätter, Blüten oder Früchte entnommen haben, dass sie die sie interessierenden Moleküle extrahieren, um diese dann zu analysieren und anschließend zu kopieren, um sie dann synthetisch herzustellen, bevor sie ein Produkt auf

Eine Bodenstation im Regenwald

A = Baumfloß
B = Turm
C = Icos-Käfig
D = Kronenkugel
E = Forschungsstation
F = Botanischer Garten
G = Luftschiff auf der Startplane
H = Luftschiff mit darunter hängendem Pontondreieck
I = Kronenkugeln auf einem Netz aus Seilen
J = Kran

Diese Station im Regenwald ist ein futuristisches Konzept, aber keineswegs utopisch, da sämtliche Geräte und Vorrichtungen, die hier dargestellt sind, sich in der Praxis schon bewährt haben.

den Markt bringen, das dem Herkunftsland keinerlei finanzielle Rückflüsse bringt, das sich dafür aber seiner natürlichen Ressourcen total beraubt sieht? Noch vor kurzer Zeit wäre diese Befürchtung vollauf berechtigt gewesen, aber seit dem Umweltgipfel von Rio de Janeiro im Jahr 1992 sind juristische Konsequenzen möglich geworden. Diese garantieren den tropischen Ländern, den Eigentümern der jeweiligen Ressource, eine gerechte wirtschaftliche Vergütung. Das Biodivalor-Programm der NGO Pronatura International ist eins der besten Beispiele solcher Mechanismen; die Zukunft wird erweisen, ob sie wirksam sind; aber schon jetzt kann man hoffen, dass sich das »Bio-Piratentum« dank der Konventionen von Rio allmählich dem Ende zuneigt.

Schließlich noch ein eher technischer Einwand: Wird man sich nicht für die leichteste Lösung entscheiden, die darin besteht, dass man den Baum einfach fällt, um so die Blätter ernten zu können? Stößt es nicht auf unüberwindliche Schwierigkeiten, im Kronendach pflanzliche Rohstoffe zu sammeln? Auch dieser Einwand wäre bis in die jüngste Zeit hinein berechtigt gewesen, aber seit den achtziger Jahren hat sich die Lage stark gewandelt. Inzwischen verfügen wir nämlich über eine ganze Palette technischer Möglichkeiten, die es erlauben, in völliger Sicherheit oben in den Bäumen Pflanzenproben zu sammeln. Der Zugang zum Kronendach ist zwar noch nicht Routine geworden, aber immerhin für jede Bodenstation im tropischen Regenwald eine Notwendigkeit, um jedes Forschungsprogramm von einigem Umfang bewältigen zu können. Wissenschaftler, die sich dieser Notwendigkeit entziehen wollen und dafür lieber ausschließlich am Boden arbeiten, wie man es früher tat, würden als Leute gelten, die keinerlei geistigen Ehrgeiz haben und sich mit einem Leben im Keller zufrieden geben.

Eine einfache, aber wichtige und nur zu selten gestellte Frage, wenn man davon ausgeht, dass der tropische Regenwald die Lebensreserve auf unserem Planeten ist: Investieren wir genug in sein Studium und in seine Rettung? Sind die heute schon unternommenen Anstrengungen ausreichend und der Dringlichkeit der Frage angemessen? Mit Sicherheit nicht!

Ein Kilometer Autobahn

1988 zeigte mir Herr Yoshinaga, der Vertreter unseres Sponsors Dentsu, auf der Ginza in Tokio, den Champs-Elysées der japanischen Hauptstadt, eine der Bodenplatten der Straße: »Ein Quadratmeter auf der Ginza«, sagte er mir, »kostet mehr als der Bau Ihrer Ausrüstung mit Luftschiff und Baumfloß.« Vergessen wir nicht: Eine Steinplatte entspricht dem, was unsere Gesellschaft für die tropischen Regenwälder aufwendet.

Ich habe Gelegenheit gehabt, es weiter oben schon zu sagen, dass sich die Gesamtheit der Mittel, die unsere Sponsoren seit der Schaffung des Baumfloßes (1985 bis 2000) zur Verfügung gestellt haben, auf 20 Millionen Francs beläuft (das sind rund drei Millionen Euro). Mein Freund Nordine Hachemi, kaufmännischer Angestellter in einem Tiefbauunternehmen, liefert mir zu diesem Thema einen viel sagenden Vergleich: 20 Millionen Francs betragen die Baukosten eines Kilometers Autobahn! Dieser Preis gilt in der Ebene, denn in den Bergen, wo besondere Bauten, etwa Brücken, notwendig sind, kann der Preis für einen Kilometer Autobahn auf 400 Millionen Francs steigen (etwa 60 Millionen Euro).

Ein weiterer Vergleich aus dem Tiefbau: Der Bau eines Kreisverkehrs auf einer Nationalstraße kostet rund zehn Millionen Francs oder 1,5 Millionen Euro. Eine Expedition mit dem Baumfloß – zwei Monate im Gelände, Errichtung eines Lagers, Reisekosten und Gehälter der Mannschaft, Materialtransport, Logistik, Treibstoff und Versicherungen – kostet drei bis fünf Millionen Francs.

Zwei, ja sogar drei Expeditionen auf dem Kronendach wären möglich für den Preis eines Kreisverkehrs! Ich höre schon die kritischen Bemerkungen: Dieser Kreisverkehr dient aber allen und ist für den Zweck bestimmt, Todesfälle auf der Straße zu vermeiden, während das Kronendach einer kleinen Zahl von Technikern und Wissenschaftlern vorbehalten ist; womit können ihre Forschungen für uns nützlich sein? Für uns, Europäer, Chinesen, Japaner oder Amerikaner, Australier, Argentinier oder Neuseeländer, die zwischen dem 30. und 60. Breitengrad leben? Inwiefern betrifft die Zukunft der tropischen Regenwälder auch uns?

Man muss sich klar machen, dass diese Regenwälder, deren biologische Prozesse das ganze Jahr über anhalten, erstens unsere Atmosphäre reinigen,[35] aber auch Kohlenstoff und umweltschädliche Substanzen binden, was ein Ergebnis des Reinigungsprozesses ist; die Zerstörung dieser Wälder würde einmal zu einem Rückgang dieser Reinigungskraft führen, andererseits würden aber auch Kohlendioxyd und umweltschädliche Stoffe, die in den Baumstämmen gespeichert sind, in die Atmosphäre abgegeben werden. Denken wir noch einmal an die Zeit Ende 1997 zurück. Damals wüteten in Südostasien große Waldbrände. Die Bewohner der betroffenen Regionen haben nur überlebt, weil sie ständig Gesichtsmasken trugen. Was CO_2 betrifft, kann man es nicht direkt als umweltschädliche Substanz ansehen, aber man sollte seine Rolle beim Treibhauseffekt nicht vergessen. CO_2 trägt zur Aufheizung des Weltklimas bei und zum Steigen des Meeresspiegels. Ich möchte auch andere zu dieser Überzeugung bringen, die auf ungezählten Belegen beruht, dass nämlich eine Rettung der tropischen Regenwälder ebenso wie der Bau eines Kreisverkehrs dazu bestimmt ist, Todesfälle zu vermeiden.

Wenn wir realistisch sind und den tropischen Regenwald aufgrund seines wirklichen Werts einschätzten – seines Werts für das

Leben und die Gesundheit des Menschen –, würden wir uns nicht mit ein paar in den Tropen verstreuten Forschungsstationen zufrieden geben, mit einigen Fußgängerbrücken, Plattformen und Kränen, aber auch nicht mit einem Baumfloß, das alle zwei Jahre nur zwei Monate lang eingesetzt wird.

Wir müssen lernen, in grösseren Dimensionen zu denken

Bei einer realistischen Betrachtungsweise würden wir nicht zögern, in die Erforschung des tropischen Kronendachs ebenso viel Geld zu investieren wie in die Erforschung der Weltmeere: Jedes Industrieland hat eine eigene Flotte von Meeresforschungsschiffen, und diese Forschungsarbeiten werden in weltweitem Maßstab koordiniert; der ökonomische Einsatz ist klar umrissen, die Finanzierung gesichert, und die internationalen Forschungsprogramme laufen. Es stimmt natürlich, dass der Ozean außerhalb der Küstengewässer allen gehört und man ihn deshalb als Gemeineigentum betrachtet; der Regenwald hingegen ist zwar ebenfalls ein Gut, das uns allen gehört, doch er untersteht der Souveränität des Landes, in dem er wächst, und so läuft er Gefahr, für ein unzulängliches politisches System die Zeche zahlen zu müssen.

Wenn man die tropischen Regenwälder und die weltweite biologische Reserve retten will, die diese Wälder darstellen, muss man in weit größerem Maßstab denken, als wir es heute noch tun. Stellen wir uns im Tropengürtel drei Baumflöße vor, eins im Kongobecken, ein zweites in Amazonien und ein drittes, dessen Tätigkeitsbereich von Indonesien bis Neukaledonien reicht. Diese drei Geräte mit ihrer gesamten Zusatzausrüstung – Pontondreiecken, Icos-Käfigen, Kronenkugeln – sind rund um die Uhr im Einsatz und wechseln nur von Zeit zu Zeit die Besatzung, wie es die Luftfahrtunternehmen bei ihren Langstreckenflügen machen. Ihre Arbeiten müssten mit denen der Kräne koordiniert werden – eine in den USA entwickelte Technik zum Studium des Kronendachs, eine Ergänzung der von uns entwickelten Verfahren. Die Ergebnisse aller Forschungsarbeiten müssten in einer Datenbank zusammengefasst werden und für alle verfügbar sein. Die Arbeiten auf dem Kronendach stellen wohlgemerkt nur einen Lösungsansatz für das Problem der Abholzung der tropischen Regenwälder dar – wahrscheinlich aber den vielversprechendsten. Dieser Ansatz müsste noch durch andere Verfahren ergänzt werden, die sich im Rahmen dieses Buches nicht erörtern lassen: Erziehung zur Achtung vor dem Regenwald, massive Investitionen in die Anpflanzung von Nutzholz, die Sanierung geschädigter Böden, in landwirtschaftlich betriebene Forstwirtschaft, Nutzung der Sonnenenergie oder von Strohkohle statt von Brennholz etc.

Die letzten Primärwälder der Tropen und die darin lebenden Menschen könnten dann wieder finden, was ihnen gegenwärtig fehlt, nämlich eine Zukunft; und, täuschen wir uns nicht, dabei geht es auch um unser aller gemeinsame Zukunft. Mit Mac Millan,[36] einem amerikanischen Ökologen des neunzehnten Jahrhunderts, möchte ich sagen, dass es bei der Rettung der tropischen Regenwälder nicht so sehr darauf ankommt, dass wir diese Wälder unmittelbar nötig haben, aber dass wir die zu ihrer Rettung nötigen menschlichen Eigenschaften brauchen; denn es sind genau diese Eigenschaften, die wir auch zu unserer eigenen Rettung brauchen.

Danksagung

Es ist unmöglich, all jenen namentlich zu danken, die uns seit fünfzehn Jahren bei unserer Arbeit unterstützt haben, das Kronendach des tropischen Regenwalds zu erforschen.

Unser Dank gilt:

– den Forschern und Wissenschaftlern sowie den Institutionen, die sie entsandt haben, für das Vertrauen, das sie uns entgegengebracht haben;

– den Behörden, die uns in ihren Ländern freundlich aufgenommen haben, sowie unseren privaten wie institutionellen Sponsoren und Partnern;

– allen Mitgliedern der Mannschaft, die sich immer zur rechten Zeit verfügbar gehalten haben, denen bewusst war, dass diese Arbeiten ohne ihre Hilfe, ihr Verständnis, ihre Ideen nicht möglich gewesen wäre;

– den Ärzten und den Ausrüstern, die uns mit Essen und Komfort versorgt haben; allen, die unsere Lager gebaut oder unterhalten haben, die uns ihre Fahrzeuge oder ihre Häuser zur Verfügung gestellt haben;

– unseren Lieferanten, die uns dabei geholfen haben, unsere Ausrüstung zusammenzustellen oder einsatzbereit zu halten, die sich an unseren Bemühungen beteiligt oder uns Material zur Verfügung gestellt haben, sollen wissen, dass wir sie nicht vergessen werden;

– den Journalisten, Fotografen, Filmemachern, all jenen, die an der Verwirklichung unserer Aufgabe mitgewirkt haben, die oft unsicher und riskant war;

– auch unseren Frauen und Kindern, die uns seit dem Beginn dieses Abenteuers jeden Tag aufs Neue zur Seite gestanden, die geduldig auf uns gewartet haben, die es auf sich genommen haben, uns bei den Mühen der Vorbereitung zu unterstützen, ohne anschließend voll und ganz am Erfolg unserer Arbeit teilzuhaben.

Und wir können diese Aufzählung nicht abschließen, ohne auch den Bäumen zu danken, die es wohlwollend auf sich genommen haben, die Last des Floßes zu tragen.

F.H., D.C.-M., G.E.

Anmerkungen

1 Kenneth Brower, »*Out on a limb*«, *Omni*, 9/7: Seite 56–64, New York, April 1987

2 Das Hemd, das lange nicht mehr mit einem Bügeleisen in Berührung gekommen war, hatte er in die gleichen ausgebeulten und schmutzigen Shorts gesteckt, die er schon die ganze Woche trug; außerdem hatte er dieselben Dschungelstiefel an und denselben einstmals weißen Hut auf dem Kopf, den er zeitweise einfach zerknüllte und in die Hosentasche steckte.

3 »Der Professor hat etwas Eulenhaftes an sich, aber auch etwas Adlerhaftes. [...] Außerdem hat er mehr als nur ein wenig von Indiana Jones an sich.«

4 Baumschüchternheit (englisch *crown-shyness*): Damit sind bestimmte Baumarten gemeint, deren Kronen einander aus noch unbekannten Gründen nicht berühren. Andere Baumarten sind nicht »schüchtern« und lassen ihre Äste ohne weiteres ineinander wachsen.

5 *Durio zibethinus* aus der Familie der Bombacaceen wie der Affenbrotbaum oder der Kapokbaum; die im ganzen tropischen Asien begehrteste Frucht.

6 Die extreme strukturelle Heterogenität des äquatorialen Regenwalds hat zur Folge, dass jeder Standort nur für sich selbst repräsentativ ist. Unter diesen Bedingungen haben die festen Methoden (Türme, Kräne, Fußgängerbrücken etc.), die Vergleiche verschiedener Standorte nicht zulassen, aus nahe liegenden Gründen eine begrenztere Aussagekraft als die Verfahren, denen der Einsatz beweglicher Ausrüstung zugrunde liegt.

7 Seit 1999 aus rotem Stoff.

8 Öffnung für die Hand: eine kreisrunde Öffnung von zehn Zentimeter Durchmesser, die es erlaubt, Proben (etwa von Insekten), die sich unter dem Netz angesammelt haben, an sich zu nehmen.

9 Epiphyten: Zahlreiche Farne, Orchideen, Bromelien, Araceen, Kakteen etc. wachsen auf den Bäumen und nutzen die Zweige als Halt. Sie sind keine Parasiten; wenn sie die Bäume gelegentlich beschädigen, die sie tragen, liegt es daran, dass die Äste unter ihrem Gewicht zerbrechen, da sie in zu großer Zahl wuchern.

10 Biomechanik: An der Schnittstelle von Biologie und Physik hat sich diese junge und sehr aktive Wissenschaftsdisziplin herausgebildet. Sie versucht das mechanische Verhalten – Elastizität, Festigkeit, Biegsamkeit, Sprödigkeit etc. – lebender Organismen, von Tieren ebenso wie von Pflanzen, zu beschreiben und vorherzusehen.

11 Die Mittelplattform aus Karbon, die wir 1986 und 1989 verwendet haben, ist anschließend aufgegeben worden.

12 Gnitze: eine winzige Mückenart, welche sticht und sich von Blut ernährt. In biologischer Hinsicht handelt es sich um eine Blut saugende Mücke aus der Familie *Ceratopogonidae*.

13 »Floßbettchen«, französisch »Radodo« = das französische Wortspiel setzt sich zusammen aus »Radeau« (Floß) und »dodo« (Heiabettchen) (Anmerkung des Übersetzers).

14 Das Genom eines lebenden Organismus ist in jeder seiner Zellen enthalten und in seinen Nukleinsäuren kodiert. Es stellt die Summe der Informationen dar, die etwas mit der Entwicklung dieses Organismus zu tun haben und seiner Funktionsweise in allen Abschnitten seines Lebens.

15 Siehe Anmerkung 4.

16 Biologische Vielfalt: Darunter verstehen wir die Gesamtheit aller Lebewesen an einem gegebenen Ort – Tiere, Pflanzen, Bakterien, Pilze etc. – mit den genetischen Ressourcen jeder dieser Arten.

17 Art: Im Pflanzenreich versteht man unter Art die Gesamtheit der Pflanzen, die eine große Zahl von Charakteristika gemeinsam haben – Form, Ökologie, Physiologie, Biochemie etc. – und sich infolgedessen sehr ähnlich sind.

18 Internationales Herbarium: eine Sammlung getrockneter Pflanzen, die für die Allgemeinheit und Forscher unterhalten und zur Verfügung gestellt wird. Die größten internationalen Herbarien sind die von London, Paris, New York, Berlin etc. Die Ergebnisse der neuen Sammlungen werden dort verwahrt.

19 Aus der Familie der Humiriaceen, zu der tropische Entsprechungen und baumförmige Abarten unseres europäischen Flachses gehören.

20 Les Mamelles: Das sind die beiden Hügel, die dem Sektor, der unser Lager umschließt, den Namen gegeben haben.

21 Hölldobler, Bert und Wilson, Edward Osborne, *Ameisen: die Entdeckung einer faszinierenden Welt*. Birkhaeuser, Basel 1995.

22 Moffett, M., *Le Monde des Cimes. Exploration de la canopée tropicale*. Arthaud, Paris 1995.

23 *Die Abenteuer von Zak und Crysta im tropischen Farnwald*.
Regie: Bill Kroyer, Twentieth Century Fox Film Corporation, 1992.

24 Thom, R., »Une théorie dynamique de la morphogénèse«, in: *Towards a theoretical biology*. Waddington, C.H. (Hrsg.), Edinburgh University Press, 1968.
Thom, R., *Stabilité structurelle et morphogénèse. Essai d'une Théorie générale des modèles*. W.A. Benjamin Inc., Reading, Massachusetts, USA, 1972.

25 Hallé, F., Oldeman, R.A.A., *Essai sur l'architecture et la dynamique de croissance des arbres tropicaux*. Masson, Paris 1970.
Hallé, F., Oldeman, R.A.A. und Tomlinson, P.B., *Tropical trees and forests, an architectural analysis*. Springer Verlag, Heidelberg/New York 1978.

26 Sekundäre Metaboliten: eine im biologischen Stoffwechsel erzeugte chemische Substanz, die, ohne ein direktes Produkt der Photosynthese zu sein, eine Reihe lebenswichtiger Funktionen für die Pflanze sicherstellt; das Chlorophyllmolekül ist ein Beispiel dafür. Bestimmte sekundäre Metaboliten, die als aktiv bekannt sind, stellen für die pharmazeutische Industrie Grundstoffe dar.

27 Der Leser, der mehr darüber erfahren möchte und sich für die genannten bibliographischen Hinweise interessiert, findet eine vollständige Erörterung in: Hallé, F., »Distribution verticale des métabolites secondaires en forêt équatoriale. Une hypothèse«, in: *Biologie d'une Canopée de Forêt équatoriale III*. Pronatura International et Opération Canopée, 1998, S. 129–138.

28 Seit 1995 zeigt sich bei diesen Großunternehmen die Neigung, sich gegenseitig zu schlucken; eine seltsame Nahrungskette, die dazu geführt hat, dass es im Jahre 2000 nicht mehr so viele gibt, die verbliebenen sind dafür aber übergewichtig!

29 *Didymopanax morototoni* oder *Schefflera morototoni*, die zur Familie der Araliaceen gehören wie der Fatsia oder der Efeu. Diese Familie umfasst keine Bäume mit festem Holz.

30 Icos = Independent Canopy Observation System (unabhängiges Beobachtungssystem für das Kronendach).

31 Michel Massian, *Les explorateurs*. Verlag Robert Delpire, Paris 1965.

32 Arthropod Borne Virus: Viren, die von Arthropoden übertragen werden, d.h. im Wesentlichen von Insekten.

33 Diese Liste sollte vielleicht noch um die Genetik und verwandte Disziplinen ergänzt werden; aber in dieser Hinsicht ist die Einschätzung nicht gesichert; dazu sind noch weitere Forschungsarbeiten nötig.

34 Meristeme: Gruppen embryonaler Zellen, die in der Lage sind, sich schnell zu teilen. Sie sind mikroskopisch klein und sitzen an der Spitze von Stielen, was deren Längen- und Breitenwachstum ermöglicht.

35 Die Medien nennen die tropischen Regenwälder oft die »grünen Lungen der Erde«. Dabei wird jedoch vergessen, dass eine Lunge nicht die Aufgabe hat, Sauerstoff in die Atmosphäre abzugeben oder Kohlenstoff und umweltschädliche Substanzen zu binden. Der Vergleich mit einer Kläranlage wäre treffender.

36 In: J.M. Pelt, M. Mazoyer, T. Monod und J. Girardon, *La plus belle histoire des plantes*. Le Seuil, Paris 1999.

Literaturverzeichnis

Die Literatur über die tropischen Regenwälder ist sehr umfangreich. Ich habe die Werke ausgewählt, die für ein breites Publikum gedacht sind.

Arnold Newman, *Les forêts tropicales. Comment les sauver?* Larousse, Paris 1990.

Ich empfehle diese Arbeit all denen, die sich ein Grundwissen über die tropischen Regenwälder aneignen und die ihnen drohenden Gefahren verstehen möchten. Das Schlusskapitel, »Les bases d'un projet pour la forêt tropicale«, zeugt von einem Zukunftsverständnis, das den für das allgemeine Publikum gedachten Arbeiten oft fehlt.

John Terborgh, *Lebensraum Regenwald – Zentrum biologischer Vielfalt.* Spektrum Akademischer Verlag, Heidelberg/Berlin/Oxford 1993.

Ein Klassiker von einem hervorragenden Kenner der tropischen Regenwälder und ihrer biologischen Vielfalt.

Andrew W. Mitchell, *The Enchanted Canopy. Secrets from the Rainforest Roof.* Collins, London 1986.

Ein schon etwas überholtes Werk, das vor der Zeit der heute üblichen Zugangstechniken zum Kronendach erschienen ist, das aber großes Interesse für das Thema ausgelöst hat.

Donald R. Perry, *Leben im Dach des Dschungels, ein Forscher in den Kronen des Regenwalds.* S. Fischer, Frankfurt/Main 1988.

Für Don Perry ist die Anpassung an das Leben im Kronendach ein entscheidender Faktor bei der Entstehung von Tierarten mit einem hohen Intelligenzgrad gewesen: von Wellensittichen, Nasenbären und sogar ... Menschen.

Dany Cleyet-Marrel und Francis Hallé, *Le Radeau des Cimes, L'année de l'aventure*, Guilde Européenne du Raid, Albin Michel, Paris 1987.

Unsere Mission von 1986 an der Crique Couleuvre in Montsinéry in Fran-

zösisch-Guayana wird mit Dokumenten des Baumfloßes der damaligen Zeit geschildert und illustriert. Das Floß wurde damals von einem klassischen Heißluftballon transportiert.

Francis Hallé, *A Raft atop the Rain Forest.* National Geographic, Oktober 1990, S. 178, Nr. 4.
Dieser Artikel schildert unsere Expedition in Petit-Saut in Französisch-Guayana 1989 mit Illustrationen von einer Qualität, wie sie für die Zeitschrift National Geographic typisch sind.

Mark Moffett, Le Monde des Cimes. *Exploration de la canopée tropicale.* Arthaud, Paris, 1995.
Ein wegen seines Texts und seiner Illustrationen bewundernswertes Buch; es berichtet in zeitgemäßer und verständlicher Form über das große Abenteuer, das einige Biologen im tropischen Kronendach erlebten.

Margaret D. Lowman, Life in the Treetops. *Adventures of a Woman in Field Biology.* Yale University Press, 1999.
Der persönliche Ton dieses Buches könnte überraschen. Die Autorin bezeichnet sich als »Großmutter der Erforschung des Kronendachs«.

Hier einige Arbeiten über das Kronendach der tropischen Regenwälder für Leser mit Fachkenntnissen:

Renaud Paulian, *Observations écologiques en forêt de Basse Côte-d'Ivoire.* Paul Lechevalier, Paris 1947.
Seit den vierziger Jahren hat dieser Pionier der Erforschung des tropischen Kronendachs ganze Tage und sogar Nächte auf einem »Fahrstuhl« verbracht, dessen Darstellung einen träumen lässt. Das Kronendach wird folglich »das Gewölbe« genannt; dieses Buch enthüllt die entomologischen Schätze des tropischen Regenwaldes.

Biologie d'une canopée de forêt équatoriale. Rapport de Mission Radeau des Cimes, Octobre – Novembre 1989. Guyane française, mars 1990. Herausgegeben von F. Hallé und Patrick Blanc. Xylochimie.

Biologie d'une canopée de forêt équatoriale II. Rapport de Mission Radeau des Cimes, Octobre – Novembre 1991. Réserve de Campo, Cameroun. Herausgegeben von F. Hallé und O. Pascal. Fondation Elf.

Biologie d'une canopée de forêt équatoriale III. Rapport de la Mission d'Exploration de la canopée de Guyane, Octobre – Décembre 1996. Herausgegeben von F. Hallé, Pronatura International und Opération Canopée, März 1998.

Forest Canopies. Gemeinschaftsarbeit, herausgegeben von M.D. Lowman und Nalini M. Nadkarni, Academic Press, 1995.

Dieses wissenschaftliche Werk ist das bis heute umfassendste, das über das Kronendach veröffentlicht worden ist. Mehr als dreißig Wissenschaftler haben daran mitgearbeitet, jeder auf seinem Spezialgebiet.

Verschiedenes

J. L. Tripp, *La croisière verte, Mission Radeau des Cimes, Guyane, 1989*. Glénat, 1992.

Ein amüsanter Comic im Stil eines »Reiseberichts« von dem Autor von Parfum d'Afrique *und* Zulu Blues.

Pro-Natura – The NGO Specialist of Promoting Sustainable Development in Tropical Areas. Kew 1999.

Eine Darstellung der NGO, die seit 1994 die Expeditionen des Baumfloßes organisiert.

Bildnachweis

Bildteil 1: © P. Blanc: S. 1 kleine Fotos © D. Cleyet-Marrel: S. 3 unten, S. 4 oben und Mitte, S. 6 oben © G. Ebersolt: S. 8 unten © R. Gaillarde: S.6 unten © R. Leguen: S. 7 unten © L. Pyot: S. 4 unten, S. 5, S. 8 oben © P. Schaff: S. 1 ganzseitiges Foto, S. 2, S. 3 oben, S. 7 Mitte © H. Setsumasa: S. 7 oben

Bildteil 2: © D. Cleyet-Marrel: S. 8 unten © S. Cunningham: S. 2 Mitte © R. Gaillarde: S. 1, S. 2 unten, S. 3 oben, S. 4 unten © L. Pyot: S. 3 unten rechts, S. 6 oben © P. Schaff: S. 2 oben, S. 5 unten, S. 7 unten links © H. Setsumasa: S. 4 oben, S. 5 oben und Mitte, S. 6 unten, S. 7 oben und unten rechts, S. 8 oben © P. Wallet: S. 3 unten links